Folko Kullmann

PROJEKT GARTEN

selber planen,
selber pflanzen,
selber bauen

PROJEKT GARTEN – INHALT

GARTENGESTALTUNG– DIE PRAXIS – LOS GEHT'S 45

GARTEN-GESTALTUNG

BASICS & PLANUNG

WAS MACHT EINEN SCHÖNEN GARTEN AUS?

Gärtnern ist in und ein schöner Garten ist der Traum vieler Menschen. Wer gerät beim Blättern durch Gartenbücher und Zeitschriften angesichts schöner Anlagen und üppiger Pflanzenpracht nicht ins Schwärmen? Mit der richtigen Planung kann sich jeder sein kleines Gartenparadies erschaffen.

Was macht einen »schönen« Garten aus? Welche Eigenschaften verwandeln ein Stück unbebautes oder verwildertes Land am oder ums Haus in eine grüne Oase? Bei aller Vielfalt von Gartenstilen, Größen, Lage und Nutzung gilt: Schöne Gärten zeichnen sich durch die Kombination attraktiver Pflanzen, eine harmonische Raumaufteilung und Elemente wie Sitzplätze aus. Vorallem aber bieten sie Privatsphäre und sind ein Rückzugsraum aus dem Alltag.

PFLANZEN

Ohne Pflanzen kein Garten: Eine Kiesfläche mit einer Kiefer in der Mitte macht noch lange keinen Garten. Erst durch das Zusammenspiel von Bäumen und Sträuchern, Hecken, Blumenbeeten und Rasenflächen entsteht ein lebendiges Refugium. Voraussetzung ist, dass die Ansprüche der Pflanzen an Standort, Boden, Wasser- und Nährstoffbedarf erfüllt sind. Nur dann gedeihen sie optimal und machen einen prächtigen Eindruck.

Geschützt vor fremden Blicken, lässt sich auf dieser Bank unter einer Ramblerrose der Garten genießen.

Gehölze

Hecken, Bäume und Sträucher geben dem Garten Struktur. Und sie sind wichtige Hilfsmittel, ihn in unterschiedliche Bereiche, sogenannte Gartenräume, einzuteilen.

Rasen und Blumenwiesen

Rasen oder Blumenwiesen sind klassische Gartenflächen. Rasenflächen öffnen den Raum und sind vielseitig nutzbar, etwa als Spiel- und Sitzplatz, als Liegefläche oder einfach nur als ruhige, grüne Fläche, die dem Auge schmeichelt. Blumenwiesen sind eine Augenweide und bieten Insekten und anderen Kleinlebewesen Nahrung und ein Zuhause.

Stauden, Gräser und Sommerblumen

Stauden und Gräser sowie Sommerblumen bringen Farbe und Leben in den Garten. Die Auswahl ist riesig und für jeden Geschmack ist etwas dabei.

Obstbäume, Beerensträucher, Gemüse und Kräuter

Eigenes Obst und Gemüse anzubauen und zu ernten macht einfach Spaß. Wenn es irgendwie möglich ist, sollten Sie daher in Ihrem Garten unbedingt einen Platz für sie einplanen.

RAUMAUFTEILUNG

Ein schöner Garten ist nicht nur von einem Zaun oder einer Hecke von außen umgrenzt, vielmehr ist er selbst harmonisch in unterschiedliche Bereiche eingeteilt (⇢ Seite 12). Flächen und vertikale Elemente wie Gehölze oder eine Pergola müssen jedoch in einem ausgewogenen Verhältnis stehen. So wirkt eine große Rasenfläche langweilig, wenn sie nur von einer eintönigen Thujenhecke umgeben ist. Gartenräume, die von verschiedenen Hecken, Mauern oder Spalieren begrenzt sind, erzeugen dagegen Spannung und machen neugierig.

SITZPLÄTZE

Entspannen, feiern, essen, trinken, lesen – all das soll im Garten möglich sein. Planen Sie den Garten deshalb um den Sitzplatz herum, schließlich wird er der Ort sein, an dem Sie sich am häufigsten aufhalten werden (⇢ Seite 20).

Der Sitzplatz spiegelt, genau wie die Einrichtung im Haus, den Geschmack und die Vorlieben der Eigentümer wieder. Möchten Sie große Tafel zum Festefeiern? Einen heimeligen Platz zum Lesen? Oder soll es eine gemütliche Bank sein, von der Ihr Blick durch den Garten schweifen kann?

Auch die Lage des Sitzplatzes ist wichtig – je nachdem, wie Sie ihn überwiegend nutzen. Frühstücken Sie gern im Garten? Dann sollte er nach Osten ausgerichtet sein, damit dort die Morgensonne scheint. Möchten Sie eher abends nach Feierabend in den Garten, dann ist ein Sitzplatz Richtung Westen besser, damit er noch spät am Tag Sonne bekommt. Wichtig: Der Sitzplatz sollte immer beschattet werden können.

Wenn Sie Platz haben, sollten Sie ein Gartenhaus bauen. Es ist praktisch und macht den Garten wohnlicher.

Ausreichend Platz zum Sitzen, Essen und Entspannen ist vor allem in kleinen Gärten in der Stadt wichtig – schließlich sind sie eine wichtige Erweiterung des Wohnraums.

WOHNRAUM

Ein moderner Garten versteht sich als Erweiterung des Wohnraums, die Grenzen zwischen Haus und Garten, zwischen innen und außen verschwimmen. Das kann durch die Verwendung ähnlicher Materialien beim Bodenbelag, beispielsweise Parkett innen und ein Holzdeck außen, erreicht werden oder durch bequeme Loungemöbel für draußen, die sich optisch kaum von Wohn- und Esszimmermöbeln unterscheiden.

PRIVATSPHÄRE

»Oase«, »Paradies«, »Rückzugsort« – das kann ein Garten nur sein, wenn er vor störenden Einblicken, Wind und Lärm geschützt ist. Ein Sichtschutz durch Wände, Zäune, Markisen, Hecken oder Sonnensegel ist daher essenziell.

ENTSPANNUNG ODER ACTION? – WER NUTZT DEN GARTEN?

Bevor es an die konkrete Gartenplanung geht, sollten Sie sich bewusst machen, wer den Garten nutzen wird und wie er genutzt werden soll. Ein Garten zum Entspannen muss anders angelegt und eingerichtet werden als einer, der zum Feste feiern oder als Abenteuerspielplatz für Kinder dient.

Das Haus ist gekauft, die Wohnung gemietet und nun geht es an die Gestaltung des Gartens. Doch es ist wenig sinnvoll, ohne Plan in den Baumarkt oder ein Gartencenter zu fahren – zu groß und zu vielfältig sind Angebot und Auswahl.
Der Garten ist immer ein Spiegelbild der Wünsche und Träume seiner Besitzer. Ein Paar, das berufstätig ist und den Garten nur abends und am Wochenende nutzen kann, hat andere Ansprüche als eine Familie mit Kindern oder eine Studenten-WG mit Gemeinschaftsgarten im Hinterhof.

Erst checken, dann planen

Es ist wichtig, dass Sie sich vor der Planung und erst recht vor der Anlage erst einmal klar darüber werden, was Sie von Ihrem Garten erwarten und wie Sie ihn nutzen möchten.

Für Kinder ist ein Garten, in dem sie sich austoben und spielen können, das Größte.

GÄRTEN ZUM ENTSPANNEN

Abends nach Feierabend noch ein Glas Wein trinken, am Wochenende auf dem Liegestuhl lesen und beim Sonnenbad den zwitschernden Vögeln und summenden Bienen, Hummeln und Co. lauschen – ist das ist Ihr Garten?

Das muss sein

In einen Garten zum Entspannen gehört unbedingt ein schattiger Sitzplatz für heiße Sommertage, überspannt vielleicht von einer Pergola. Auch Liegestühle oder eine Hängematte sowie eventuell eine bequeme Bank gehören dazu. Die Bepflanzung sollte wenig pflegebedürftig sein: Stauden, duftende Kräuter, ein unkomplizierter Blumenrasen und vielleicht ein Teich sorgen für kontemplative Stimmung.

Das ist nicht nötig

Entbehrlich sind in diesem Fall große, befestigte Oberflächen, die häufig gereinigt werden müssen, akkurate Rasenflächen und Pflanzen wie Formschnittgehölze. Auch ein Gemüsegarten oder Obstbäume, die man regelmäßig schneiden muss, sind weniger geeignet – sie alle brauchen regelmäßig zeitintensive Pflege und Aufmerksamkeit.

EIN GARTEN ZUM FESTE FEIERN

Freunde einladen, essen, grillen oder mit den Nachbarn ein Feierabendbier genießen? Soll das alles in Ihrem Garten stattfinden, braucht er die folgenden Elemente.

Ganz oben auf der Hitliste

Einen großen Sitzplatz, vielleicht sogar mit ein paar Bierbänken und -tischen, Klappstühlen und Beistelltischen zum Erweitern bietet Platz für viele Gäste. Auch

Umrahmt von großen Bäumen und einer grünen Hecke, lädt dieser Garten zum Entspannen ein.

eine Pergola macht sich gut, und ein großer Grill darf ebenfalls nicht fehlen. Wer es professionell mag, plant eine kleine Outdoorküche mit ein oder einen Pizzaofen. Praktisch sind in jedem Fall ein Wasser- und ein Stromanschluss. Unverzichtbar ist ein kleiner Kräutergarten – dann gibt es beim Grillen immer genug Nachschub an aromatischen Kräutern oder Minze für die Sommerbowle.

Weniger wichtig

Auf zerbrechliche Deko-Accessoires und empfindliche Pflanzen in den Beeten, die es übel nehmen, wenn man einmal auf sie tritt, sollten Sie in einem solchen Garten verzichten.

EIN FAMILIENGARTEN

Für Familien mit Kindern ist ein Garten nicht nur im Sommer perfekt. Er bietet Platz zum Spielen und Essen, für Kindergeburtstage und Abenteuerexpeditionen.

Kinder im Garten

Spielgeräte, Rutsche, Schaukel und Sandkasten sind perfekt für kleinere Kinder. Mit zunehmendem Alter muss der Garten jedoch mitwachsen. Aus einem Sandkasten kann dann zum Beispiel ein kleiner Teich werden. Und Sie können Ihren Kindern eigene Beete und Bereiche überlassen, die sie selbst (oder mit Ihrer Unterstützung) bepflanzen und nutzen.
Solange die Kinder klein sind, sollten Sie unbedingt mögliche Gefahrenquellen wie stachelige, dornige und giftige Pflanzen vermeiden. Teiche und Wasserbecken müssen gesichert sein.

Obst und Gemüse

Eigenes Obst und Gemüse im Familiengarten anzubauen, ist auch auf einer kleinen Fläche möglich. Wie wäre es mit einem Hochbeet?

TIERE IM GARTEN

Wenn Hund und Katze den Garten (mit-)nutzen, braucht er eine Umzäunung, damit die Tiere nicht auf die Straße oder Nachbargrundstücke ausbüxen können. Die Pflanzen müssen robust sein und sollten es nicht übel nehmen, wenn sie betreten oder als Klettergerüst genutzt werden. Wenn Sie Ihre Katze frei laufen lassen, müssen Bäume und Hecken sowie Vogelbad und -futterstellen so geschützt werden, dass die gefiederten Gartenbewohner nicht gefährdet werden können.

Essen ist fertig! Ein einfacher Tisch, ein Grill, frische Salate, und die Freunde können kommen.

WAS BRAUCHT WIE VIEL PLATZ? – DIE RAUMAUFTEILUNG

Ein Garten wird in unterschiedliche Räume gegliedert. Die Fläche wird von Rasen, Beeten, Pflaster- oder Kiesflächen und den Beeten bedeckt. Der Garten hat aber noch eine dritte Dimension, die Vertikale. Sie wird von Bäumen, der Umfriedung, Pergolen, Lauben und Gartenhäuschen bestimmt.

Stellen Sie sich Ihren Garten wie eine Wohnung mit unterschiedlichen Zimmern vor. Da gibt es eine äußere Begrenzung, einen Zaun, eine Hecke oder eine Mauer und Gartenzimmer im Inneren, die durch Beete, kleine Hecken, Zäune, eine Pergola oder einen Laubengang voneinander getrennt sind. Der Garten sollte nicht auf einen Blick überschaubar sein. Er wirkt spannender und größer, wenn man immer wieder das Gefühl hat, Neues zu entdecken, oder sich dem Auge ungewohnte Aus- und Einblicke öffnen.

RAHMEN SCHAFFEN

Der äußere Rahmen des Gartens aus Pflanzen (Hecken) oder baulichen Elementen wie Mauern oder Zäunen sorgt für Privatsphäre und Sicherheit. Gleichzeitig soll er Lärm und Wind abhalten und dem Garten eine attraktive Einfassung geben. Die Umfriedung sollte, vor allem in kleineren Gärten mit einer Grundfläche von 200 m^2 und weniger, nicht zu hoch sein, sonst wirkt der Garten beengt und sogar bedrückend.

Ein Rasen eignet sich als temporärer Sitzplatz – leichte Gartenmöbel aus Holz sind schnell aufgestellt.

Lebendige Hecken

Wenn Sie sich für eine Hecke entscheiden, sollten Liguster, Rot- und Hainbuche ganz oben auf der Liste Ihrer Favoriten stehen. Auch Weißdorn, Feuerdorn und Ziersträucher wie Hasel, Kornelkirsche, Forsythie und Wildrosen eignen sich. Soll die Hecke immergrün sein, sind Eiben oder Kirschlorbeer zu empfehlen. Auf Lebensbaum *(Thuja)* und Scheinzypresse *(Chamaecyparis)* verzichten Sie dagegen besser – sie sind öde, lassen sich, wenn sie zu groß werden oder aus der Form wachsen, schlecht zurückschneiden und sind obendrein anfällig für Wurzelkrankheiten.

> Schnitthecken brauchen pro Meter Höhe eine Breite von 50 cm plus ausreichend Platz zum Schneiden und Pflegen.

RÄUME EINTEILEN

Ein Garten ist attraktiver, wenn er in mehrere Bereiche eingeteilt wird. Diese Einteilung kann mittels niedriger Hecken, Zäune und Mauern oder mithilfe einer Pergola, von Rankspalieren oder Pflanzbeeten erfolgen. Achten Sie bei der Planung darauf, dass die Gartenräume groß genug für die vorgesehene Nutzung sind. Gerade bei Bereichen, die als Sitzplatz dienen sollen, ist dies sehr wichtig. Damit zwei Personen bequem an einem kleinen Tisch sitzen können, sollten Sie eine Fläche von 2 × 2 oder 2 × 3 m einplanen. Für vier Personen an einem quadratischen Tisch muss der Platz 3 × 3 m groß sein, eine Tafel für sechs Personen (drei an jeder Tischseite) benötigt 3 × 4 m Fläche.

RÄUME VERBINDEN

Wege erschließen den Garten und sind deshalb unverzichtbar. Häufig begangene Hauptwege brauchen eine feste Oberfläche aus Pflaster oder Platten. Für weniger häufig begangene Wege reicht ein Belag aus Rasen, Kies, Sand oder mit Trittplatten.
Die Wegführung sollte der natürlichen Laufrichtung nicht zu sehr widersprechen. Um vom Eingang zur Haustüre zu gelangen oder im Garten von der Terrasse zum Gemüsegarten, sind gerade Wege besser. Geschwungene Pfade verleiten nur zu Abkürzungen – durch Beete oder über die Rasenfläche.

> Hauptwege sollten eine Breite von ca. 1,20 m haben, dann können auch zwei Personen bequem nebeneinandergehen. Bei Nebenwegen reichen 60–80 cm.

> Trittplatten verlegt man immer im Schrittmaß (ca. 60 cm).

Das Beet in der Mitte ist ein Blickpunkt und schafft Spannung. Ohne es wäre der Garten langweilig.

Die Trittplatten lenken den Blick und vergrößern die Raumwirkung. Gleichzeitig schonen sie den Rasen, der unter häufigem Begehen leiden würde.

Gartenbereiche können auch durch Tore oder Durchgänge voneinander getrennt sein. So ergeben sich immer wieder spannende Blicke und Überraschungsmomente, wenn man den Garten durchstreift.

PERSPEKTIVE SCHAFFEN

Sichtachsen, die den Blick auf einen Punkt am Ende des Gartens – oder auch außerhalb wie etwa auf ein markantes Gebäude in der Nachbarschaft oder einen Baum in der Landschaft – lenken, können den Garten optisch vergrößern.

Ruhe und Ausgleichsflächen

Rasen oder Kiesflächen zwischen den einzelnen Gartenbereichen schaffen Ruhezonen für das Auge und tragen trotz der flachen Ausrichtung zur Raumwirkung bei.

UNTERSCHIEDLICHE NIVEAUS

Wohl dem, dessen Garten ein leichtes Gefälle hat oder gar einem Hang. Terrassierungen und Stufen machen den Garten abwechslungsreicher. Bei ebenen Gärten können Sie durch eine leicht erhöhte Terrasse, von der man in den Garten quasi hinabgeht, oder durch das Absenken eines Gartenteils für Niveauunterschiede sorgen. So entstehen unterschiedliche Ebenen, die die Einteilung des Gartens in mehrere Räume oder Gartenzimmer noch betonen.

WELCHER GARTENTYP BIN ICH? – FORMEN & STILE

Kein Garten ist wie der andere – er ist, genau wie die Wohnung, ein Ausdruck der eigenen Persönlichkeit. Bei der Vielzahl an Garten- und Gestaltungsstilen fällt es nicht leicht, sich zu beschränken. Orientieren Sie sich bei der Gestaltung deshalb an einem Grundkonzept, dann kann nichts schiefgehen.

Wer die Wahl hat, hat die Qual, das gilt nicht nur beim Möbelkaufen, sondern auch, wenn man einen neuen, einen eigenen Garten gestalten und anlegen möchte. Damit der Garten letztlich »wie aus einem Guss« wirkt, ist es wichtig, sich an einem Stil zu orientieren. Gärten, die wild und ohne Konzept »zusammengewürfelt« wurden, wirken unruhig, unfertig und vor allem wenig einladend.

NATUR PUR

Rau, natürlich, wild und doch attraktiv und gepflegt, so sieht ein moderner Naturgarten aus. Er bietet Lebensraum nicht nur für uns Menschen, sondern auch für eine Vielzahl von Tieren wie Vögeln, Insekten, Igeln, Reptilien und Amphibien.

Klare Formen und die Beschränkung auf wenige Farben kennzeichnen diesen modernen Garten.

Einteilung und Gartengrenze

Lockere Blütenhecken, durchlässige Zäune aus Holzlatten oder Metall ermöglichen allerlei Getier, den Garten zu besuchen. Auch Trockenmauern sind denkbar, wenn möglich mit kleinen Durchlässen über dem Fundament.

Bodenbeläge

Alles Regenwasser, das auf das Grundstück kommt, soll dort versickern können. Infrage kommen deshalb offene Oberflächen wie Sand, Kies, Klinker und Natursteinpflaster oder Plattenbeläge mit offenen Fugen.

Pflanzen

Im Naturgarten zählen Robustheit und Standfestigkeit. Hochzuchtformen mit gefüllten Blüten ohne Pollen und Nektar sind fehl am Platz. Die Pflanzen müssen jedoch nicht heimisch sein. Auch aus den Prärien und Steppen Nordamerikas und aus Asien kommen zahlreiche empfehlenswerte Stauden, Gräser und Gehölze, die nicht nur attraktiv und pflegeleicht sind, sondern auch zahlreichen Tieren Nahrung und Unterschlupf bieten.

Einrichtung, Möbel und Accessoires

Natur pur – Holz, Naturstein, aber auch Rohstahl passen zum Naturgarten – gern auch recycelt oder im Shabby chic.

LANDHAUSGARTEN

Unter dem Begriff Landhausgarten wird alles zusammengefasst, was man unter Cottage- und Bauerngarten versteht. Im modernen Landhausgarten vereinen sich Gestaltungselemente klassischer Bauerngärten wie geometrisch geformte Kräuter- und Gemüsebeete mit frei geformten Blumenbeeten und geschwungenen Rasenflächen. Ein Landhausgarten kann kunterbunt oder

Ländlich und romantisch: ein verwunschenes Gartenparadies für die ganze Familie.

romantisch nach einem bestimmten Farbthema gestaltet sein. Natürliche Materialien herrschen vor, die Deko ist eher schlicht und zurückhaltend – kitschige Gartenzwerge und rustikale Wagenräder haben ausgedient. Wer Platz und Zeit hat, kann sogar Kaninchen oder ein paar Hühner für die täglichen Frühstückseier halten.

Einteilung und Gartengrenze

Zum Landhausgarten passt als Begrenzung eine frei wachsende Blüten- oder lockere Formschnitthecke, aber auch ein Latten- oder Staketenzaun.

Bodenbeläge

Kies, Klinker oder Ziegel und Natursteinpflaster und -platten sind typisch für einen Landhausgarten. Natürliche Farben geben den Ton an. Wenn das Material aus der Region kommt, fügt es sich besonders gut in die Gestaltung ein.

Pflanzen

Kein Landhausgarten ohne bunte Staudenbeete, Sommerblumen, romantische Rosen und duftende Kräuter. Natürlich dürfen auch Obstbäume und Beerensträucher sowie – im Idealfall – ein kleiner Gemüsegarten nicht fehlen.

Einrichtung, Möbel und Accessoires

Wie beim Bodenbelag sind Naturmaterialien das A und O. In den Landhausgarten gehören Möbel aus Holz oder Metall, vielleicht eine Steinbank und eine eher rustikale Deko.

FORMAL UND STYLISH

Moderne Designgärten haben eher einen repräsentativen Charakter. Die Einrichtung ist reduziert und spartanisch und auch die Pflanzen werden eher als Objekte eingesetzt.

Einteilung und Gartengrenze

Klare Linien und Formen geben den Ton an, die Eingrenzung ist aus Beton, Rohstahlplatten oder bearbeitetem Naturstein. Wichtig ist, dass die Eingrenzung Durchlässe hat, damit Igel und Co. ungehindert von Garten zu Garten ziehen können.

Bodenbeläge

Kies, Pflaster und Rasenflächen, Beton und großformatige Natursteinplatten werden in formalen Gärten verwendet.

Pflanzen

Grün und weiß sind die dominierenden Farben, insgesamt soll der Gesamteindruck ruhig und ausgeglichen sein. Kontrastierende Farbflächen setzen bewusst Akzente. Immergrüne Formschnitthecken oder geschnittene bzw. in Spalieren gezogene Gehölze, ruhige Rasenflächen und Beete mit Blattschmuckstauden und Gräsern, die ihr Erscheinungsbild im Jahresverlauf wenig ändern, sind weitere Merkmale.

Einrichtung, Möbel und Accessoires

Möbel mit klaren Linien und in gedeckten Farben, edle Materialien, Designobjekte sind typisch für moderne, formale Gärten. Akzente setzen kontrastierende Deko-Objekte oder einzelne Kissen auf einer Bank oder Sitzgruppe.

FARBEN: WIRKUNG & EINSATZ, KOMBINATIONEN & AKZENTE

Farben prägen den Garten, bestimmen seine Wirkung und betonen und unterstützen die Stimmung. Bei der Farbwahl gilt: Erlaubt ist (fast) alles, was gefällt, schließlich hat jeder ein eigenes Farbempfinden. Was für den einen grell erscheint, wirkt auf andere anregend oder inspirierend.

Farben beeinflussen unsere Stimmung, das Raumerlebnis und sogar die Wirkung von Formen. Im Laufe der Jahreszeiten ändert sich die Farbgebung im Garten und damit auch seine Atmosphäre. Dies kann durch die Gestaltung zusätzlich unterstützt werden.

> Im **Frühling** herrschen helle Grün- und Gelbtöne vor. Obwohl Gelb keine »leichte« Farbe im Garten ist, da sie auf viele Menschen grell und warnend wirkt, ist ein Frühlingsgarten ohne Forsythien, Narzissen und Winterlinge nicht denkbar.

> Leuchtendes Rot, Orange und Ocker, Blau, Pink und Violett sind die Farben des **Sommers.** Sie heben die Stimmung und ergeben farbenfrohe Kombinationen.

> Im **Herbst** werden die Farben gedeckter, Braun, Purpur, Oliv und Ocker, aber auch Bronzetöne strahlen Wärme aus und verstärken die Herbststimmung. Warme Rot-, Gelb- und Orangetöne der fallenden Blätter lassen das Jahr ausklingen.

> Weiß ist die vorherrschende Farbe im **Winter.** Es wirkt wie Grau kühl – passend zur kalten Jahreszeit.

Helle Farben und Weiß bringen Licht in dunkle Gartenbereiche und lassen sie tiefer wirken.

FARBEN – EINIGE BASICS

Um Farben gekonnt bei der Gartenplanung einzusetzen, ist es hilfreich, die Grundlagen der Farbtheorie zu kennen – oder die Grundkenntnisse aus dem Kunstunterricht in der Schule aufzufrischen.

Primärfarben

Die Primärfarben Rot, Gelb und Blau werden auch Grundfarben genannt. Sie lassen sich aus keiner anderen Farbe mischen, jedoch können alle anderen Farben aus ihnen gemischt werden.

Sekundärfarben

Die reinen Sekundärfarben sind Mischungen aus gleichen Teilen von zwei verschiedenen Primärfarben.

> Orange entsteht aus Rot und Gelb

> Violett entsteht aus Blau und Rot

> Grün entsteht aus Blau und Gelb

Tertiärfarben

Die dritte Gruppe an Farben entsteht durch Mischen mit einer weiteren Farbe. Die entstehenden Farben sind eher gebrochen oder gedämpft und umfassen die gesamte Palette der Brauntöne von gebrochenem, »schmutzigem« Gelb über die Olivtöne bis hin zu dunklem Schwarzbraun.

Werden alle drei Primärfarben miteinander gemischt, entsteht ein neutraler, dunkler Grauton.

DIE FARBPALETTE UND IHRE NUANCEN

- **Weiß** – von Hartweiß bis Creme in allen Abstufungen – ist eine neutrale Farbe und idealer Vermittler zwischen unterschiedlichen Farben. Weiß wirkt hell und fröhlich und ist eine zeitlose Farbe im Garten.
- **Grün** – von Dunkel-, Blau-, Türkis-, Frisch- bis hin zu Gelbgrün – ist die natürliche Grundlage des Gartens. Es passt zu allen anderen Farben und verbindet auch starke Kontraste.
- **Gelb** – von warmem Tiefgelb über Goldgelb bis hin zu Grüngelb und kühlem Zitronengelb – ist eine auffällige Farbe, die für Heiterkeit sorgt und »Sonne« in den Garten bringt.
- **Rot** – von Orangerot über Scharlach, Feuerrot bis Karmesin – ist eine warme, dominante Farbe, die im Sommer am besten zur Geltung kommt und Akzente setzt.
- **Rosa** – Zartrosa, Apricot, Lachs, Hell- und Dunkelrosa bis Pink – ist zurückhaltend, feminin und romantisch, kann aber auch knallig wirken. Nicht immer einfach einzusetzen.

Nicht nur Pflanzen, auch Gartenmöbel und Accessoires bringen Farbe in den Garten.

- **Blau** – von Himmel- über Reinblau bis hin zu Lila, Violett und Purpur – wirkt kühl und edel – vor allem die dunkleren Töne.
- **Grau** – Blaugrau, Hellgrau, in warmen und kühlen Nuancen – passt gut zu formalen Gestaltungen und als neutrale Farbe in natürlichen Kies- und Steppenbeeten.

Der Sessel setzt einen deutlichen Farbakzent und wirkt doch nicht als Fremdkörper, denn der violette Farbton findet sich auch in der benachbarten Bepflanzung.

FARBEN KOMBINIEREN

Farben lassen sich nach unterschiedlichen Kriterien miteinander kombinieren: Man unterscheidet Hell-Dunkel-, Kalt-Warm-Kontraste und Komplementärkontraste. Farben können natürlich auch harmonisch miteinander kombiniert werden.

- Hell-Dunkel-Kontraste wirken auffällig und sind vor allem im Schatten wichtig, um eine Pflanzung zu beleben.
- Kalt-Warm-Kontraste tragen viel zur Wirkung von Pflanzungen bei. Blaugrün gilt als kälteste, Rotorange als wärmste Farbe.
- Komplementärkontraste entstehen durch Kombination von Farben, die, miteinander gemischt, einen neutralen Grauton ergeben. Das sind Gelb-Violett, Rot-Grün und Blau-Orange.

Farben beeinflussen auch die Raumwirkung. Helle Farben ziehen die Aufmerksamkeit auf sich und lassen einen Raum tiefer und weiter entfernt erscheinen – ein Trick, den man zur optischen Vergrößerung des Gartens nutzen kann.

ZÄUNE, HECKEN & MAUERN – GARTENGRENZEN

Erst eine Eingrenzung – sei es Zaun, Mauer oder Hecke – macht aus einem Grundstück einen Garten, ein umfriedetes Stück Land zum Anbau von Pflanzen. Die Eingrenzung hält unerwünschte Besucher fern und sorgt so für ein Gefühl der Sicherheit und Geborgenheit.

Der Begriff Garten hat seinen Ursprung im Wort Gerte, das vom indogermanischen Wort »gher« abstammt. Letzteres bezeichnete Weiden- und Haselnussruten (oder -gerten), die, miteinander verflochten, das Grundstück umfriedeten.

GARTENGRENZEN

Zäune, Mauern und Hecken verhindern, dass der Garten von unerwünschten Störenfrieden heimgesucht wird. Sie sorgen für Sicherheit und ein Gefühl der Privatsphäre. Besonders im Nutzgarten in ländlichen Gegenden ist eine undurchdringliche Einfriedung wichtig, um Wildfraß zu verhindern.
Für Einfriedungen stehen unterschiedlichste Materialien zur Verfügung – von Holz, Metall, Kunststoff, Flechtwerk, Stein, Ziegel, Beton, Draht bis hin zu Heidekrautmatten.

Lattenzäune aus Holz sehen schön aus und passen gut zu ländlichen Gärten.

ZÄUNE

Zäune haben einen großen Vorteil: Sie sind durchlässig und dicht zugleich. Gebaut werden sie aus Holz, Flechtwerk oder Metall bzw. Drahtgitter. Dient der Zaun als Sicht- und Windschutz und als sichere Einfriedung, benötigen die Pfosten ein stabiles Fundament, damit der Zaun nicht kippt. Bei dekorativen Zäunen oder leichten Maschendrahtzäunen reichen einfachere Bodenhülsen, in die die Pfosten gesteckt werden.

Holz

Holz ist ein natürliches Material, das sich leicht bearbeiten lässt und sich gut in den Garten einfügt.

> Weichhölzer wie Kiefer, Fichte oder Tanne müssen zum Schutz vor Pilzen und Insekten kesseldruckimprägniert sein oder mit einem Schutzanstrich versehen werden, damit sie länger halten.

> Harthölzer wie Lärche, Kastanie, Eiche, Ulme und Robinie halten von Natur aus länger. Auf tropische Harthölzer wie Teak oder Bangkirai sollten Sie aus Gründen des Regenwaldschutzes in jedem Fall verzichten.

Flechtwerk

Im Handel gibt es fertige Elemente oder Rollen aus Weiden- oder Haselnussruten, Heidekraut, Schilf und Bambus, die durchaus einige Jahre halten, wenn sie nach Regen schnell abtrocknen können.

Metall

Eisen- oder Gitterzäune sind stabil, Maschendraht ist leicht und flexibel. Da Letzterer nicht sehr attraktiv ist, begrünt man solche Zäune mit Kletterpflanzen wie Clematis oder Efeu.

Sichtschutzwände aus Flechtwerk grenzen den Garten ab und sorgen für Privatsphäre.

HECKEN

Hecken können Sie leicht selber pflanzen. Es gibt für jeden Standort (Sonne, Schatten, Halbschatten) passende Arten. Hecken verbessern das Mikroklima im Garten, bieten optimalen Sicht-, Lärm- und Windschutz und sind ein prima Unterschlupf und Nistplatz für viele Tiere und Vögel.

> Immer- oder wintergrün sind Hecken aus Kirschlorbeer und Liguster sowie Nadelgehölze wie Eiben, Thujen und Scheinzypressen. Bambus ist ebenfalls immergrün und wirkt durch seine hellgrünen Blätter im Winter nicht so düster wie viele Nadelgehölze.

> Rot- und Hainbuchen behalten als Hecke ihr trockenes Laub im Winter und bieten durchaus noch Schutz.

> Hecken aus stacheligen oder dornigen Pflanzen wie Feuerdorn, Wildrosen, Rot- und Weißdorn bilden undurchdringliche Dickichte und Barrieren.

MAUERN

Mauern sind solide (und teuer) und bieten ein Höchstmaß an Schutz. Der Bau erfordert jedoch einiges an Fachkenntnissen. Notwendig ist auf jeden Fall ein frostsicheres Fundament, das je nach Höhe und Breite bis zu 80 cm tief in den Boden reichen muss. Mauern können ein Sichtmauerwerk haben oder farbig gestrichen werden.

Ziegel und Klinker

Ziegel und Klinker werden aus gebranntem Ton hergestellt. Sie haben eine natürliche Wirkung und lassen sich in vielen Formen und Größen verbauen. Höhere Ziegelmauern sollten einen Betonkern mit einer Stahlarmierung erhalten.

MATERIAL AUF EINEN BLICK

Holz, Metall, Kunststoff oder Stein? Jedes Material hat seine Vor- und Nachteile.

BAUMATERIAL	MERKMALE
Holz	natürlich, gut zu bearbeiten, mit Schutz lange haltbar
Stein, Ziegel und Beton	blickdicht, ab 1 m Höhe statische Berechnung durch Fachmann nötig
Metall	Maschendraht kann man selbst verarbeiten. Eisengitter sind teuer

Naturstein

Naturstein hat eine warme, angenehm natürliche Ausstrahlung. Er kann massiv zum Mauern verwendet werden, meist kommen aber aus Kostengründen lediglich schmale Streifen oder Platten als Blende zum Einsatz.

Beton

Beton ist unglaublich flexibel und kann in beinahe jeder beliebigen Form verarbeitet werden: Betonmauern brauchen eine innere Verstärkung aus Stahl, eine Armierung, damit sie stabil und standfest sind. Betonmauern können roh als Sichtbeton gebaut oder verputzt bzw. gestrichen werden.

TISCHE, STÜHLE, GARTENMÖBEL: SITZPLÄTZE & GARTENHAUS

Vor der Anlage eines neuen Sitzplatzes im Garten sollten Sie sich folgende Fragen stellen: Wie groß soll er sein? Wo soll er liegen? Welchen Stil soll er haben? Denn sind Platten oder Pflaster erst einmal verlegt, gibt es kein Verrücken mehr. Die Planung beginnt man am besten auf Papier.

Romantisch verspielt oder zurückhaltend und modern mit klaren Formen und Farben, lieber kunterbunt oder minimalistisch? Die Auswahl an Stilen und Gestaltungsmöglichkeiten für den oder die Sitzplätze im Garten ist riesig und will wohlüberlegt sein – schließlich ist der Sitzplatz eines der wichtigsten zentralen Elemente im Garten – selbst wenn er nicht immer in der Mitte liegt.

CHECKLISTE FÜR SITZPLÄTZE

Ein Moodboard, also eine Sammlung von Fotos von Sitzplätzen, Kissen, Auflagen, Tischen und Stühlen, Sonnenschirmen und Materialkombinationen, ist hilfreich, um herauszufinden, was für einen Sitzplatz man haben möchte und was man dazu braucht. Folgende Fragen helfen bei der Entscheidung:

- Wie soll die Atmosphäre sein? Zum Feiern mit Freunden, zum Essen oder zum Entspannen?
- Welche Farben gefallen mir?

Loungesessel und Bänke aus Holz bringen das Wohnzimmer nach draußen.

- Was für Materialien passen zum Rest des Gartens, zur Terrasse und zum Haus?
- Möchten Sie einen Grill, eine Feuerstelle oder gar eine Outdoorküche?
- Sollen auch Elemente wie Deko-Accessoires, Töpfe und Kübel, Duft(-Pflanzen) und Wasser einbezogen werden?

Der beste Platz

Wenn Sie einen Garten neu anlegen, dann können Sie den Sitzplatz dort planen, wo er Ihnen am besten gefällt. Beobachten Sie den Garten bzw. das Grundstück eine Weile, bevor Sie sich für einen Platz entscheiden. Terrassen sind meist nach Süden oder Südwesten ausgerichtet. Man bekommt in diesem Fall also auch noch am Abend etwas Sonne ab, aber im Sommer kann es ganz schön heiß werden. Diese Fragen sollten Sie klären, bevor es ans Feintuning geht:

- Wie sind die Lichtverhältnisse im Garten und am Sitzplatz?
- Wie viele Stunden Sonne bekommt der zukünftige Sitzplatz?
- Ist ein Sonnenschutz nötig, z. B. eine Pergola, Gehölze oder ein Sonnenschirm bzw. Sonnensegel?
- Woher weht der Wind? Gibt es im Garten windgeschützte Ecken, wo kein zusätzlicher Windschutz nötig ist?
- Zieht der Rauch vom Grill direkt zu den Nachbarn? Dann ist vielleicht ein anderer Platz für die Feuerstelle sinnvoll.
- Ist der Sitzplatz von außen (und oben!) einsehbar? Ist deshalb ein zusätzlicher Sichtschutz nötig?
- Hat man vom Sitzplatz aus einen schönen Blick in den Garten oder die umgebende Landschaft?

Wer genug Platz hat, kann auch einen zweiten Sitzplatz anlegen, im Schatten von Bäumen, einer Hecke oder Mauer, wo man sich, geschützt vor störenden

Kunterbunt und flexibel. Diese Retro-Stühle sind absolut wetterfest.

Ein einfaches Holzdeck und zwei Klappstühle mit Stoffbespannung – fertig ist ein cooler Sitzplatz vor dem Gartenhaus.

Einblicken, Wind und Lärm, bei sommerlicher Hitze aufhalten kann.
Planen Sie den Sitzplatz so, dass Sicht-, Wind- und Lärmschutz miteinander kombiniert werden. Das spart späteres Nachrüsten, was immer lästig und meistens auch teuer ist.

Groß genug planen

Ganz wichtig: Planen Sie genug Fläche ein, denn ein Sitzplatz, an dem man sich ständig ins Gehege kommt, wenn man die Beine ausstreckt, bei dem die Stuhlbeine beim Zurückrücken im angrenzenden Beet versinken oder bei dem man kaum zwischen Stühlen, Tisch und der Hauswand durchgehen kann, macht keine Freude. Also: Lieber großzügig gestalten und einen Meter mehr kalkulieren. Und: Auch ein Sonnenschirm braucht Platz. Große Schirme haben große Standfüße und auch zum Ein- und Ausklappen braucht man genügend Raum. Praktisch ist es, wenn der Sitzplatz an eine größere freie Fläche, beispielsweise den Rasen, angrenzt, denn dann können Sie ihn bei Bedarf auch einmal vergrößern, zum Beispiel für eine Gartenparty oder ein Familienfest mit vielen Gästen.

Tisch und Stuhl

Bei der Auswahl von Tisch und Stühlen gilt: Es entscheiden der persönliche Geschmack, der Stil – und der Geldbeutel. Hochwertige Möbel haben ihren Preis, halten aber auch länger.

> **Rechteckig oder rund?** Wählen Sie im Zweifel lieber einen rechteckigen Tisch, dann können Sie ihn mit Beistelltischen besser erweitern, wenn einmal mehr Gäste da sind.

> **Holz** sieht immer gut aus. Wetterfeste Harthölzer wie Robinie, Eiche oder Esche sind besser als Weichholz, das auch mit Schutzanstrich unter den Witterungseinflüssen leidet.

> **Kunststoff** muss unempfindlich gegen UV-Strahlung sein, sonst wird er spröde, und die Möbel sehen rasch so abgenutzt aus, dass nicht einmal mehr eine Tischdecke hilft.

> **Gusseisen** passt nur in romantisch-verspielte Gärten. Solche Tische wirken schnell schwer und dominant.

> Klappstühle und -tische aus **Metall** sind leichter und fügen sich besser in den Garten ein.

> **Loungemöbel** machen den Gartensitzplatz zum Wohnzimmer und sind superbequem. Es gibt sie auch aus wetterfestem Kunststoff(-geflecht), und sogar die Kissen halten Regen aus.

Immer griffbereit lassen sich Gartenwerkzeuge aller Art in diesem praktischen Schuppen aufbewahren.

WERKZEUGSCHUPPEN UND GARTENHAUS

Jeder Garten braucht einen Werkzeugschuppen, besser noch ein kleines Gartenhaus! Denn es gibt eine Menge Dinge, die man im Garten braucht und die man dort unterstellen kann.

> Rasenmäher und Schubkarre haben hier ihren festen Platz.

> Auch größere und kleinere Gartengeräte wie zum Beispiel Gartenschlauch und Gießkannen sowie diverse Werkzeuge finden hier einen trockenen Platz, ebenso Gartenmöbel bei Regen oder im Winter.

> Töpfe, Kübel, Aussaat- und Pflanzschalen sowie Pflanzerde, eventuell auch Samentütchen sind hier gut aufgehoben, genauso Gartenschuhe und Arbeitskleidung für den Garten.

> Kamin- und Brennholz lagert hier schön trocken.

> Ist das Häuschen groß genug, passen sogar die Mülltonne und Fahrräder hinein.

Die Lage

Versuchen Sie, Schuppen und Gartenhaus an einer Stelle aufzubauen, an der sie gut erreichbar sind und ihren Zweck erfüllen. Praktisch ist es meist, wenn das Gartenhaus in der Nähe des Hauses liegt. Das geht jedoch nur, wenn es sich dann immer noch gut in den restlichen Gartenbereich einfügt. Unschöne Schuppen lassen sich dagegen einfacher verstecken oder kaschieren, wenn sie nicht so dicht am Haus stehen.

Bauweise und Material

Ein Gartenhaus soll sich optisch gut in den Garten einfügen und ihn je nach Funktion bereichern – oder sich unauffällig in den Hintergrund zurückziehen. Rustikale Blockhütten mit schweren Balken sind keine Lösung, ebenso billige Werkzeugschränke aus dünnem Blech oder Kunststoff. Sie sind weder solide noch attraktiv und sehen schon nach kurzer Zeit abgenutzt aus. Greifen Sie besser auf neutrale Fertigelemente oder Bausätze zurück, die Sie nach eigenem Geschmack streichen und gestalten können.

> Gartenschuppen und Werkzeugschränke sehen am besten aus, wenn sie aus Holz gebaut sind. Holz ist für alle Konstruktionen geeignet, sollte aber lackiert bzw. lasiert, also mit einem Schutzanstrich versehen sein. Nur Hartholz wie Lärche kommt ohne eine Konservierung aus. Wenn das Gartenhaus gestrichen wird, sollte sich seine Farbe am Farbklima des Gartens oder des Wohnhauses orientieren, damit es nicht wie ein Fremdkörper wirkt.

> Gemauerte Häuschen sind zwar attraktiv, aber relativ teuer. Mauerwerk aus Ziegeln oder Natursteinen ist nur bei größeren Gartenhäusern oder -ateliers angebracht oder bei kleinen Schuppen, die im Stil alter Weinberghäuschen eher dekorative Zwecke erfüllen.

> Eine Metallkonstruktion eignet sich ebenfalls, aber nur wenn sie solide ausgeführt wird. Dünne Eisenstreben oder Wandfüllungen aus verzinktem Blech oder Wellblech sehen weder gut aus, noch sind sie lange haltbar. Denkbar ist auch eine Rahmenkonstruktion aus Metall, die mit Mauerwerk oder Holzbrettern ausgefüllt wird.

> Gartenhäuser aus Rohstahlplatten kann nur ein Schlosser bauen. Sie wirken sehr modern und fügen sich trotz der dunkelrostroten Farbe harmonisch in fast jeden Gartenstil ein.

> Zunehmend Verwendung im Garten findet Aluminium. Das Material ist teurer als Stahl und nimmt, wenn es

nicht lackiert wird, mit der Zeit einen mattgrauen Farbton an, der sich unauffällig in den Garten integriert. Aluminium kann in jeder RAL-Farbe lackiert bzw. pulverbeschichtet werden. RAL-Farben sind normiert und haben jeweils eine Nummer, sodass es beim Farbton keine Überraschungen gibt.

> Kunststoff wird meist nur zusammen mit anderen Materialien verwendet. Große Platten benötigen immer eine Rahmenkonstruktion. Glatte Kunststoffplatten wirken edel und zeitlos.

SOMMERHAUS, ATELIER, GARTENBÜRO

Früher waren Gartenhäuser reine Zweckbauten, die nicht besonders schön aussahen und außer zum Aufbewahren von Werkzeugen und Geräten kaum sinnvoll genutzt werden konnten. Heute gibt es attraktive Gartenhäuser, die innen so gestaltet und geräumig sind, dass man sie als Atelier nutzen kann. Eine kleine Solaranlage auf dem Dach versorgt Geräte wie einen Laptop mit Strom oder ermöglicht es, abends bei Licht zu lesen. Schauen Sie sich die Fertigmodelle im Baumarkt oder bei Spezialanbietern (→ Seite 184, Adressen) aus einem »Einrichtungsblickwinkel« an – vielleicht hat in dem einen oder anderen ja nicht nur ein Rasenmäher, sondern auch eine Gartenbank Platz.

Holz passt immer: Es nimmt mit der Zeit eine schöne Patina an und wirkt nie wie ein Fremdkörper.

Ein lauschiger Sitzplatz auf der Veranda vor einem kleinen Gartenhaus.

BAUGENEHMIGUNG ODER NICHT?

Die Bauordnungen der Bundesländer bestimmen, ab welcher Größe ein Gartenhaus genehmigt werden muss. Dabei spielt nicht nur die Grundfläche eine Rolle, sondern auch der umbaute Raum, der Abstand zur Grenze und die Komfortausstattung: Sobald das Haus beheizt werden kann und einen Strom- und/oder Wasseranschluss hat, ist eine Baugenehmigung nötig. Im Zweifel: Immer bei der Stadt- oder Gemeindeverwaltung nachfragen.

STIMMMUNG & FUNKTION: LICHT IM GARTEN

Unser normaler Tagesrhythmus widerspricht den Erholungsmöglichkeiten, die ein Garten bietet. Tagsüber wird gearbeitet, meist ist nur abends oder am Wochenende Zeit, sich im Garten zu entspannen oder Feste zu feiern. Was liegt näher, als der Natur ein Schnippchen zu schlagen und den Tag zu verlängern?

Eine gleißend helle Flutlichtbeleuchtung hat in einem Garten nichts zu suchen. Dämmriges Licht reicht aber auch nicht aus, schließlich möchte man bei einem romantischen Gartenfest doch sehen, was auf dem Teller ist. Planen Sie den Einsatz von Licht im Garten deshalb genauso gründlich wie den aller anderen Gestaltungselemente.

FUNKTION DER BELEUCHTUNG

Die Beleuchtung erfüllt im Garten verschiedene Zwecke. Zum einen erzeugt sie eine angenehme Stimmung am Abend. Zum anderen sorgt sie für Sicherheit, wenn man sich nach Einbruch der Dämmerung im Garten bewegt. Und nicht zuletzt fühlen sich viele Menschen nachts oder abends im Garten einfach geborgener, wenn er beleuchtet ist.

Licht – direkt oder indirekt – sorgt im Garten für Atmosphäre, Stimmung und Sicherheit.

Strom im Garten

Die Planung der Beleuchtung gehört mit zum Ersten, womit man sich beschäftigen muss, denn vor der Installation von Lampen und Leuchten müssen die nötigen Stromleitungen verlegt werden. Dies geschieht am besten, bevor Mauern, Zäune, Wege, Sitzplätze, Beete oder Rasenflächen angelegt werden. Planen Sie bei dieser Gelegenheit auch gleich Außensteckdosen mit ein, denn auch Rasenmäher, Heckenscheren, Wärmelampen auf der Terrasse und Geräte wie Häcksler brauchen Strom.

Ganz wichtig ist: Strom im Garten gehört immer in die Hände von Fachleuten – egal, ob es um eine Wegbeleuchtung mit Lampen oder einen Strahler geht, der in einen Baum leuchtet und Äste und Blätter bei Dunkelheit in faszinierenden Farben und Formen erstrahlen lässt.

- Permanent verlegte Stromkabel müssen tief genug liegen und ausreichend vor Grabearbeiten und Beschädigungen geschützt werden, um Unfälle zu vermeiden. Alle elektrischen Geräte, die im Garten zum Einsatz kommen, sollten das GS-Siegel des TÜVs tragen und mit einem FI-Schalter abgesichert sein.
- Es gibt mit Niedervolt betriebene Lampen, deren Kabel auch oberirdisch verlegt werden dürfen, diese werden jedoch schnell zur Stolperfalle. Außerdem muss ein Transformator die Netzspannung von 230 Volt aus der Steckdose auf die erforderlichen 8 oder 12 Volt verringern.

LEUCHTENTYPEN

Elektrisches Licht ist am weitesten verbreitet, auch wenn es viele andere Lichtquellen für den Garten gibt. Kombinieren Sie eine (hellere) Zweck- bzw. Sicherheitsbeleuchtung mit einer gedämpfteren (wärmeren)

An der Wand befestigte Strahler leiten den Blick entlang des Wegs zum Haus.

Stimmungsbeleuchtung. Und denken Sie daran, dass die Leuchten nicht blenden dürfen und auch tagsüber attraktiv anzuschauen sein müssen.

Stand- und Pollerleuchten

Diese Leuchten sind auf oder an Pfählen oder Stützen montiert. Standleuchten haben eine Lichtquelle in Augenhöhe, Pollerleuchten sind mit einer Höhe von maximal 1,2 m niedriger. Standleuchten sind ideal am Hauseingang oder der Auffahrt, Poller perfekt als Wegbeleuchtung – am besten zwischen der Bepflanzung platziert, dann gibt es gleich ein schönes Licht- und Schattenspiel.

Wand- und Deckenleuchten

Über dem Hauseingang, der Terrassentür oder an Gartentoren sorgen höher montierte Leuchten für sicheres Licht. Wandleuchten sollten in einer Höhe von etwa 1,8 m montiert werden und dürfen nicht blenden.

EIN HERZ FÜR INSEKTEN

Weißes Licht lockt viele Insekten an. Wollen Sie einen lauen Sommerabend mit Stechmücken teilen? Außerdem verlieren Nachtfalter und Schmetterlinge die Orientierung und gehen an heißen Lampen elend zugrunde. Besser: Gelbe Lampen, deren Licht auch noch eine angenehmere Atmosphäre schafft, sind eine gute Alternative.

Spots und Strahler

Sie dienen dazu, einzelne Pflanzen oder Skulpturen im Garten in Szene zu setzen, beispielsweise indem sie von unten angestrahlt werden. Strahler dienen auch als Sicherheitsbeleuchtung, wenn sie mit Bewegungsmeldern kombiniert werden und Gartenbereiche wie die Terrassentür vor unerwünschten Besuchern schützen.

Solarlampen

Ganz ohne Anschluss an das Stromnetz kommen Solarlampen aus. Je nach Sonnenschein am Tag leuchten manche Modelle fast die ganze Nacht – und müssen obendrein nicht gewartet werden. Solarlampen sind als Wandlampe, zum Befestigen an Pergolen oder Zäunen und auch zum Beleuchten von Wegen geeignet. Auch schön: Girlanden mit Mini-Lampions.

Stimmungslicht ohne Strom

Kerzen und Windlichter sorgen für eine romantische Atmosphäre und faszinieren durch ihr wechselndes Schattenspiel. Fackeln sind ideal für jede Gartenparty. Petroleumlaternen oder Paraffinlampen leuchten heller und gleichmäßiger und können überall aufgehängt oder aufgestellt werden.

TEICHE, POOLS & SPRUDELSTEINE: WASSER IM GARTEN

Wasser bringt Leben in den Garten! Jede noch so kleine Wasserstelle lockt Vögel zum Baden und Trinken sowie Libellen, Bienen, Hummeln und jede Menge anderes Getier an. Und wer weiß, vielleicht finden sich im Frühjahr sogar ein paar Molche zum Laichen ein.

Wasser im Garten erzeugt eine ganz eigene Atmosphäre, wirkt geradezu magisch anziehend. In seiner Oberfläche spiegelt sich der Himmel und erzeugt so ein zusätzliches Gefühl der Räumlichkeit und Tiefe. Zugleich ist Wasser ein Lebensraum für viele Tiere und füllt den Garten mit Leben.

Teich- und Beckenformen

Im Garten gibt es Wasser in Form von geometrisch-formalen Wasserbecken, die quadratisch, rund, oval oder rechteckig sein können. Die Alternative sind naturalistische Naturteiche mit organisch geformtem Uferverlauf und unterschiedlichen Tiefenzonen. Und dann gibt es noch kleine Wasserbecken, Vogelbäder oder Sprudel- bzw. Quellsteine, die mit ihrem sanften Plätschern für eine angenehme Geräuschkulisse sorgen.

Auch geometrisch geformte Becken bekommen mithilfe von Pflanzen und Steinen attraktive Ufer.

Der richtige Standort

Teiche oder Wasserbecken legt man am besten in der Nähe eines Sitzplatzes an oder versieht sie mit einem Holzdeck oder Steg – denn sie laden zum Verweilen und Beobachten ein. Wenn Sie Kinder haben, muss der Teich unbedingt gesichert werden, am besten mit einem tragfähigen Gitter knapp unter der Wasseroberfläche. Je sonniger der Teich liegt, desto üppiger gedeiht das Leben, allerdings wird im Sommer das Algenwachstum angeregt und bei kleinen Teichen kann es zu Sauerstoffmangel kommen, wenn sich das Wasser zu stark erwärmt.

WASSERBECKEN

Wasserbecken mit ihrer geometrischen Grundform werden gerne in der Nähe des Hauses an der Terrasse platziert. Sie können aus demselben Material gebaut werden wie die Terrasse und haben oft eine leicht erhöhte Mauer als Rand. Ist sie breiter als 30 cm, kann man sie auch als Sitzfläche nutzen.

Klassisch und verspielt

Wer es verspielter mag, kann sich für einen Brunnen mit Ornamenten, vielleicht mit einer kleinen Wasserfontäne oder einem Wasserspeicher entscheiden. Die Wände und der Grund können mit Kacheln oder Platten ausgekleidet werden, damit sie zum Stil des Gartens oder der angrenzenden Terrasse passen.

Modern und formal

Geometrisch-formale Wasserbecken aus Beton, Stahl oder Rohstahl wirken schon für sich als starkes Objekt und bedürfen selten einer zusätzlichen Unterstützung durch Pflanzen. Wenn, dann sollten diese sparsam eingesetzt werden – passend zum reduzierten Stil des Beckens.

Ein »Strand«, ein Deck, von dem man die Füße ins Wasser baumeln lassen kann – und jede Menge Lebensraum für Tiere und Pflanzen – all das bietet ein Naturteich.

NATURTEICH

Naturteiche mit ihren organisch geschwungenen Ufern, unterschiedlichen Tiefenbereichen von der Flach- bis zur Tiefwasserzone, einer sumpfigen Randzone und trockenem Umland können als Folienteich auch selbst angelegt werden. Der Aushub kann zur Gestaltung der umliegenden Gartenbereiche verwendet werden.

Lage

Damit sich der Teich natürlich in den Garten einfügt, sollte er an der tiefsten Stelle des Geländes angelegt werden – dort, wo sich auch in der Natur das Wasser sammeln würde. Ein Teich im oberen Bereich eines Hangs sieht nicht nur unnatürlich aus, er kann durch das Gewicht des Wassers auch das Hanggefüge stören. Planen Sie unbedingt einen Überlauf bzw. eine Sickerzone ein, damit bei Starkregen kein Wasser auf die Straße oder zum Haus hin fließt und für Überschwemmungen sorgt.

Pro Tag sollte der Teich mindestens 5–6 Stunden Sonne bekommen, damit sich die Pflanzen gut entwickeln.

Ab einer Größe von 10–15 Quadratmetern besteht auch weniger Gefahr von Sauerstoffmangel durch Erwärmung – daher gilt für Teiche: Je größer, desto besser.

Toll für Kinder

Naturteiche sind echte Entdeckerparadiese für (größere) Kinder ab etwa 8–10 Jahren. Sie können Tiere beobachten, Schiffchen bauen und schwimmen lassen und sich stundenlang in einer Matschecke am Ufer beschäftigen – vorausgesetzt, sie können schwimmen.

Pflanzen

Für die Bepflanzung gilt: Je vielseitiger, umso besser. Fast alle Teichpflanzen brauchen einen sonnigen Standort. Ins Startpaket gehören unbedingt: Sumpfdotterblume, Sumpf-Iris, Kleiner und Schmalblättriger Rohrkolben, Schwanenblume und eine Seerose.

Fische im Teich

Für viele Menschen gehören Fische einfach zu einem Teich, genau wie Seerosen und Rohrkolben. Damit sich die Fische im Teich wohlfühlen, muss er groß und vor allem tief genug sein – mindestens 80 cm, besser 1 m. Pro Kubikmeter Teichvolumen können Sie maximal drei bis vier Tiere einsetzen (Faustregel: 10–15 cm Fisch pro 500 l Wasser). Auch dann ist eine Filteranlage empfehlenswert, damit das Wasser klar und sauber bleibt.

GUT GEPLANT VON ANFANG AN

DEN TRAUMGARTEN PLANEN

Was für ein Garten soll es sein? Bei der Fülle an Ideen und Gartenstilen fällt die Entscheidung nicht leicht. Aber mit etwas Geduld, dem richtigen Plan und ein paar Tricks und Kniffen können Sie in relativ kurzer Zeit und mit gar nicht mal so großem Budget Ihren eigenen Traumgarten verwirklichen.

Bevor Sie mit der Anlage oder Umgestaltung Ihres Gartens beginnen, ist es wichtig, dass Sie zuerst einmal herausfinden, welcher Gartenstil Ihnen am besten gefällt, denn dieser dient als grober Leitfaden für die weitere Planung und die Projekte, die Sie in Ihrem Garten verwirklichen möchten. Als grober Leitfaden deshalb, weil sich im Lauf der Planung immer wieder neue Details und Ideen ergeben, die man gern umsetzen und integrieren möchte – und sollte.

INSPIRATION

Inspiration für schöne Gärten gibt es viele: in Büchern und Zeitschriften, Gärten von Freunden, Beete in öffentlichen Parks und Botanischen Gärten und und und ... Versuchen Sie trotzdem, sich bei der weiteren Planung an einem Stil bzw. Konzept zu orientieren, denn nur Gärten, die mehr oder weniger konsequent durchgeplant und gestaltet sind, wirken wirklich attraktiv und einladend.

Wohnen

Die eigene Wohnung oder das eigene Haus, der Einrichtungsstil und Geschmack sind maßgeblich für die Art von Garten, die am besten zu Ihnen passt. Denn der Garten ist heute mehr als ein Teil des Grundstücks, auf dem Pflanzen wachsen, sei es zum Ernten im Nutzgarten oder aus rein ästhetischen Gründen im Ziergarten. Gärten sind zu einer Erweiterung des Wohnraums geworden. Es sind Plätze, an denen man sich gern und lange aufhält. Gartenmöbel sind heute in ihrer Form und Funktionalität kaum von Möbeln für den Innenbereich zu unterscheiden. Sogar Kochen und Baden sind im Garten möglich. Außerdem ist der Garten oft das Erste, was man von einer Wohnung oder einem Haus zu sehen bekommt, er hat also auch repräsentativen Charakter. Er ist wie ein Schaufenster, in dem sich die Bewohner präsentieren. Und wenn Sie Kinder haben, sollte der Garten auch ein Spielzimmer und Abenteuerspielplatz für sie sein.
Kurz gesagt: Ihr Garten sollte Ihren Wohnstil und -geschmack widerspiegeln, aber auch Ihren Bedürfnissen entsprechen und die bevorzugte Nutzung ermöglichen.

Pflanzen

Die Pflanzen sind Herzstück und Essenz des Gartens, und sie sorgen für Abwechslung. Ohne Pflanzen wäre ein Garten nicht mehr als ein leeres Haus. Der Bewuchs prägt den Charakter eines Gartens mindestens genauso stark wie die übrigen Elemente. Das Schöne:

Alles ist da: Garten mit Sitzplatz, Teich, üppigen Stauden und vielfältigen Sträuchern.

Viele Pflanzen verändern sich im Lauf des Jahres, sie wachsen und blühen, fruchten und im Herbst verfärben sich ihre Blätter.

Doch wer die Wahl hat, hat die Qual, denn das Angebot an Bäumen, Sträuchern, Heckenpflanzen, Stauden, Sommerblumen, Rosen sowie Obst- und Gemüsearten und -sorten ist heutzutage riesig.

> Schauen Sie sich in den Gärten der Nachbarschaft um. Was wächst dort, was gefällt Ihnen? Dies ist ein erster Hinweis, welche Pflanzen sich auch in Ihrem Garten wohlfühlen und gut gedeihen.
> Versuchen Sie, sich am Anfang auf wenige Arten zu beschränken. Wählen Sie Arten, die Ihnen besonders gut gefallen und die später nach und nach mit anderen kombiniert und ergänzt werden können.

Offene Gärten

In den letzten Jahren hat sich ein neuer Trend etabliert: Private Gärtner öffnen im Sommer an einem Wochenende ihre Gärten. Nutzen Sie dies, um sich wirklich schöne Gärten in Ihrer Umgebung anzuschauen, sich mit den Besitzern auszutauschen und von deren Erfahrungen zu profitieren.

> Welche Gärten in Ihrer Region wann geöffnet haben, finden Sie auf den entsprechenden Internetportalen (→ Seite 184, Adressen).

Botanische Gärten, Parks und öffentliche Anlagen

Botanische Gärten und öffentliche Parks sind ebenfalls eine wichtige Inspirationsquelle. Die Beete und Anlagen dort sind schon seit Jahren »in Betrieb« und können wertvolle Hinweise geben, welche Pflanzen sich dauerhaft bewähren und welche nur mit großem Aufwand zu pflegen sind und sich trotzdem nicht befriedigend entwickeln.

Gartenschauen und Gartenmessen

Auf Landes- und Bundesgartenschauen werden neueste Trends, neue Pflanzenarten und -sorten sowie Gartenmöbel vorgestellt. Sie sind eine perfekte Gelegenheit, um sich einen ersten Überblick zu verschaffen.

Der Garten und das Grundstück selbst

»Warum in die Ferne schweifen, wenn das Gute liegt so nah.« Das eigene Grundstück, der eigene Garten bieten – manchmal erst auf den zweiten Blick – eine Menge Inspiration.

> Gibt es schon größere Gehölze und Sträucher, unter denen vielleicht ein schattiger Sitzplatz angelegt werden kann?
> Falls Beete oder niedrigere Sträucher nicht am richtigen Platz sind, können sie mit relativ geringem Aufwand gerodet bzw. umgesetzt werden. Seien Sie also bei der Planung mutig und wagen Sie Veränderungen.
> Gibt es bauliche Elemente, die vielleicht »umgenutzt« werden können? Ein alter Pool kann in einen großen Teich verwandelt werden, eine nicht benötigte Garage lässt sich vielleicht in ein Gartenhaus umbauen.

Die Inspirationsmöglichkeiten sind also vielseitig. Sammeln Sie Ihre Ideen am besten in einem Moodboard mit Notizen, Bildern, Zeitungsausschnitten, Pflanzenetiketten und Materialmustern. Das ist der Fundus für Ihre Wunschliste.

Wer träumt nicht von einer solchen Gartenoase in der Stadt?

WUNSCHLISTE

Zunächst gilt: Alles ist erlaubt. Prioritäten setzen und streichen können Sie später immer noch. Aber erst einmal benötigen Sie für die Planung einen Startpunkt und ein gewisses Ziel – auch wenn ein Garten nie wirklich fertig sein wird. Die Wunschliste ist die Grundlage für die spätere Detailplanung und verhindert, dass Sie Ihr Ziel aus den Augen verlieren. Beim Erstellen der Liste sollte jedes Familienmitglied die Möglichkeit haben, seine Wünsche zum Ausdruck zu bringen. Das gilt insbesondere auch für Kinder, denn sie werden den Garten meist noch häufiger nutzen als die Eltern.

Die wichtigsten Dinge vorab klären

Die folgende Auflistung soll Ihnen helfen, möglichst keinen der für die Planung wichtigen Punkte zu vergessen.

> Welcher Gartenstil gefällt Ihnen am besten? Romantisch-verspielt oder minimalistisch-modern? Der Gestaltungsstil wird sich wie ein roter Faden durch den ganzen Planungsprozess ziehen und legt die Eckpunkte und Art der Pflanzen und Gartenelemente fest.
> Wer nutzt den Garten? Erwachsene, Kinder, Freunde? Gibt es Haustiere wie Hunde, Katzen oder Kaninchen?
> Wie wird der Garten genutzt? Zum Festefeiern und Grillen, als Familiengarten oder einfach nur zum Entspannen?

Weitere Punkte zum Abhaken und als Inspiration

> Sitzplatz, Tische, Stühle, Bänke: Wie viele sind nötig, und wo stehen sie am besten?
> Plattenbeläge wie Kies, Platten, Pflaster: Wo sind sie notwendig und welches Material passt zu Haus und Garten?
> Gemüse, Kräuter, Obstbäume und Beerensträucher: Wo ist der richtige Platz? Haben Sie genug Zeit für den Anbau?
> Staudenbeete und -rabatten: Wo ist der beste Platz für sie? Wie pflegeaufwendig oder pflegeleicht sollten sie sein?
> Brauchen Sie Platz für Spielgeräte wie Schaukeln?
> Soll es ein Rasen oder lieber eine Blumenwiese sein?
> Wo gibt es ein ruhiges Eck für eine Hängematte?
> Ein Grill sollte gut erreichbar sein. Eventueller Rauch darf aber weder Sie noch Nachbarn stören.
> Teich: Ein Gartenteich ist eine größere Investition und will gut überlegt sein.
> Auch Gartenhäuschen, Gewächshaus oder Pergola sind größere Projekte, die gut geplant werden müssen.

WAS KANN SCHON SCHIEFGEHEN?

Wenn Sie sich einigermaßen konsequent an Entscheidungen halten und die einzelnen Schritte nach und nach angehen, kann nicht viel passieren. Der perfekte Garten ist nicht der schönste, sondern der, der am besten zu Ihnen passt. Nur wenn man sich verzettelt, Projekte nicht zu Ende bringt oder sich zu viel auf einmal vornimmt, wird es schwierig.

PRIORITÄTEN SETZEN

Steht die Wunschliste, geht es ans Priorisieren, denn alles auf einmal ist meist aus Zeitgründen nicht möglich und das Budget soll ja auch nicht überstrapaziert werden. Einige Punkte auf der Wunschliste fallen vielleicht von ganz alleine weg, weil das Grundstück für einen Teich zu klein ist, andere verschieben sich aufgrund der Jahreszeit in die nächste Gartensaison.

> **Was müssen Profis machen?** Für manche Arbeiten braucht man Spezialwissen, besondere Werkzeuge oder große Maschinen, sodass es sich nicht lohnt, sie selbst auszuführen. Andere verbieten sich aus gesetzlichen oder versicherungstechnischen Gründen (→ Seite 32). Das gilt es beim Planen zu berücksichtigen.
> **Selbst bauen, anziehen und pflanzen** Pflastern, Hochbeet bauen, pflanzen – und mit etwas Geschick auch eine Pergola, einen Sichtschutz oder eine kleine Trockenmauer bauen: Diese Arbeiten können Sie selbst übernehmen (→ Seite 34).
> **Wunschliste sortieren** Wenn die Prioritäten identifiziert sind, kann es an die Feinplanung gehen (→ Seite 36).
> **Gut zu wissen** Informieren Sie sich im Vorfeld über örtliche Bauvorgaben, damit es später keine bösen Überraschungen wegen zu geringer Grenzabstände gibt (→ Seite 38).
> **Was macht man wann?** Der letzte Schritt, bevor es losgeht, ist der Jahresplan (→ Seite 40).

DAS ÜBERLÄSST MAN BESSER PROFIS

Im Garten ist es wie beim Hausbau oder der Wohnungsrenovierung. Je nach handwerklichem Geschick kann man manches selbst machen, für anderes braucht man Unterstützung und dann gibt es noch einige Arbeiten, die aus rechtlichen Gründen nur vom Fachmann ausgeführt werden dürfen.

Viele Bücher und Zeitschriften suggerieren, dass man im Garten alles selbst machen kann. Sicher, es gibt einiges, was mit Zeit und geliehenen Werkzeugen oder Geräten selbst angelegt oder gebaut werden kann. Bevor man sich in – womöglich frustrierende – Abenteuer stürzt, ist es aber besser, fachkundige und professionelle Garten- und Landschaftsbauer zu beauftragen. Diese verfügen über die notwendigen Baumaschinen und Spezialwerkzeuge und Sie haben gleichzeitig eine Gewährleistung für die ausgeführten Gewerke.

SCHWIMMTEICHE UND WASSERBECKEN

Immer wenn im Garten große Erdmengen bewegt werden müssen, wie beim Aushub eines Teichs, Pools oder Beckens, sollten Sie eine Garten- und Landschaftsbaufirma beauftragen. Zwar können Sie in Baumärkten kleinere Bagger ausleihen, deren Bedienung will jedoch auch erst einmal geübt sein und so kann schon ein halbes Wochenende vergehen, bis die ersten Erdmengen bewegt sind. Auch über die Entsorgung des Aushubs, der nicht auf dem Grundstück verbaut werden kann, müssen Sie sich keine Gedanken machen, wenn eine Firma die Arbeiten ausführt.

Ein Schwimmbecken am Hang: Solche Stahlbetonarbeiten gehören in die Hand von Fachleuten.

HOHE MAUERN

Mauern und Stützmauern aus Beton oder mit Betonkern brauchen eine Stahlarmierung und ein frostsicheres Fundament, das je nach Höhe der Mauer bis 80 cm tief im Erdboden verankert sein muss. Je nach Höhe und Funktion bzw. Belastung der Mauer ist ein statischer Nachweis zur Standsicherheit notwendig. Mauern und Wände, die einen Hang stützen oder terrassieren, müssen eventuell noch zusätzlich mit Erdankern fixiert werden – alles Arbeiten, die nicht mit üblichem Werkzeug durchgeführt werden können und die man schon aus versicherungsrechtlichen Gründen nicht selbst ausführen sollte.

TERRASSEN UND GROSSE FLÄCHEN

Terrassenflächen, die unmittelbar ans Haus angrenzen, müssen bei starken Regengüssen das Wasser schnell vom Gebäude und den Grundmauern abführen. Dazu ist nicht nur ein ausreichendes Gefälle, sondern auch eine Wasserabführung oder Dränage notwendig. Bei einem kräftigen Sommergewitter mit einer Niederschlagsmenge von 30 l/m² in einer Stunde müssen bei einer 4 × 5 m großen Terrasse (20 m²) gut 600 Liter Wasser so schnell vom Haus weggeleitet werden, dass weder durch Terrassentüre noch Kellerfenster oder Lichtschächte das Wasser ins Haus eindringen kann. In einer gemieteten

Wohnung oder einem gemieteten Haus haften Sie für Schäden am Gebäude, wenn aufgrund von Konstruktionsmängeln Wasser ins Innere oder in das Mauerwerk eindringt. Idealerweise sollte das gesamte Niederschlagswasser auf dem Grundstück versickern können. Keinesfalls darf Wasser bei Starkregen auf öffentliche Wege oder Straßen oder auf das Nachbargrundstück gelangen.

STEINARBEITEN

Der Bau einer Trockenmauer oder eines Sitzplatzes in Eigenregie ist durchaus möglich, allerdings darf das Gewicht des Materials nicht unterschätzt werden. Große Mauerblöcke und Findlinge bringen schnell eine Masse von einer halben Tonne und mehr auf die Waage – ein Gewicht, das mit einer Schubkarre oder Steintrage nicht mehr bewerkstelligt werden kann – weder zu zweit und auch nicht mit mehr Helfern. Hier ist ein Kran oder ein Bagger notwendig.

Holzdecks und Terrassen können mit handwerklichem Geschick gerade noch selbst gebaut werden.

Eine Grube für einen Teich ausheben? Schneller als mit Spaten und Schaufel geht es mit einem Bagger und noch schneller, wenn der Baggerführer gelernter Landschaftsgärtner ist.

GROSSE BÄUME UND PFLANZEN

Ab einem Ballendurchmesser von 80–100 cm und einer Höhe von 3–4 m sind Gehölze ohne maschinelle Unterstützung nur noch schwer zu transportieren oder zu pflanzen. Schon zum Wohl der Pflanze sollten Sie sich zumindest Unterstützung holen, denn nichts ist ärgerlicher, als wenn ein sorgsam in der Baumschule ausgesuchter Hausbaum beim Pflanzen umkippt und die Äste auf einer Seite abbrechen.

ALLES MIT STROM

Kriechströme in der Erde, die Würmer und anderes Getier aus dem Boden treiben, sind noch die harmloseste Variante von den Gefahren, die von elektrischem Strom im Garten ausgehen.

> Stromkabel und -leitungen müssen so tief verlegt und mit Warnbändern gekennzeichnet werden, dass sie beim Graben oder Pflanzen nicht aus Versehen beschädigt werden.

> Sämtliche Stromanschlüsse im Garten müssen von geschultem Fachpersonal installiert und abgenommen werden und mit einer FI-Sicherung geschützt sein.

> Kabel, Steckdosen und Schalter müssen für den Einsatz im Freien bzw. in Feuchträumen zugelassen sein.

DAS KANN MAN EINFACH SELBER MACHEN

Nicht immer braucht man Profis. Viele Arbeiten bei der Anlage Ihres neuen Gartens können Sie selbst übernehmen. Das entlastet nicht nur das Budget, sondern macht auch noch Spaß. Schließlich kann man schon nach mehr oder weniger kurzer Zeit die Früchte seines Tuns ernten.

Einen eigenen Garten komplett anzulegen, zu gestalten oder umzugestalten ist durchaus möglich, denn es gibt eine ganze Menge Tätigkeiten und Projekte, die ohne besondere Vorkenntnisse und ohne Spezialwerkzeug machbar sind.

PFLANZEN

Bis auf meterhohe Baumsolitäre, die allein aufgrund ihrer Größe und ihres Gewichts ausscheiden, können Sie alles, was mit Pflanzen zu tun hat, selbst in die Hand nehmen.

> **Rollrasen** ist eine feine Sache, denn die Arbeit zur Vorbereitung des Untergrunds ist dieselbe wie beim Säen – mit dem Unterschied, dass Sie den Rasen schon nach zwei bis drei Wochen richtig nutzen können und nicht erst nach drei bis vier Monaten. Wie es geht, wird auf Seite 62 erklärt.

Alles in Eigenregie: Dieser Garten wurde von den Besitzern komplett selbst gestaltet und bepflanzt.

> **Gemüsegarten anlegen** Sie möchten eigene Salate, Erdbeeren, Tomaten und Kräuter ernten? Kein Problem – um einen eigenen Gemüsegarten anzulegen, brauchen Sie nur einen Spaten, eine Hacke und einen Rechen sowie Kompost und kräftige Oberarme. Die Beete müssen nur abgesteckt, umgegraben und glatt gerecht werden. Tipp: Mit einer übers Wochenende aus dem Baumarkt ausgeliehenen Motorfräse geht es noch einfacher. Mehr dazu ab Seite 86.

> **Obstbäume** sind schnell gepflanzt, meist dauert die Wahl der richtigen Sorte länger als das Einpflanzen. Auf Seite 110 zeigen wir, wie es geht.

> Für **Sträucher und Hecken** gilt dasselbe. Je nach Grundstücksgröße kann die Einfassung durchaus an einem Wochenende gesetzt werden. Die Pflanzung einer Hecke ist auf Seite 54 Schritt für Schritt erklärt.

> **Staudenbeet und Kiesgarten** Ein bisschen mehr Zeit nimmt die Anlage eines Staudenbeets oder eines Kiesgartens in Anspruch, aber eher, weil die Zusammenstellung und Kombination der vielen Arten und Sorten so schwerfällt – es gibt einfach zu viele. Die Anlage zeigen wir auf Seite 132 (Staudenbeete) und Seite 142 (Kiesgarten). Die besten Pflanzen dazu haben wir ab Seite 130 für Sie ausgesucht.

KLEINERE STEINARBEITEN

Anstrengender, weil schwerer sind Gestaltungselemente im Garten, bei denen Stein verbaut wird.

> **Trittplatten und Wege** sind schöne Projekte, da man sie gut verteilen kann – über mehrere Tage oder sogar Wochenenden. Auf Seite 66 wird das Verlegen von Platten erklärt.

> Der Bau einer **Trockenmauer** ist da schon eine etwas anspruchsvollere Herausforderung, vornehmlich aufgrund des Gewichts der Steine und der Logistik, die

Trittplatten und Beeteinfassungen lassen sich auch ohne großes handwerkliches Geschick selbst verlegen.

Hecken – hier wurzelnackte Hainbuchenpflanzen – können problemlos selbst gepflanzt werden.

im Vorfeld nötig ist. Auch das lässt sich meistern, wie Sie auf Seite 72 sehen.

> Eine **Kräuterspirale** ist ein perfektes Gemeinschaftsprojekt. Einer gräbt und schleppt Steine, der oder die andere pflanzt Kräuter. Auf Seite 102 zeigen wir, wie man das macht.
> Keine Gartenparty ohne **Grill,** egal, ob für Fleisch oder Gemüse. Genial: Ein Grill aus Ziegeln, ohne Mörtel, der in einer halben Stunde aufgebaut ist. Mehr dazu auf Seite 82.

BAUEN MIT HOLZ

Holz ist genial: Es ist einfach zu bearbeiten, flexibel und günstig. In jedem guten Baumarkt können Sie sich Bretter, Kanthölzer und Leisten besorgen und sogar schon zusägen lassen.

> **Frühbeetkästen** sind ein perfektes Einsteigermodell zum Üben. In einer knappen Stunde aus Brettern oder noch schneller mit Transportkistenaufsätzen ist die Kinderstube für die Anzucht von Gemüse und Kräutern schnell gebaut. Die Anleitung dazu gibt es auf Seite 92.
> **Hochbeete** sind voll im Trend. Nicht nur, weil man sich weniger bücken muss, Sie können auch früher und mehr ernten. Selbst gebaut aus Brettern oder Paletten sind sie das perfekte Wochenendprojekt. Die Anleitung steht auf Seite 96.
> **Sichtschutzwände** selbst zu bauen ist schon eine etwas anspruchsvollere Aufgabe, denn die Pfosten müssen in kleine Betonfundamente gegossen werden und gut soll das Ganze natürlich auch noch aussehen. Wie beides klappt, können Sie auf Seite 58 nachlesen.

KLEINE BAUPROJEKTE

Zwischendurch ist immer Zeit, sich ein paar kleine Gartenprojekte vorzunehmen, einfach, weil es Spaß macht, weil man die Kinder beschäftigt (oder sich selbst) und das Ergebnis schon nach kurzer Zeit bewundert werden kann.

> **Vertical Gardening** ist in aller Munde. Daher haben wir ab Seite 78 einige Projekte zusammengestellt, die wirklich funktionieren und nicht nur schick aussehen.
> **Nistkästen und Insektenhotel** sind perfekte Projekte, die Sie mit Kindern gemeinsam bauen können (→ Seite 174). Sie sind perfekt, weil sie einfach sind, man kein Spezialwerkzeug benötigt und vor allem, weil Sie damit eine Vielzahl an Tieren in den Garten locken und ihnen Unterschlupf und Nistmöglichkeiten bieten. Sie bedanken sich, indem sie Ihr Gemüse vor Blattläusen, Schnecken und Raupen bewahren.

SCHRITT FÜR SCHRITT: DER KONKRETE PLAN

Die Wunschliste steht, die Vorstellung vom Garten nimmt konkrete Züge an. Jetzt geht es ans Eingemachte. Womit fängt man am besten an, was kann und will man sich leisten? Am Anfang erscheint es noch fast zu viel auf einmal, aber wenn man Schritt für Schritt vorgeht, nimmt der Garten langsam Gestalt an.

Bevor das Projekt Garten los geht, heißt es, den Gestaltungsplan und Zeitplan festzuzurren, damit der Garten nach und nach zum Traumgarten wird.

SCHRITT FÜR SCHRITT VORGEHEN

Ganz entscheidend für das weitere Vorgehen bei der Planung und Priorisierung und vor allem für die Budgetplanung sind die folgenden drei Fragen:

> Möchten Sie in einem vorhandenen Garten nur einen Teil umgestalten oder mit neuen Elementen ergänzen?
> Möchten Sie einen bestehenden Garten komplett neu gestalten und anlegen?
> Haben Sie einen neuen Garten, der von Grund auf erst einmal als Garten angelegt werden soll?

Mit Staudenbeeten können Sie einen großen Garten in kurzer Zeit gestalten und mit Leben »füllen«.

Erhalten oder Tabula rasa?

Natürlich ist es einfach, ein leeres Grundstück neu zu gestalten, zu formen und zu bepflanzen. Doch bevor vorhandene Elemente wie Sitzplätze, Mauern, Hecken und Sträucher und vor allem große Bäume entfernt werden, sollten Sie immer wieder kritisch über das Grundstück gehen. Ein kompletter Neuanfang lässt einerseits alle Wünsche zu, ist aber auch wesentlich kostspieliger. Manchmal ist auch ein Kompromiss möglich:

> Passt der Standort des Sitzplatzes nicht, können vielleicht die Bodenplatten oder das Pflaster wiederverwendet werden.
> Hecken und Sträucher können meist radikal zurückgeschnitten werden, was den Gesamteindruck deutlich verändert.
> Das gilt auch für Bäume. Ein vorher dichter Baum wirkt völlig anders, wenn die Krone ausgelichtet oder der Stamm aufgeastet wird, also die unteren Äste entfernt werden.

In diesem Stadium des Planungsprozesses ist noch alles möglich. Gartenelemente, die Sie von Anfang an nicht mögen, können entfernt werden, andere umgepflanzt oder verändert und wieder andere neu in den Garten integriert werden.

> Notieren Sie sich, was erhalten werden soll.
> Streichen Sie alles, was Ihnen nicht gefällt.
> Notieren Sie die Elemente, bei denen Sie sich noch nicht gleich entscheiden können oder wollen.

Gepachtete Gärten

Wenn Sie Ihren Garten nur gepachtet haben oder in einer Mietwohnung mit Garten wohnen, sollten Sie mit dem Eigentümer über größere Veränderungen, wie einen Gartenteich, sprechen. So bleiben teure, aber berechtigte Beseitigungsaktionen beim Auszug oder

Raffiniert geplant und optimal ausgenutzt: 50 m² Gartenparadies in der Stadt.

Ende des Pachtvertrags erspart. Prinzipiell gilt, dass ein Grundstück, genau wie eine Wohnung beim Auszug, in dem Zustand zurückgelassen werden muss, in dem es übernommen wurde. Umgekehrt gilt aber auch, dass alles, was Sie fest mit dem Grundstück verbinden – Wege, Terrassen oder Pflanzen in den Besitz des Eigentümers übergeht! Klären Sie daher, was mit den Dingen, die Sie in den Garten einbringen, nach Ihrem Auszug geschieht. Vielleicht ist der Vermieter ja sogar bereit, sich an den Kosten für bestimmte Neu- oder Umgestaltungen zu beteiligen – eine Terrasse oder ein Gartenteich sind ja auch eine Bereicherung des Grundstücks.

DIE WUNSCHLISTE

Im nächsten Schritt wird die Wunschliste (⟶ Seite 31) Ihren Möglichkeiten angepasst.

> Sind alle Wünsche aller Beteiligten berücksichtigt?
> In welcher Reihenfolge werden die Projekte begonnen?
> Gibt es Elemente, die aufgeschoben werden müssen?

Das kommt zuerst

> **Einfriedung** – Wenn der Garten noch nicht eingezäunt ist oder von einer dichten Hecke oder Mauer umgeben ist, dann steht die Eingrenzung ganz oben auf der Liste.
> **Gibt es einen Sitzplatz?** Wenn nicht, gehört er gleich an die nächste Position der Liste. Das kann am Anfang auch eine Biertischgarnitur unter einem Baum sein oder ein paar Klappstühle in einer schattigen Ecke – Hauptsache sicht- und windgeschützt.
> **Wege** – Wichtig, denn der Garten muss ja begangen werden.
> **Gehölze,** also Bäume und Sträucher, geben dem Garten Struktur und gliedern ihn in verschiedene Räume, so wie die Wände in einer Wohnung die Zimmer einteilen. Auch hier lohnt sich jeder Cent, denn auch wenn größere Bäume teurer sind, kaufen Sie sich Zeit. Bis zwischen zwei Bäumen eine Hängematte aufgehängt werden kann, vergehen sonst viele (Garten-)Jahre.
> **Eine Rasenfläche** als Spiel- und Aufenthaltsbereich für Kinder und Gartenpartys darf natürlich nicht fehlen – allerdings nur, wenn genug Platz vorhanden ist.

Der nächste Schritt

> **Grill** – Gleich nach dem Sitzplatz sollten Sie sich Gedanken über einen Grill machen.
> **Platz für Pflanzen –** Gemüse-, Kräuter- und Staudenbeete sowie ein Hochbeet sind die nächsten Punkte auf dem Plan.
> **Zur Aufbewahrung** der Gartenwerkzeuge ist ein Werkzeugschuppen oder Gartenhaus praktisch.
> **Kompost** – Oft vergessen, aber wirklich praktisch: Ein Kompost, in dem Gartenabfälle und Schnittgut verrotten können.

Projekte für die lange Bank

Schön, aber nicht unbedingt essenziell sind folgende Projekte, die man auch erst nach ein oder zwei Jahren angehen kann, wenn es das Budget oder die Zeit nicht gleich erlaubt:

> **Gartenteich oder Wasserbecken** – am Anfang tut es auch ein einfaches Vogelbad oder eine große Schale.
> **Pergola** – schön, aber auch ein Sonnenschirm sorgt für angenehmen Schatten über dem Sitzplatz. Investieren Sie am Anfang lieber etwas mehr in einen schönen Plattenbelag oder ein Holzdeck.
> **Gewächshaus** – auch das kann gut zu einem späteren Zeitpunkt verwirklicht werden.

GRILLEN, GRENZABSTÄNDE & CO.: ALLES, WAS RECHT IST

Je nachdem, ob Sie zur Miete wohnen oder ein Eigenheim bewohnen, müssen Sie Verschiedenes bei der Planung beachten, was Gesetzgeber oder lokale Behörden vorschreiben. Vielerorts sind Grenzabstände und die Höhe von Grundstücksbegrenzungen wie Mauern, Hecken oder Bäumen geregelt.

Informieren Sie sich vorher bei den zuständigen Behörden, damit Sie einen frisch gepflanzten Baum nicht nach einigen Jahren zurückschneiden oder entfernen müssen, weil er das Nachbargrundstück beschattet, an einer Straße den Verkehr behindert oder in den Gehweg ragt.

BAULICHE EINGRIFFE

Die Landesbauverordnungen schreiben vor, welche Eingriffe auf einem Grundstück genehmigt werden müssen. Je nach Region sind die unterschiedlichsten Behörden zuständig, ein Anruf bei der Stadt- oder Gemeindeverwaltung hilft weiter.

> **Gartenbauwerke** wie Schuppen, Lauben und Pavillons müssen in einigen Städten und Gemeinden ab einer gewissen Größe genehmigt werden.

> Auch **Aufschüttungen, Dämme und Hügel** sind in manchen Bundesländern genehmigungspflichtig, allerdings erst ab einer bestimmten Größe bzw. Höhe.

> Das gilt auch für **Teiche und Wasserbecken.** In den meisten Gemeinden müssen Teichanlagen und Pools ab einem Volumen von 100 m^3 genehmigt werden, da sie durch das Gewicht Einfluss auf die Topografie der Umgebung haben können, vor allem in Hanglagen.

> **Stützmauern** zum Abfangen von Hängen sind ebenfalls ab einer gewissen Höhe anzeige- bzw. genehmigungspflichtig.

HUND UND KATZ'

Haustiere wie Hunde und Katzen werden im Nachbarschaftsrecht wie Immissionen behandelt – Sie müssen im Zweifel dafür Sorge tragen, dass Ihre Haustiere – egal, ob Hund oder Katze – nicht auf das nachbarliche Grundstück gelangen können. Umgekehrt müssen Sie nicht dulden, dass Nachbars Katze die Vögel aus den Nestern in Ihrem Garten fängt oder der Hund die Staudenbeete verwüstet.

NACHBARSCHAFTSRECHT

Das Nachbarschaftsrecht regelt die wechselseitigen Beeinträchtigungen zwischen benachbarten Grundstücken. Es ist ausgesprochen komplex und für viele Konflikte gibt es keine allgemeingültigen Regelungen, da immer im Einzelfall entschieden wird. Geregelt sind u. a. die folgenden Aspekte:

> **Grenzabstände** von Mauern, Zäunen, Hecken, Bäumen und Gebäuden zum Nachbarn. Je nach Höhe ist ein mehr oder weniger großer Grenzabstand einzuhalten, der von Bundesland zu Bundesland anders geregelt ist. Manche Länder unterscheiden auch noch zwischen Hecken, Bäumen, Mauern und Zäunen – daher ist es immer besser, sich vor der Pflanzung oder dem Bau bei der Behörde zu erkundigen und mit den Nachbarn zu sprechen.

> **Überhang und Überfall** – Obst, das an Ästen wächst, die über den Grenzzaun hängen, gehört dem Besitzer des Baums – so lange, bis sie abfallen– dann darf es der Nachbar aufsammeln. Schütteln ist jedoch nicht erlaubt.

> **Falllaub im Herbst** ist immer wieder Anlass zu Streitereien, wird aber meist als natürlicher Vorgang ange-

sehen und muss geduldet werden – solange sich die Beeinträchtigung im Rahmen hält.

> Auch der Einflug von **Unkrautsamen** muss bis zu einem gewissen Maß geduldet werden.
> Anders sieht es bei **Zweigen und Ästen** aus, die auf das Nachbargrundstück ragen. Hier kann der Grundstücksbesitzer eine Beseitigung verlangen, wenn ihn diese beeinträchtigen, also z.B. den Gemüsegarten beschatten.
> Das gilt auch für **Wurzeln** von Gehölzen, wenn sie unter der Gartengrenze hindurch Schäden oder Beeinträchtigungen in Beeten oder unter Terrassenflächen verursachen.

Generell gilt: Selbst dürfen Sie nicht zu Schere oder Säge greifen. Selbst wenn Sie Ihrem Nachbarn eine Frist gesetzt haben, können Sie schadensersatzpflichtig werden.

Haustiere wie Katzen sind nicht in jedem Garten willkommen, da sie auch Vögel und Teichfische erbeuten.

Sobald Äpfel, Birnen oder – wie hier – Quitten von überhängenden Zweigen auf das Nachbargrundstück fallen, darf sie der Nachbar aufsammeln und verwerten.

EMISSIONEN UND IMMISSIONEN

Für Geruchs- und Lärmbelästigungen durch Rasenmähen, den Einsatz von Motorgeräten oder Grillen bzw. offenes Feuer gibt es eigene Regelungen.

> Die **Rasenmäherverordnung** regelt, dass an Werktagen (also nicht an Sonn- und Feiertagen) zwischen 7 und 19 Uhr gemäht werden darf. Manche Gemeinden haben zusätzliche Ruhezeiten, z.B. mittags, erlassen. Das gilt generell für alle motorbetriebenen Geräte wie Häcksler, Motorsensen oder Heckenscheren.
> Ein **Kompost** darf in jedem Garten angelegt werden, solange von ihm keine Geruchsbelästigung ausgeht. Aus Rücksicht auf die Nachbarn sollte er vielleicht nicht direkt neben deren Sitzplatz aufgestellt werden.
> **Grillen und offenes Feuer** sind in vielen Gemeinden geregelt, sprechen Sie doch einfach mit den Nachbarn, bevor es Streit gibt – und laden Sie sie zum Grillen mit ein.

BAUMSCHUTZ UND HECKENSCHNITT

Viele Gemeinden und Bundesländer haben Baumschutzverordnungen. Meist gilt: Ab einem Stammumfang von 80 cm in 1 m Höhe muss eine Fällung genehmigt und gleichwertiger Ersatz gepflanzt werden. Diese Regelung gilt nicht für Obstbäume.

Hecken dürfen in der Zeit von März bis September nicht geschnitten werden, um brütende Vögel zu schützen.

EINS NACH DEM ANDEREN: DER JAHRESPLAN

Wenn der Plan steht und Sie eine genauere Vorstellung davon haben, wie Sie den Garten um- oder neugestalten möchten, ist es hilfreich, die anstehenden Projekte nach Jahreszeiten zu sortieren. So können Sie nach und nach, Wochenende für Wochenende, den Garten in Ihr Paradies verwandeln.

Mit der Natur zu gärtnern, verspricht nicht nur im Gemüse- und Ziergarten reichere Ernte und besseres Wachstum, auch bei der Anlage oder Gestaltung eines Gartens ist es bei manchen Projekten sinnvoll, sich an den Jahreszeiten zu orientieren. Andere – vor allem Projekte für Tiere und viele Pflanz- und Pflegearbeiten – sind zu verschiedenen Terminen möglich.

SPÄTWINTER

Das Gartenjahr beginnt schon, bevor die Natur draußen wieder zum Leben erwacht. Im Spätwinter, das ist meist Ende Januar/Anfang Februar, können Sie draußen noch nicht viel machen, denn es ist einfach zu kalt oder zu nass oder der Boden ist noch gefroren. Ein paar Arbeiten, von der Planung neuer Projekte einmal abgesehen, stehen aber jetzt schon an.

Stauden werden am besten im zeitigen Frühjahr (wie hier) oder im Herbst gepflanzt.

> **Nistkästen** bieten Vögeln wie Meisen, Sperlingen und Rotschwänzchen Brut- und Schlafmöglichkeiten. Damit sie zur Brutsaison, die im Frühling beginnt, bezugsfertig sind, können jetzt neue gebaut oder vorhandene gereinigt und neu aufgehängt werden (⇢ Seite 176).
> **Frühbeete** schützen Keimlinge und Jungpflanzen vor allem nachts vor Kälte und zu viel Nässe. Um ab März einen perfekten Start in die Gemüsesaison zu haben, können sie jetzt schon aufgestellt werden (⇢ Seite 92).

FRÜHLING

> **Obstbäume und Beerensträucher** – Der beste Zeitpunkt zum Schneiden von Obstbäumen und Beerensträuchern ist das Ende des Winters bzw. der Frühlingsanfang. Schnittwunden können dann mit dem Austrieb gleich verheilen, Schädlinge und Krankheitserreger haben keine Chance (⇢ Seite 112).
> Bei **Ziersträuchern** hängt der Schnitttermin vom Blütezeitpunkt ab. Arten wie Sommerflieder, die an den Trieben blühen, die im laufenden Jahr wachsen, werden jetzt kräftig zurückgeschnitten.
> **Hecken** werden bis Mitte März am besten kurz vor dem neuen Austrieb geschnitten oder wenn sich dieser gerade zeigt.
> **Abgestorbene Triebe von Gräsern und Stauden** werden jetzt knapp über dem Boden abgeschnitten (⇢ Seite 136).
> **Kompost sieben** – Über den Herbst und Winter sind die meisten Pflanzenreste gut verrottet und haben sich in feinen Humus verwandelt. Dieser ist ein perfekter organischer Dünger für Gemüse, Sträucher, Rosen und sogar den Rasen. Werfen Sie das Material aus dem Kompost durch ein grobes Sieb, damit die feinen Teilchen, die man haben möchte, durch die Maschen

Mit vorgezogenen Jungpflanzen und Kräutern können Sie die Saison im Gemüsegarten um einige Wochen vorziehen.

fallen. Gröbere Teile – dickere Ästchen und noch nicht verrottete Halme und Stängel – bleiben hängen und kommen zurück auf die Kompostmiete (⇢ Seite 98).

> **Gemüse aussäen** – Viele Gemüse wie Salate, Feldsalat und Spinat können jetzt schon direkt ins Beet oder Hochbeet gesät werden. Andere wie Tomaten und Paprika, Gurken und Auberginen werden auf der Fensterbank in Schalen und kleinen Töpfen vorgezogen, damit sie mit einem Wachstumsvorsprung ab Mitte/Ende Mai nach draußen können.

> Sie planen ein **Staudenbeet?** Statt fertige Pflanzen zu kaufen, können Sie sie auch selbst aus Samen anziehen. Das ist vor allem, wenn das Beet etwas größer sein soll und Sie von jeder Art mehrere Dutzend Exemplare benötigen, die kostengünstigste Beschaffungsmöglichkeit (⇢ Seite 132).

> **Gemüsebeete** müssen jetzt klar Schiff gemacht werden, denn die Aussaat- und Pflanzsaison beginnt (⇢ Seite 86).

> **Rosen** – Wenn im Erstfrühling die Forsythien blühen, ist der Zeitpunkt zum Schneiden gekommen (⇢ Seite 123).

> **Pflanzen** – Wenn Sie im Herbst keine Gelegenheit hatten, Obstbäume, Beerensträucher, Stauden und Gräser sowie Rosen zu pflanzen, dann kann das jetzt auch noch nachgeholt werden. Die Pflanzen bilden in der sich langsam erwärmenden Erde schnell neue Wurzeln und wachsen bei den noch milden Temperaturen viel besser an als solche, die im Sommer gepflanzt werden (⇢ Seite 54, 110, 130).

> **Trockenmauer bauen** – Eine Trockenmauer können Sie prinzipiell auch im Sommer oder Herbst bauen. Das Ausheben des Fundamentgrabens und das Schleppen der Mauersteine und des Schotters sind aber im Frühjahr weniger anstrengend, weil der Boden noch feucht und weich und es noch nicht so heiß ist (⇢ Seite 72).

> **Sitzplatz anlegen** – Was für die Steine zum Bau der Trockenmauer gilt, stimmt auch für Terrassenplatten und -pflaster. Damit Pflaster und Platten gut liegen, brauchen sie ein Splitt- oder Kiesbett, das mindestens 10–15 cm tief ausgehoben sein muss. Kein Spaß, wenn der Boden im Sommer hart und trocken ist. Schließlich soll der neue Sitzplatz ja spätestens ab Ostern fertig sein, für das sonntägliche Gartenfrühstück in der Frühlingssonne oder für entspannte Abende mit einem Glas Wein oder einem Bier nach der Arbeit (⇢ Seite 66).

> **Nistkästen** müssen, wenn noch nicht geschehen, bis spätestens März aufgehängt werden. Vögel lieben eine Auswahl, daher mehrere Kästen in unterschiedlichen Größen und Formen an verschiedenen Stellen im Garten aufhängen – in Bäumen, am Schuppen oder an der Hauswand (⇢ Seite 176).

Eigene Ernte: Selbst angebautes Gemüse schmeckt nicht nur lecker, man weiß auch genau, was drin ist.

SOMMER

> **Pflanzen vermehren** – Sommer ist Stecklingszeit, wenn Sie selbst Pflanzen vermehren möchten. Von Sträuchern und Kräutern sowie Stauden können Sie jetzt Stecklinge schneiden, um die eigenen Beete zu erweitern, oder Sie nutzen sie als (Tausch-)Geschenk für Nachbarn und Freunde.

> **Welkes ausputzen** – Abgeblühtes von Rosen und Blumen, die keine Samen ansetzen sollen, regelmäßig abschneiden, damit neue Blüten angesetzt werden.

> **Staudenschnitt** – Stauden wie Phlox, Rittersporn oder Steppen-Salbei blühen ein zweites Mal im Spätsommer, wenn die Triebe nach der Blüte auf eine Höhe von 25–40 cm zurückgeschnitten werden.

> **Gießen** – nur bei Bedarf und dann lieber selten und durchdringend als häufig und wenig.

> **Sichtschutz bauen** – Niemand lässt sich auf dem Sitzplatz gern beobachten, daher ist ein Sichtschutz hier ganz besonders wichtig. Wenn beim Bau des Sitzplatzes noch kein Sicht- oder Windschutz vorgesehen ist, dann ist das ein ideales Sommerprojekt.

> **Insektenhotel bauen** – Honigbienen werden als Bestäuber immer seltener und deshalb ist es umso wichtiger, möglichst vielen Wildbienen, Hummeln und anderen Bestäuberinsekten nicht nur Nahrung, sondern auch Versteck- und Nistmöglichkeiten zu bieten. Eine Möglichkeit sind Insektenhotels mit Niströhren aus Schilf und hohlen Zweigen, Lehmwände und mit Löchern versehene Holzblöcke.

> **Kräuterspirale anlegen** – Eine Kräuterspirale oder ein Kräuterturm kann durchaus noch im Sommer gebaut werden. Zwar müssen auch eine ganze Menge Steine geschleppt werden, diese sind aber (in der Regel) nicht ganz so schwer und das zu bewegende Erdvolumen nicht so groß.

> **Grill bauen** – Kein Gartensommer ohne Grillen! Aus Ziegeln, einem alten Backblech und -rost können Sie einfach einen Grill bauen. Für die solide, unverrückbare Variante werden die Ziegel mit Mörtel aufeinandergesetzt, variabel und (halbwegs) mobil bleibt das Ganze, wenn die Ziegel nur lose aufeinanderliegen.

HERBST

Der Herbst ist wieder eine Jahreszeit für viele Pflanzprojekte. Gebaut wird weniger. Ausnahme: ein Hochbeet.

> **Hochbeet bauen** – Hochbeet im Herbst? Obwohl man doch im Frühling loslegen will? Der Grund ist einfach: Im Herbst fallen unglaublich viele Gartenabfälle an. Heckenschnitt, Äste und Zweige vom Rückschnitt von Bäumen und Sträuchern, Rasenschnitt, Erntereste aus dem Gemüsegarten usw. Genau das Richtige, um ein neues Hochbeet zu befüllen. Im Winter kann sich das Material dann setzen und verdichten und bildet im Frühjahr die perfekte Grundlage für eine neue Hochbeetsaison. Wenn Sie nur einen kleinen Garten haben, können Sie sich so einen zweiten Kompost sparen, denn das Material wandert direkt ins Hochbeet.

> **Obstbäume und Gehölze pflanzen** – Der Herbst ist und bleibt der beste Zeitraum, um Gehölze zu pflanzen. Sie haben ihr Wachstum mehr oder weniger abgeschlossen und daher bleibt der sogenannte Umpflanzschock aus. Bei im Sommer oder späten Frühjahr verpflanzten Bäumen und Sträuchern, die gerade voll im Wachstum stecken, kommt es fast immer zu

Wachstumsstockungen. Im Herbst bilden frisch gepflanzte Gehölze, Rosen und Obstbäume im noch warmen Boden neue Wurzeln, das oberirdische Triebwachstum ist jedoch schon abgeschlossen. Im Frühjahr können sie dann sofort loslegen, wenn die Tage länger werden und die Temperaturen steigen. Obstbäume und Beerensträucher, Heckenpflanzen und Kleinbäume sowie Rosen werden jetzt auch wurzelnackt angeboten. Diese Pflanzen sind günstiger als Exemplare mit Ballen oder solche im Container und sie etablieren sich viel schneller, da die Wurzeln direkt in die Erde wachsen.

> **Stauden pflanzen** – Auch für fast alle Stauden und Gräser gilt: Pflanzzeit ist im Herbst, denn dann wachsen sie im Frühjahr besser an.
> **Zwiebelblumen setzen** – Wenn Sie sich im nächsten Frühjahr an Tulpen, Narzissen, Krokussen und anderen Frühlingsblühern freuen möchten, dann müssen spätestens bis Ende Oktober die Knollen und Zwiebeln in den Boden.
> **Kiesgarten anlegen** – Im Kiesgarten wachsen Stauden, Gräser und Zwiebelblumen, daher wird die Anlage bzw. die Bepflanzung am besten im Herbst durchgeführt. Beim gleichzeitigen Pflanzen von Stauden und Gräsern und Setzen von Zwiebelblumen können Sie dabei in zwei Etagen arbeiten. Darunter oder direkt daneben kommen die Zwiebeln, Stauden und Gräser werden einfach darübergesetzt. So gibt es an einem Platz im Beet zwei Mal Blüten und es entstehen auch keine Lücken, wenn die Blätter der Zwiebelblumen im Frühsommer vergilben und sich einziehen.
> **Rosen winterfest machen** – Rosen werden ab Ende Oktober/Anfang November angehäufelt und in rauen Lagen mit Reisig abgedeckt. So sind die empfindlichere Veredelungsstelle vor Frost und die Triebe vor kaltem Wind und austrocknender Wintersonne geschützt.
> **Igelhäuschen aufstellen** – Igel finden in einem aufgeräumten Garten kaum Unterschlupf für den Winterschlaf. Greifen Sie den Insekten- und Schneckenvertilgern »unter die Stacheln«, indem Sie ihnen ein gut isoliertes Überwinterungshaus zur Verfügung stellen.
> **Steckhölzer** – Pflanzenvermehrung für Faule. Schneiden Sie im Herbst 20–30 cm lange Triebe von Sträuchern und Beerenobst ab, nachdem die Blätter abgefallen sind. Sie werden mit dem unteren Ende nach unten so tief in lockere Erde (ein abgeräumtes Gemüsebeet ist ideal) oder ins Hochbeet gesteckt, dass die Spitzen nur etwa 3–5 cm herausragen. An den Trieben bilden sich im Herbst und Frühjahr Wurzeln und sie treiben aus den ruhenden Knospen neu aus. Im späten Frühjahr können sie dann ausgegraben und verpflanzt werden.
> **Futterhäuschen** – Vögel brauchen Unterstützung, daher sollten sie vor allem im Herbst und Winter, besser noch das ganze Jahr gefüttert werden.

AUGEN AUF BEIM PFLANZENKAUF

Zum Saisonende sind nicht nur viele Pflanzen im Gartencenter oder bei Gärtnereien günstiger, sondern auch Gartenmöbel und -accessoires. Hier können Sie so manches Schnäppchen machen und beispielsweise eine hochwertige Sitzgarnitur günstiger erstehen. Es lohnt sich also, auch einmal außerhalb der Saison einkaufen zu gehen.

WINTER

> **Stauden schützen** – Immergrüne Stauden können mit Reisig und Laub abgedeckt werden. Hohe Gräser zusammenbinden. So kann kein Wasser ins »Herz« der Pflanze eindringen, was zu Fäulnis führt. Generell: Abgestorbene Stängel und Triebe stehen lassen und erst im Frühjahr abschneiden, denn in ihnen überwintern viele Insekten.
> **Hochbeet winterfest machen** – Hochbeete, in denen nichts mehr wächst, sollten mit einer Folie oder Plane abgedeckt werden, damit die Nährstoffe nicht in tiefere Erd- bzw. Substratschichten gewaschen werden. Dort sind sie im nächsten Frühjahr für die Pflanzenwurzeln unerreichbar.
> **Neues Gartenjahr planen** – Last but not least: Die kalte Jahreszeit bietet sich perfekt an, um in Büchern und Zeitschriften Ideen für neue Gartenprojekte zu sammeln.

GARTENGESTALTUNG

DIE PRAXIS – LOS GEHT'S

ALLER ANFANG ... IST GAR NICHT SO SCHWER

Sie wissen, wie der neue Garten aussehen soll? Welche Projekte auf der Wunschliste ganz oben stehen? Vor dem Weg zum Baumarkt oder ins Gartencenter steht noch die Bestandsaufnahme aus. Denn um zu wissen, was Sie alles brauchen, ist ein Überblick über den »Status quo« im Garten unabdingbar.

Eine triste Bauwüste um einen Neubau herum, ein eingewachsener Garten vom Vorbesitzer oder ein alter Garten, der etwas »aufgemöbelt« werden soll – das sind schließlich recht unterschiedliche Ausgangspositionen.

BESTANDSAUFNAHME

> **Fläche und Form –** Wie groß ist der Garten? Welche Form hat das Grundstück? Rechteckig lang oder eher quadratisch?
> **Boden –** Für die Gestaltung spielt der Boden eher eine untergeordnete Rolle, wohl aber für die Wahl der Pflanzen, die im Garten wachsen sollen (⇢ Seite 116).
> **Ausrichtung (Himmelsrichtung) –** Von wo bekommt der Garten die meiste Sonne? Das ist wichtig für die Lage des Sitzplatzes und die spätere Bepflanzung.
> **Sonne und Schatten –** Welche Bereiche im Garten liegen eher sonnig, welche im Schatten – unabhängig von der Himmelsrichtung? Wird der Sonneneinfall durch höhere Bäume oder benachbarte Gebäude beschattet? Bedenken Sie auch, dass die Sonne im Winter tiefer steht und dann bestimmte Bereiche gar kein direktes Sonnenlicht erhalten. Das ist wichtig für den Sitzplatz und die Bepflanzung.
> **Windrichtung –** Aus welcher Richtung kommt der Wind? Der Osten ist die Hauptwindrichtung. Benachbarte Gebäude oder Durchgänge können jedoch wie Windkanäle wirken und die Luftströmungen beschleunigen. Hier sind ggf. Windschutzmaßnahmen wie eine vorgepflanzte Hecke angebracht.
> **Grundstücksgrenzen und Einfassungen –** Gibt es schon einen Zaun, eine Mauer oder eine Hecke? Ja? Perfekt. Wenn nicht, dann ist das das erste Projekt (⇢ Seite 54).
> **Umgebung –** Nicht zu unterschätzen sind Ausgangsbedingungen, die außerhalb des eigenen Gartens festgelegt sind: Der Ausblick, der Schatten, den hohe Nachbarhäuser werfen, von wo kann man in den Garten schauen (auch von oben!), und wie sieht es mit Verkehr und anderen Lärmquellen aus?
> **Bäume und Sträucher –** Wer hat, der hat! Wenn sich auf dem Grundstück schon größere Bäume befinden, ist das meist ein Glücksfall – es sei denn, es handelt sich um eine riesige Fichte, die alles beschattet und unter der nichts wächst.
> **Beete –** Sie sind bei der Bestandsaufnahme weniger wichtig, denn sie können relativ unproblematisch und mit weniger großem Aufwand neu oder umgestaltet werden.
> **Rasen –** Eine Rasenfläche kann meist durch Mähen und Vertikutieren (⇢ Seite 61) wieder in Schuss gebracht werden. Sie bevorzugen einen perfekten englischen Rasen? Dann ist die Neuanlage besser (⇢ Seite 62).

Perfekte Ausgangslage: Sträucher und Zaun sind schon da, nur der Rasen muss gemäht werden.

Eine Grundlage, mit der man gut beginnen kann: ein Plattenbelag aus Naturstein und eine Hecke, die den Aufgang zur Haustür säumt.

- > **Sitzplätze und Wege –** Selbst wenn es nur Trittplatten sind, können vorhandene Platten und Pflaster ggf. wiederverwendet werden. Der Vorteil: Sie haben schon Patina angesetzt und lassen den »neuen« Garten reifer wirken.
- > **Versorgungsleitungen –** Man kann ohne Strom und Wasser gärtnern, einfacher ist es jedoch, wenn man zum Gießen den Schlauch nicht in der Küche oder zum Rasenmähen den Stecker nicht im Wohnzimmer hinter der Terrasse anschließen muss. Wenn es noch keine Leitungen gibt, dann sollte dies auf die Liste der Investitionen gesetzt werden, die von Profis ausgeführt werden müssen (⇢ Seite 32).

WERKZEUG-GRUNDAUSSTATTUNG

Ohne eine gewisse Grundausstattung an verschiedenen Werkzeugen macht Gärtnern keinen Spaß. Bäume und Sträucher müssen geschnitten, der Rasen gemäht und Beete gehackt oder umgegraben werden. Auch zum Ernten gibt es eine Anzahl an Werkzeugen, die einiges an Arbeit erleichtern können. Gartenarbeit muss nicht lästig sein, macht aber nur mit den richtigen und geeigneten Geräten und Werkzeugen Spaß. Bei der Fülle an Gerätschaften, die Gartencenter und Baumärkte vorhalten, ist die folgende Liste zur Erstausstattung hilfreich.

WERKZEUG-PRIORITÄTEN

Am besten fotografieren Sie diese Liste mit dem Smartphone ab, bevor Sie in den Baumarkt auf Einkaufstour gehen.

UNBEDINGT	BEI BEDARF	EVENTUELL
Gartenschlauch	Rasenmäher	Kultivator
Gießkanne	Schubkarre	Motorsäge
Gartenschere	Heckenschere	Rasenkanten-schneider
Astsäge	Grubber	
Grabegabel	Leiter	
Spaten	Knieschoner	
Handschaufel	Schürze	
Hacke	Häcksler	
Besen	Vertikutierer	
Handschuhe	elektrische Heckenschere	
Gartenmesser		
Eimer		

GARTENGRENZEN – HECKE, MAUER ODER ZAUN?

Die Umfriedung, die äußere Umgrenzung des Gartens, sorgt für Sicherheit und grenzt den Garten zum nächsten Grundstück, zur Straße oder zur benachbarten Natur hin ab. Zäune gibt es in großer Vielfalt, sie können durchlässig oder dicht sein und aus vielen Materialien gebaut werden.

Eingeengt und gefangen – so will sich keiner fühlen. Gleichzeitig soll das Grundstück, der Garten jedoch als sicherer Rückzugsort für Privatsphäre und Geborgenheit sorgen.

ZÄUNE

Zäune bieten unendlich viele Gestaltungsmöglichkeiten für die Gartengrenze, sowohl nach außen wie auch zur Gliederung des Garteninneren. Die Höhe ist in den meisten Städten und Gemeinden geregelt, fragen Sie daher lieber beim Baurechtsamt oder im Rathaus nach, bevor Sie einen neuen Zaun aufstellen. Die Wahl des Materials ist dagegen völlig Ihnen überlassen.

> Bei einem kleineren Grundstück sollte der Grenzzaun nicht zu hoch sein. Andernfalls besteht die Gefahr, dass der Garten auch noch optisch verkleinert wird.

Metallzäune aus Eisen nehmen bald eine schöne Patina an, sind durchlässig und doch gute Barrieren.

> Mit dichten Zäunen können Sie unschöne Gebäude in der Nachbarschaft oder andere unattraktive Elemente außerhalb des Gartens ausblenden, quasi als umgekehrter Sichtschutz.

> Damit der Garten zum Lebensraum möglichst vieler Tiere wird, sollten Zäune durchlässig sein oder zumindest im unteren Bereich Igeln und Co. das Durchschlüpfen ermöglichen. Ein Spalt von 5–10 cm reicht völlig.

> Bei der Wahl des Materials und der Farbe können Sie Elemente der Hausarchitektur oder der benachbarten Bebauung aufnehmen, damit sich Grundstück und Garten harmonisch in die Umgebung einfügen.

> Bei leichten Maschendrahtzäunen bis zu einer Höhe von etwa 1,80 m reicht es vollkommen, wenn Sie Metallschuhe in den Boden schlagen und die Pfosten darin fixieren. Für höhere und schwere Zäune ist mehr Standfestigkeit erforderlich: Hier setzen Sie die Metallschuhe besser in ein kleines Fundament aus Beton oder Mörtel.

Holz

Holz lässt sich einfach verarbeiten, ist flexibel einsetzbar und passt – je nach Gestaltung – zu jedem Gartenstil.

> **Latten- und Jägerzaun –** eine einfache, schlichte Variante, zugleich aber auch die effektivste. Im Baumarkt und Gartencenter gibt es fertige Zaunelemente in unterschiedlichen Höhen und Breiten, die an passenden Pfosten befestigt werden. Perfekt zum Selberbauen. Das Holz muss gebeizt, lasiert oder angestrichen werden, wenn es nicht kesseldruckimprägniert ist. Gesamtwirkung: traditionell und ländlich.

> **Staketenzäune –** schlicht und genial. Die roh gehauenen Holzlatten, meist an einem Ende zugespitzt, werden mit dickem Draht verzwirbelt als Rolle geliefert. Sie sind aus wetterfestem Kastanien-, Robinien- oder

Ulmenholz und werden zwischen Pfosten fixiert. In verschiedenen Höhen und Breiten erhältlich. Sie sind durchlässig und gleichermaßen perfekt für ländliche wie moderne Gärten.

> **Flechtwerk –** niedrige bis hohe Matten aus Weiden- oder Haselruten, Schilf, Bambus oder Heidekraut, die eher als temporäre Sichtschutzlösung, als Windschutz und zur Abtrennung von Gartenräumen innerhalb des Grundstücks dienen. Da sie nicht übermäßig schwer sind, können sie auch unattraktive Mauern oder Wände kaschieren.

Metall

Zäune aus Eisen, roh, verzinkt oder – die teuerste Variante – aus Edelstahl, wirken je nach Ausführung nostalgisch verspielt bis stylisch-modern. Die Zaun- oder Drahtelemente werden zwischen Pfosten oder gemauerten Pfeilern aus Naturstein oder Ziegeln montiert. Für fortgeschrittene Selberbauer.

Holz ist flexibel und kann vielseitig verbaut werden – hier einmal modern als Zaun bzw. in Doppelfunktion als Gartengrenze und Sichtschutzelement.

Latten- oder Staketenzäune passen sowohl in ländliche wie auch in moderne Gärten.

> **Schmiedeeisen –** Zäune aus Metallstäben mit schönen Verzierungen in Form von Rosetten, Blüten und Schnecken. Antike Zaunelemente mit Geschichte finden Sie bei Anbietern historischer Baustoffe (Adressen, ⇢ Seite 184).

> **Metallgeflecht –** stabil und solide, aber nicht billig. Die Zaunelemente werden zwischen Pfosten fixiert. Sie lassen sich, wie alle Metallzäune, mit Kletterpflanzen begrünen.

> **Maschendraht –** die einfachste und vergleichsweise günstige Zaunvariante. Verzinkt oder kunststoffummantelt. Besser als die dunkelgrünen Geflechte fügen sich übrigens verzinkte Maschendrahtzäune in den Garten ein, die schon nach kurzer Zeit eine unauffällige dunkelgraue Farbe bekommen, wenn die Zinkoberfläche oxidiert. Perfekt für Selberbauer.

> **Stacheldraht –** Er hat im Garten nichts verloren! Er stellt nicht nur für Kinder, sondern auch für Haus- und Wildtiere sowie Vögel eine unnötige Verletzungsgefahr dar.

Kunststoff

Zaunelemente aus Kunststoff sind weder besonders attraktiv, noch ökologisch – selbst wenn sie aus Recycling-Kunststoff hergestellt sind. Sie werden im Laufe der Jahre durch Wind und Wetter, Sonne, Hitze und Kälte spröde, verfärben sich und müssen dann aufwendig entsorgt werden.

Ziegelmauern strahlen nicht nur optisch Wärme aus. Sie speichern Sonnenwärme und geben sie abends ab.

MAUERN

Mauern, egal, ob aus Ziegel, Naturstein, Beton oder Betonfertigsteinen, erfüllen im Garten unterschiedliche Aufgaben. Hohe Mauern bilden eine stabile und sichere Einfriedung des Grundstücks, sie bieten aber auch Sichtschutz am Sitzplatz oder an der Terrasse und fassen – in der niedrigen Variante – Gartenbeete und Wege ein. Breite Mauern können außerdem als zusätzliche Sitzflächen genutzt werden, wenn sie eine glatte Mauerkrone haben.
Eine weitere Funktion übernehmen sie in Gärten am Hang oder mit Gefälle: Sie fangen das abschüssige Gelände auf, stützen Böschungen und ermöglichen es, Terrassierungen anzulegen. Stützmauern machen steile Hanggärten erst nutzbar, auch wenn man zwischen den einzelnen Ebenen ein paar Stufen oder eine Treppe erklimmen muss.

> Alle Mauern brauchen ein Fundament, das ihnen Stabilität und Standsicherheit verleiht. Es muss bei niedrigen Mauern (unter 50 cm Höhe) mindestens 30 cm, bei höheren bis zu 80 cm in den Boden reichen, damit die Mauer statisch sicher steht und nicht durch etwas stärkeren Wind oder beim zwanglosen Dagegenlehnen umkippt.

> Generell gilt, dass Sie Mauern, die höher als 1 m sind und/oder eine Böschung stützen, von einem Fachmann bauen lassen sollten. Werden Fundament und Mauerwerk bzw. Erdanker im Hang nicht sorgfältig genug oder ordnungsgemäß ausgeführt, stellt auch eine niedrige Mauer eine Gefahr dar.

> Besonderes Augenmerk gilt der Mauerkrone, das ist der obere Abschluss der Mauer. Außer bei Trockenmauern darf kein Regenwasser ins Mauerwerk eindringen, da dies bei Frost die Mauer sprengen kann. Als Abdeckung eignen sich flache Platten, bei Ziegelmauern auch eine sogenannte Rollschicht aus Klinkern, die die Mauer abschließt.

> Ziegel, Klinker, Natur- und Betonsteine können jeweils mit Mörtel als Mörtelmauer oder ohne Mörtel als Trockenmauer aufeinandergeschichtet werden.

Ziegel und Klinker

Mauern aus gebrannten Tonziegeln, die mit Mörtel miteinander verbunden werden, sehen durch die warmen Erdtöne natürlich aus und haben ein gleichmäßiges, ruhiges Erscheinungsbild. Sie können die Steine entweder gleichmäßig verlegen oder in einem bestimmten Muster. In beiden Fällen gilt: Kreuzfugen, also Fugen, die senkrecht über zwei Steinschichten verlaufen, machen die Mauer instabil und sind darum zu vermeiden.

Naturstein

Natursteinmauern aus Sandstein, Schiefer oder Muschelkalk, um nur einige zu nennen, bilden einen ruhigen Hintergrund – ideal für bunte Beete und Pflanzungen. Material aus der Region ist meist günstiger. Auch bei Hausabbrüchen wird man manchmal fündig. Die verwitterten Steine lassen sich zu Mauern verbauen, die aussehen, als ob sie schon viele Jahre alt wären.

> **Blendmauerwerk –** so nennt man ein nicht tragendes Mauerwerk, das auf eine dahinter liegende Wand, meist aus Beton, wie eine Verkleidung geklebt wird. So entsteht der Eindruck einer mächtigen Natursteinmauer, die aber nur einen Bruchteil dessen kostet, wie wenn sie aus massiven Steinen gefertigt worden wäre.

Gabionen bieten Sicht- und auch Lärmschutz, da sie durch die offene, raue Oberfläche viel Schall schlucken.

Trockenmauern gliedern den Garten, fangen Höhenunterschiede im Garten auf und bieten zahlreichen Tieren und Pflanzen einen ganz eigenen Lebensraum.

> Achten Sie beim Kauf von Natursteinen auf die Herkunft: Billige Steine aus Südamerika oder Asien kommen häufig aus Steinbrüchen, in denen Kinder arbeiten müssen. Kaufen Sie nur Material seriöser Anbieter, was beispielsweise am Xertifix-Zertifikat erkennbar ist. Nicht standardisierte Zertifikate und Unbedenklichkeitsbestätigungen von Händlern oder Firmen sind dagegen nicht aussagekräftig.

Trockenmauer

Eine mörtellose Trockenmauer passt hervorragend in einen naturnahen Garten. Die mehr oder weniger breiten Fugen und Spalten sind Lebensraum für viele Tiere – Insekten, Eidechsen und Molche, ja sogar Zaunkönige brüten in Trockenmauern. Je nach Exposition siedeln sich in den Spalten sonnenhungrige Sukkulenten wie Fetthenne und Dachwurz an oder zarte Farne und Veilchen, die es lieber feucht-kühl bevorzugen. Niedrige Trockenmauern können Sie selbst bauen.

> Die Trockenmauer wird aus Natursteinen aufgeschichtet und sollte eine Innenneigung von etwa 10 % haben. Das bedeutet nichts anderes, als dass sie unten am Mauerfuß etwas breiter ist als oben an der Mauerkrone.

> Als Faustregel gilt: Der Mauerfuß muss ein Drittel der Mauerhöhe betragen und darf nicht schmaler als 30–40 cm sein.

> Eine Besonderheit sind Zyklopenmauern. Dabei handelt es sich um Trockenmauern aus großen Felsblöcken, die so auf- und übereinandergeschichtet werden, dass sie durch die schmalen Fugen fast wie ein Puzzle aussehen.

Gabionen

Gabionen sind gefüllte Metallkörbe. Im Baumarkt gibt es die Drahtkörbe fertig vormontiert zu kaufen. Sie können vor Ort platziert und, wenn der endgültige Platz gefunden ist, mit Steinen – oder auch Holz, Metall oder Glasbrocken – gefüllt werden. Je nach Größe und Höhe durchaus selbst umzusetzen.

Beton

Beton ist ein flexibles Material, mit dem jede Mauerform, -höhe und -dicke möglich ist. Die Oberfläche kann roh als Sichtbeton belassen, verputzt und/oder gestrichen werden. Zur Stabilisierung muss eine Betonmauer immer mit einer Stahlarmierung verstärkt werden. Betonmauern können auch mit Klinkern oder Blendmauerwerk verkleidet werden und sind dann von Naturstein- bzw. Ziegelmauern nicht zu unterscheiden.

Eine immergrüne Buchshecke und zu Quadern geschnittene Hainbuchen säumen den Weg zum Hauseingang.

HECKEN

Hecken sind perfekte Gartengrenzen, vor allem für kleinere Gärten, in denen nicht viel Platz für anderes Grün ist. Eine lebendige Hecke bringt Grün in den Garten und schafft Lebensraum für Vögel und andere Tiere. Gleichzeitig filtern Hecken Staub aus der Luft, verbessern das Mikroklima und sind perfekte Sicht-, Wind- und Lärmschutzwände.

Formschnitthecken

Geschnittene Hecken eignen sich besonders an Stellen, an denen wenig Platz zur Verfügung steht. Als Alternative zu den langweiligen Thujen- und Scheinzypressenhecken, die praktisch keinen ökologischen Wert haben, bieten sich Hain- und Rotbuchen, Liguster, Feuerdorn oder Berberitzen an. Unter den Nadelgehölzen ist die Eibe die Heckenpflanze der Wahl, da sie sehr gut schnittverträglich ist.

> Mit einem regelmäßigen Schnitt können Sie dafür sorgen, dass die Hecke schön dicht bleibt.
> Wählen Sie säulenförmig wachsende Sorten wie die Hainbuche 'Pyramidalis' oder Raketenwacholder 'Sky Rocket' oder 'Blue Arrow'. Sie wachsen von Natur aus schlank und schmal und müssen fast nur in der Höhe geschnitten werden.

Buchs oder kein Buchs?

Buchsbaum wird in einigen Regionen zunehmend von Schädlingen und Krankheiten befallen, die sich im Zuge des Klimawandels ausbreiten. Das sind vor allem der Buchsbaumzünsler, ein kleiner Schmetterling, dessen Raupen in kurzer Zeit die ganze Pflanze kahl fressen können, aber auch Pilzkrankheiten, die die Triebe zum Absterben bringen. Wenn Sie trotzdem eine niedrige, immergrüne Schnitthecke pflanzen möchten, haben sich die folgenden Arten bestens bewährt:

> Japanische Stechpalme, Japanische Hülse *(Ilex crenata)*
> Heckenmyrte, Heckenkirsche *(Lonicera nitida)*
> Spindelstrauch (*Euonymus* sp.)
> Liguster *(Ligustrum vulgare)*
> Eibe *(Taxus)*
> Lebensbaum *(Thuja occidentalis)*

Frei wachsende Hecken

Locker wachsende Hecken aus heimischen und exotischen Wild- und Ziergehölzen brauchen mehr Platz, bieten aber im Garten mehr Abwechslung. Je nach Jahreszeit ändern sie durch Austrieb, Blüten, Früchte und Herbstfärbung ihr Gesicht, etliche Arten haben auch noch eine attraktive Rinde.

Frei wachsende Blütenhecke aus Blutpflaume, weißbuntem Hartriegel und Weigelie.

Geeignete einheimische Arten sind Feld-Ahorn (*Acer campestre*), Kornelkirsche *(Cornus mas)*, Weißdorn (*Crataegus* sp.), Heckenkirsche *(Lonicera xylosteum)*, Pfaffenhütchen *(Euonymus europaeus)*, Vogelkirsche *(Prunus avium)*, Schlehe (*Prunus spinosa)*, Kreuzdorn (*Rhamnus* sp.), Schwarzer und Roter Holunder *(Sambucus nigra, S. racemosa)*, Schneeball (*Viburnum opulus, lantana)*, Liguster *(Ligustrum vulgare)* sowie Hasel *(Corylus avellana)* und verschiedene Wildrosen wie die Hunds-Rose *(Rosa canina)* und die Apfel- oder Kartoffel-Rose *(Rosa rugosa)*, um nur einige Beispiele zu nennen. Nicht heimisch, aber genauso attraktiv und ökologisch wertvoll sind Blütenhecken aus Arten wie Hortensien *(Hydrangea)*, exotischen Schneeball-Arten (*Viburnum plicatum, rhytidophyllum)*, Forsythien *(Forsythia)*, Weigelien *(Weigelia)*, Spireen *(Spiraea)*, Deutzien *(Deutzia)* und Kolkwitzie *(Kolkwitzia)*, die Bienen, Hummeln und anderen Insekten Nahrung und Vögeln Nistmöglichkeiten bieten. Wenn Sie Straucharten mit bestachelten oder dornigen Zweigen wie Feuerdorn, Rose, Schlehe oder Berberitze wählen, wird die Hecke noch undurchdringlicher und stellt eine sichere Grundstückseingrenzung dar.

Laubabwerfende Heckensträucher

Hecken aus laubabwerfenden Sträuchern und Gehölzen sind im Winter kahl und bieten weniger Sicht- und Lärmschutz. Sie wirken im Winter durch die Rinde und die Form der Zweige und Äste. Ein Kompromiss sind Arten, die das Laub erst im Frühjahr durch neue Blätter ersetzen wie Liguster und Feuerdorn. Geschnittene Hain- und Rotbuchen werfen die (trockenen) Blätter zumindest erst im Spätwinter ab.

DIE BESTEN HECKENPFLANZEN

Diese Hecken sind robust und bieten nicht nur Sicht- und Windschutz, sondern auch Nahrung und Lebensraum für Tiere.

SOMMERGRÜN	IMMERGRÜN	WINTERGRÜN
Hainbuche	Eibe	Liguster
Rotbuche (grün- und rotblättrig)	Lorbeer-Kirsche	Feuerdorn
Feld-Ahorn	Stechpalme	Himalaja-Berberitze
Kornelkirsche	Heckenkirsche	
Weißdorn	Spindelstrauch (manche Arten)	
Hecken-Berberitze		

Immergrüne Hecken

Hecken aus immergrünen Gehölzen bieten ganzjährig Sicht- und Windschutz, verändern aber auch kaum ihren Charakter. Sie sind ein schöner Hintergrund für Staudenbeete und Rasenflächen. Immergrüne Laubgehölze sind beispielsweise Kissen-Schneeball *(Viburnum davidii)*, Lorbeer-Kirsche *(Prunus laurocerasus)*, Stechpalme *(Ilex)* und Himalaja-Berberitze *(Berberis hookeri)*. Bei den Nadelgehölzen sind die Sorten der Eibe *(Taxus)* am besten geeignet. Sie vertragen auch einen stärkeren Rückschnitt ins alte Holz, den Lebensbaum *(Thuja)* und Schein-Zypresse *(Chamaecyparis)* nicht mitmachen.

HECKE PFLANZEN

Ein perfektes Startprojekt! Heckenpflanzen werden wurzelnackt (also ohne Erde an den Wurzeln), im Container oder mit Ballen angeboten. Wurzelnackte Pflanzen sind nur im Herbst und Frühjahr erhältlich. Sie sind günstig und müssen sofort gepflanzt werden. Immergrüne Sorten gibt es nur mit Ballen oder im Container. Sie können das ganze Jahr gesetzt werden, außer der Boden ist gefroren. Im Sommer wachsen sie nicht so gut an wie im Frühling oder Herbst.

Jungpflanzen, die höher als 80–100 cm sind, müssen Sie an einem Stab oder an einer Schnur zwischen zwei Pflöcken anbinden, bis sie fest angewachsen und eingewurzelt sind.

DAS BRAUCHEN SIE:

- Metermaß
- Pflöcke oder Steine zum Beschweren
- Schnur oder Latte
- Spaten oder Grabeschaufel
- Heckenpflanzen, hier Liguster im Container
- Gießkanne oder Schlauch
- Handharke oder Messer

NUR BEI BEDARF NÖTIG:

- Sand, Kompost oder Gesteinsmehl zur Bodenverbesserung
- Stäbe und Bindematerial (Schnur) zum Stützen, wenn die Pflanzen größer sind

1

Um eine gerade Hecke zu bekommen, wird deren Verlauf mit einer Schnur markiert, die zwischen zwei Pflöcken gespannt oder mit Steinen fixiert ist. Wichtig dabei ist, genügend Grenzabstand einzuhalten!
Der Bedarf an Pflanzen pro Meter Hecke hängt von der Pflanzenart, der Größe der Jungpflanzen und davon ab, wie dicht die Hecke sein soll.
Hier werden recht kleine Ligustersträucher im Abstand von 20 bis 25 cm gesetzt, Sie benötigen also 5 Pflanzen pro Meter.

2

Mit dem Spaten oder einer Grabeschaufel heben Sie entlang der Schnur einen Graben aus, der so tief sein muss, dass die Pflanzen nachher genauso hoch bzw. tief sitzen wie zuvor im Topf.

3

Verfilzte Wurzeln mit einer kleinen Handharke aufreißen oder mit einem Messer anschneiden. So wachsen sie besser an.

4

Anschließend stellen Sie die Pflanzen in den Graben und häufeln die Erde wieder an. Sehr lehmige Erde können Sie mit Sand und Kompost, leichte Böden mit Kompost und etwas Gesteinsmehl verbessern, bevor Sie diese in das Pflanzloch füllen.

5

Zum Schluss die Erde um die Ballen vorsichtig andrücken und dann gut angießen.

SICHTSCHUTZ & PRIVATSPHÄRE – EINBLICKE UNERWÜNSCHT

Nur Räume, die nicht sofort einsehbar sind, vermitteln ein Gefühl der Geborgenheit. Und nur wer sich unbeobachtet fühlt, kann sich richtig entspannen. Ein erster Schritt für mehr Privatsphäre im Garten ist die Ausstattung der Grundstücksgrenzen mit Zäunen, Hecken oder Sichtschutzwänden.

Ausreichend Schutz vor fremden Einblicken zu bekommen ist manchmal gar nicht so einfach, vor allem, wenn man dicht an dicht in einer Reihenhaus- oder Neubausiedlung wohnt – quasi Terrassentür an Terrassentür. Ein Sichtschutz ist aber nicht nur nötig, um unerwünschte Einblicke zu verhindern, sondern hilft zudem, unschöne Gebäude in der Umgebung, Zäune, Betonwände, Satellitenschüsseln oder gar den ganzen Garten des Nachbarn »auszublenden«. Auch innerhalb des Gartens ist es sinnvoll, durch Sichtschutzelemente bestimmte Areale abzutrennen und so unterschiedlich nutzbare Räume zu kreieren. Schließlich sollen beispielsweise der Nutzgartenbereich mit Gemüsebeeten, der Kompost oder der Geräteschuppen nicht unbedingt im Blickfeld des Sitzplatzes liegen oder gleich sichtbar sein, wenn man den Garten betritt.

Einjährige Kletterpflanzen wie diese Duft-Wicken sorgen für schnellen Sichtschutz auf der Terrasse.

SICHTSCHUTZ SCHAFFEN

Die Möglichkeiten, im Garten für Privatsphäre zu sorgen, sind vielfältig. Der Sichtschutz muss dabei gar nicht einmal komplett blickdicht sein, meist reicht es, dass er den Blick einfängt und quasi »aufhält«. Am einfachsten und schnellsten geht es, Sonnenschirme und -segel oder Paravents aus Stoff oder Flechtwerk aufzustellen. Sie schützen vor unerwünschten Einblicken von den Seiten oder von oben.

> **Sonnenschirme** wehren nicht nur die sengende Sonne, sondern auch neugierige Blicke von oben ab. Achten Sie bei großen Schirmen darauf, dass sie einen Kurbelmechanismus zum Aufspannen haben. Vor allem bei Holzschirmen ist Qualität wichtig. Das verwendete Hartholz sollte aus heimischen Wäldern stammen – Robinie, Eiche und Esche halten genauso lange wie tropische Hölzer. Wenn Sie eine größere Terrasse haben, brauchen Sie wahrscheinlich zwei oder sogar noch mehr Schirme. Statt ständig schwere Schirmständer über die Platten zu ziehen, können Sie auch die mobile Variante mit Rollen verwenden. Damit lässt sich der Schirm immer da aufstellen, wo er gerade benötigt wird.

> **Sonnensegel** aus Segeltuch oder Stoffbahnen haben an den Ecken eingenähte Ösen, über die sie an der Hauswand oder an Pfosten befestigt werden können. Ganz wichtig ist eine sichere Verankerung, damit der Wind die Stoffe bzw. Haken nicht aus der Wand reißt. Bleiben die Segel permanent im Freien, muss der Stoff imprägniert oder aus Kunstfaser sein, damit er der Nässe und Feuchtigkeit standhält.

> **Paravents** sind mobile Sichtschutzwände. Sie bestehen aus zwei oder drei Rahmen aus Holz oder Metall, die mit Stoff, Flechtwerk oder Gitter gefüllt sind. Paravents sind leicht und lassen sich einfach auf- bzw. abbauen und transportieren.

- **Sichtschutz durch Pflanzung** von Hecken, hohen Stauden, Gräsern oder Bambus braucht etwas mehr Platz, bietet aber auch mehr Gestaltungsmöglichkeiten. Durch die Veränderung der Vegetation im Laufe der Jahreszeiten schaffen Pflanzen mehr Abwechslung und verbessern das Klima im Garten.
- **Feste Sichtschutzelemente** aus Holz, Metall oder Kunststoff sowie Mauern und Gabionen sorgen dauerhaft für Privatsphäre. Sie sollten jedoch mit Pflanzen kombiniert werden, damit sie auch Wind und Lärm abhalten (s.u.).
- **Spaliere und Zäune** lassen sich zusammen mit anderen Sichtschutzmöglichkeiten verwenden und können mit Kletterpflanzen begrünt werden. Attraktive Beispiele sind eine Mauer, die von Gitterelementen durchbrochen wird, und die Kombination aus Zaunelementen und einer Hecke.

Die Latten des Holzzaunes sind nicht ganz geschlossen. Dadurch wirkt der Zaun nicht erdrückend und massiv.

Zum Nachbarn sorgen massive Holzwände für Sichtschutz, das transparente Sonnensegel verhindert störende Einblicke von oben.

WIND- UND LÄRMSCHUTZ

Ein laues Lüftchen und das leise Rascheln von Blättern und Halmen mag ja angenehm sein. Aber kalte, zugige Winde oder Straßenlärm sind eine andere Nummer und beim Aufenthalt im Garten unerwünscht. Wind- und Lärmschutz schaffen Abhilfe.

- Im Gegensatz zum Sichtschutz müssen die abschirmenden Elemente durchlässig sein, um den Wind zu bremsen. Hinter hohen Mauern und massiven Sichtschutzwänden kommt es zu Luftverwirbelungen, die noch unangenehmer sind.
- Windschutzelemente müssen mindestens 1,80–2 m hoch und fest im Boden verankert sein. Dazu werden die Pfosten in Betonfundamente gesetzt, die ca. 50–60 cm tief in die Erde reichen und eine Fläche von 25 × 25 cm haben sollten. In dieses Fundament kommt wie beim Zaun ein Pfostenschuh, auf bzw. in dem der Pfosten fixiert wird.
- Hecken, Gabionen und höhere Sträucher sind ebenfalls als Windschutz geeignet, da sie die Luft bremsen und es zu weniger bzw. keinen Verwirbelungen kommt.
- Störender Lärm wird gemindert, indem er reflektiert (also zurückgeworfen) oder absorbiert (aufgenommen) wird. Hohe Mauern sind daher perfekt, um Geräusche von außen fernzuhalten. Innerhalb des Gartens sollten Sie vor Mauern und Hauswände Pflanzen oder spezielle Schallschutzelemente montieren, die Geräusche absorbieren. Ideal sind Kletterpflanzen oder dichte Hecken, beispielsweise aus Eiben.

WOCHENEND-

DAS BRAUCHEN SIE:

- pro Meter Sichtschutzwand 1 Pfosten aus Kantholz, 10 × 10 cm stark, 1,80–2 m lang
- Latten
- Kappsäge, Zwinge
- Eimer, Fertigbeton
- Pfostenschuhe
- Bohrmaschine
- Schrauben, Muttern, Unterlegschrauben
- Gummiprofile, Länge wie die Pfosten
- Tacker
- Wasserwaage

SICHTSCHUTZ BAUEN

Ein Projekt für Fortgeschrittene, das einiges an handwerklichem Geschick verlangt. Die elegante, waagerecht verlaufende Holzlattung sorgt nicht nur für den nötigen Sichtschutz, sie schluckt auch zuverlässig störende Geräusche.

Nur Lärchen- oder Eichenholz kann unbehandelt bleiben, alle anderen heimischen Holzarten müssen mit einem Holzschutz versehen werden.

1

Schneiden Sie die Latten und Pfosten mit der Kappsäge auf die gewünschten Maße zu. Dabei immer 4 Latten mit der Zwinge fixieren und gleichzeitig absägen – so geht es deutlich schneller.

PROJEKT

Graben Sie für jeden Pfosten ein Loch mit einem Durchmesser von ca. 30 cm und 40 cm tief. Diese mit Fertigbeton füllen (nach Angabe auf der Verpackung anmischen) und die Pfostenschuhe in die Fundamente stecken. Achten Sie darauf, dass sie absolut senkrecht und in einer geraden Linie stehen.

2

Bevor Sie die waagerechten Latten an die Pfosten schrauben, sollten Sie ein Gummiprofil als konstruktiven Holzschutz auf die Pfosten tackern. So ist sichergestellt, dass immer Luft zwischen den beiden Holzelementen zirkulieren und sich dort keine Feuchtigkeit ansammeln kann.

4

3

Sobald der Beton ausgehärtet ist, können Sie die Kanthölzer in die jeweiligen Pfostenschuhe stecken und festschrauben. Damit das Holz nicht reißt, sollten Sie die Schraublöcher vorbohren – idealerweise 1–2 mm kleiner als der Schraubendurchmesser.

5

Stehen die Pfosten senkrecht? Wenn nicht, am Pfostenschuh nachjustieren. Dann können Sie die Latten anschrauben. Lassen Sie dabei zwischen den Hölzern einen Spalt von 5–10 mm frei.

RASEN, WIESE, GRÜNER TEPPICH

Was soll es sein? Ein sattgrüner Rasen, der sich wie ein Teppich durch den Garten zieht, gesäumt von Blumenrabatten und eingerahmt von den überhängenden Zweigen der angrenzenden Bäume und Sträucher? Oder doch lieber ein robuster Spielrasen oder eine bunte Blumenwiese?

Rasen ist die perfekte Oberfläche im Garten. Grün, natürlich, robust und mehr oder weniger pflegeleicht. Ideal ist ein sandiger, humoser Boden, der einen guten Wasserabzug hat, bei dem also keine Pfützen nach dem Regen stehen bleiben. An Stellen, an denen sich Wasser staut, macht sich schnell Moos zwischen den Gräsern breit.

Neuanlage oder Rasenrenovierung?

Wenn der neue Garten schon eine Rasenfläche hat, reicht es meist, die verfilzte Grasnarbe mit einem Vertikutierer aufzureißen, damit wieder Luft an die Wurzeln gelangt. Anschließend wird Sand und/oder Kompost bzw. Rasendünger ausgestreut und neues Saatgut ausgebracht. Bei der Rasenneuanlage haben Sie die Wahl zwischen Aussaat und Rollrasen:

> **Rollrasen –** die teurere Variante, allerdings können Sie die Fläche schon nach 2–4 Wochen normal nutzen. Pro Quadratmeter Rollrasen müssen Sie mit Kosten von 3–7 € rechnen. Die perfeke Lösung für kleine Flächen bis 100 m².

> **Aussaat –** beim Säen ist die richtige Rasenmischung wichtig. Je nach Verwendungszweck gibt es spezielle Samenmischungen. Für einen normalen Familiengarten ist eine Sportrasenmischung die beste. Für schattigere Standorte wählen Sie den Schattenrasen. Neu für Problemstandorte: Rasen mit Mikroklee. Ist genauso grün, aber anspruchsloser.

> **Billiges Rasensaatgut –** qualitativ weniger empfehlenswert, denn es enthält zu einem größeren Anteil einjährige Grasarten, die im nächsten Jahr zu Lücken und Kahlstellen führen.

> **Geeignete Arten –** Straußgras, Schafsschwingel, Rotschwingel, Deutsches Weidelgras, Wiesenrispe

> **Ungeeignete Arten –** Wiesenschwingel, Welsches Weidelgras, Einjähriges Weidelgras, Einjähriges Rispengras

Perfekte Kombi aus Rasen und Sommerblumenbeet. Der Klappstuhl kann nach Belieben aufgestellt werden.

Rasen anlegen

Für eine Neuanlage sollten Sie die alte Grasnarbe gründlich umgraben und dabei Wurzeln, Steine und Unkräuter entfernen. Es lohnt sich, den Boden mit Sand und Kompost bzw. spezieller Rasenerde zu verbessern. Meist reichen pro Quadratmeter 2–3 Liter Sand (das entspricht in etwa 3–5 kg) mit einer Körnung von 0–2 mm, um einen schweren Boden aufzulockern. Die Oberfläche wird mit Rechen glatt gezogen und sollte so feinkrümelig und eben wie möglich sein. Damit sich der Boden nach der Aussaat nicht zu sehr setzt und Unebenheiten aufweist, können Sie ihn mit einer Gartenwalze ebnen (gibt's beim Baumarkt zum Ausleihen). Verlegen Sie an stark belasteten Stellen Trittplatten oder Rasengitter, das schont die Grasnarbe.

Für schattigere Bereiche unter Bäumen oder Flächen, die nicht den ganzen Tag Sonne bekommen, gibt es spezielle Schattenrasenmischungen.

Der richtige Rasenmäher

Die Größe des Rasenmähers richtet sich nach der Gartengröße.

> **Handmäher –** bis 50 m² Rasenfläche und für kleine, gestückelte Flächen.
> **Akkumäher –** ab 50–300 m² Rasenfläche, auch für Hanglagen und Flächen mit Bäumen und Sträuchern.
> **Elektromäher –** ab 50–600 m² Rasenfläche, möglichst wenig Bäume und Sträucher.
> **Benzinmäher –** erst ab Flächen über 600 m² empfehlenswert, Wuchshöhe bis maximal 15 cm.
> **Balkenmäher –** für Rasen und Wiesen ab 500 m², schafft auch Wuchshöhen über 15 cm.
> **Aufsitzmäher –** erst ab Flächen über 600 m², für Freiflächen ohne Bäume und Sträucher, in Hanglagen problematisch.

Rasen pflegen

Ein perfekter englischer Rasen braucht viel Pflege, Dünger und vor allem Wasser. Angesichts längerer Hitze- und Trockenperioden und schwankender Niederschläge im Sommer sollten Sie Ihren Rasen von Anfang an »richtig erziehen«:

> Je häufiger Sie beregnen, desto weniger und flachere Wurzeln bildet der Rasen aus. So wird er noch anfälliger für Trockenheit. Wenige, dafür intensivere Bewässerungen, die den Boden bis in etwa 20 cm Tiefe durchfeuchten, regen das Wurzelwachstum an und härten die Pflanzen ab. Ideale Bewässerungszeit sind die Abend- oder Nachtstunden, weil dann weniger Wasser ungenutzt verdunstet.
> Wenn Sie Ihren Rasen regelmäßig mit etwas Kompost oder Hornspänen versorgen und nicht überdüngen, wird er robuster und damit unempfindlicher.
> Augen auf beim Düngerkauf: Viele Rasendünger enthalten Herbizide und Moosvernichter – Gift, das nicht in den Garten gehört, vor allem, wenn man Kinder und Haustiere hat.

Moos statt Rasen

An schattigen Stellen gedeiht Rasen nicht wirklich gut. Selbst Schattenrasenmischungen benötigen mindestens 6 Stunden volle Sonne pro Tag. Eine geschlossene Moosdecke ist genauso grün, sogar weicher und muss nicht einmal gemäht werden!

An halbschattigen Stellen können Sie statt Rasen auch Sternmoos *(Sagina subulata)* säen, das schnell eine geschlossene, frischgrüne Oberflächenbedeckung bildet. Es ist zwar etwas teurer als Rasensaatgut, aber günstiger und weniger aufwendig, als alle acht Wochen zu vertikutieren und nachzusäen.

DAS BRAUCHEN SIE:

- Zur Vorbereitung der Fläche: Spaten oder Fräse zum Umgraben
- Sand
- Humus
- Rechen zum Glattziehen
- Rollrasen
- Schubkarre
- Schalbretter oder Baudielen
- Schlauch und Regner zum Bewässern nach dem Verlegen

ROLLRASEN VERLEGEN

Rollrasen ist die perfekte Lösung für Ungeduldige. Im Gegensatz zu gesäten Flächen kann er schon nach 2–4 Wochen voll genutzt bzw. belastet werden. Das Verlegen der Bahnen geschieht am besten bei milderen Temperaturen und bedecktem Himmel, damit die Graspflanzen nicht durch Hitze gestresst werden. Praktisch: Wegen der geschlossenen Grasnarbe haben Unkräuter wie Löwenzahn kaum Chancen, sich anzusiedeln.

1

Rollrasen wird in 1-Quadratmeter-Rollen mit den Maßen 2,5 × 0,4 m geliefert. Wichtig: Die Rollen müssen nach der Lieferung im Schatten gelagert und schnell – innerhalb von einem Tag – verlegt werden, da sonst die Grasnarbe im Inneren gärt und faulig wird.

Entscheidend ist die Vorbereitung der Fläche. Sie muss glatt sein und wird mit Sand und Humus verbessert. Wurzeln, Steine und Unkrautreste sollten Sie zuvor akribisch entfernt haben. Achten Sie darauf, die Rollrasenplatten plan und mit direktem Wurzelkontakt zu verlegen.

2

3

Legen Sie die Bahnen versetzt und exakt Kante an Kante aneinander. Sonst entstehen Lücken, an denen die Grasnarbe austrocknet. Kleine Löcher können Sie mit Sand auffüllen, damit die Bahnen rasch zusammenwachsen.

4

Wie beim Teppichlegen im Akkord begrünen Sie die Fläche Bahn für Bahn. Damit der bereits verlegte Rollrasen nicht zu sehr belastet wird, sollten Sie Schalbretter oder Planken auslegen, wenn Sie mit der Schubkarre weiteren Nachschub holen.

5

Zum Schluss werden aus den Rasenresten mit einem Messer wie bei einem Puzzle Stücke geschnitten, um Biegungen und Lücken zu schließen. Gut angießen. Fertig.

STANDSICHER & RUTSCHFEST – DIE OBERFLÄCHEN

Was gibt es Besseres, als bei schönem Wetter die Zeit draußen im Garten zu verbringen? Damit Tisch und Stühle ohne zu wackeln und stabil stehen, muss der Untergrund eben und fest sein. Als Material bieten sich Kies, Splitt, Sand, Pflaster, Platten und Holz an – mit jeweils unterschiedlichen Eigenschaften.

Die Wahl des richtigen Bodenbelags für Sitzplätze und Wege fällt angesicht der Vielfalt an Materialien, die im Fachhandel angeboten werden, nicht immer leicht. Neben gestalterischen Aspekten spielen auch der eigene Geschmack und die geplante Nutzung eine Rolle. Ganz wichtig: Die Bodenbeläge sollen auf das Haus und den Stil des Gartens abgestimmt sein. Auf der sicheren Seite sind Sie, wenn das Material zum Mauerwerk oder zur Fassade passt oder – bei Terrassen – zum angrenzenden Innenraum.

PLATTEN, PFLASTER UND KIES

Beläge aus Steinplatten und Pflaster wirken nicht nur durch Farbe und Oberflächenstruktur, auch die Plattengröße spielt eine Rolle. So lassen großformatige Platten eine kleine Fläche größer erscheinen. Allerdings sind sie etwas schwieriger zu verlegen. Einfacher geht das mit kleineren Pflastersteinen oder Klinkern. Ganz wichtig bei allen Steinoberflächen: Machen Sie vor dem Kauf den »Nässetest«! Viele Steinarten nehmen bei Regen oder Tau eine viel dunklere Farbe an, wodurch sich die gesamte Wirkung des Sitzplatzes ändert. Gute Fachhändler halten dafür immer eine Gießkanne bereit.

Klinker und Betonplatten lassen sich wunderbar kombinieren und passen auch in ländliche Gärten.

- **Platten** gibt es aus Naturstein und sogenannten Gusssteinen, die im Prinzip nichts anderes als Betonplatten sind. Farblich sollten sie zum Haus passen, aber nicht zu hell sein. Sie blenden sonst bei Sonne und machen den Aufenthalt darauf nicht unbedingt angenehm. Die Dicke hängt von der Belastung des Bodens ab. Für einen normalen Sitzplatz reichen ca. 5 cm aus. Wird die Fläche auch befahren, müssen die Platten – und der Untergrund – dicker bzw. belastbarer sein. Die Platten gehören immer auf ein Kies- oder Splittbett verlegt, nie direkt auf den gewachsenen Boden. Die Fugen können mit Zement verschlossen werden oder – was schöner ist – offen bleiben. Dann siedeln sich schnell kleine Gräser, Moos und Blumen an. Wenn Sie sich für Natursteinplatten entscheiden, sollte das Material aus der Region kommen. Das ist nicht nur klimafreundlicher, da die Transportwege kürzer sind, es fügt sich auch optisch meist besser in die Gartengestaltung ein als exotische Steine.
- **Pflaster** gibt es aus Naturstein, Gussstein, Beton und Ton – als Klinker oder Ziegel. Das Verlegen ist einfacher, und Sie können auch kleinere Flächen sehr flexibel belegen – je nach Anordnung der Pflastersteine entstehen interessante Muster und Mosaike. Die Oberfläche ist nicht so pflegeleicht wie bei großen Platten, da sich in den vielen Fugen Staub schneller sammelt und sich mehr Pflanzen ansiedeln.
- **Kies und Sand** werden als sogenannte wassergebundene Oberflächen bezeichnet. Kiesflächen sind ein lebendiger Untergrund, da sich mit der Zeit viele

Kies und Schotter sind durchlässig und eignen sich in naturnahen Gärten als Wegbelag.

Großformatige Platten lassen kleine Gärten oder Flächen viel geräumiger erscheinen.

Pflanzen ansiedeln, sofern sie nicht von Anfang an mit eingeplant sind. Wenn kein Aufwuchs erwünscht ist, kommt unter die Kiesschicht ein spezielles Vlies, das Wasser durchlässt, aber Unkraut unterdrückt. Kleiner Tipp: Wege und Flächen am oder zum Haus, die häufig begangen werden, sollten nicht mit Sand oder Kies belegt werden, da Sie sonst das Material mit den Schuhen oder an den Füßen ständig in die Wohnung tragen.

> **Trittsteine** sind eine gute Lösung für Flächen, die selten begangen werden, im Rasen oder in Blumenbeeten.

HOLZ

Bodenbeläge aus Holz haben eine sehr natürliche, warme Ausstrahlung und fühlen sich beim Belaufen und Sitzen wärmer an als Stein. Auf Holzoberflächen finden sich jedoch im Schatten schnell Algen und Pilze ein, die die Oberfläche rutschig machen. Holzplanken oder -dielen sind daher für sonnige Plätze besser geeignet. Holzdecks müssen regelmäßig mit einem Hochdruckreiniger von Algen und Moos befreit werden. Planken, in die zur Verbesserung der Rutschfestigkeit Rillen gefräst sind, werden übrigens noch schneller glitschig, da in den Rillen das Wasser nach einem Regenschauer länger stehen bleibt und das Holz so noch schneller angegriffen wird. Holz wird nicht direkt auf dem Boden verlegt, vielmehr werden die Planken auf einer Rahmenkonstruktion aufgeschraubt.

> **Holzfliesen** sind ideal, um eine unansehnliche Terrasse in kurzer Zeit in ein elegantes Holzdeck zu verwandeln.

UNTERBAU UND GEFÄLLE

Egal, ob Holz, Platten oder Pflaster – der Untergrund muss stabil und frostfest sein. Dazu wird er vor dem Verlegen mit einem Stampfer oder einer Rüttelplatte verdichtet, damit er sich später nicht mehr setzt. Die nächste Lage besteht aus einer dicken Schotterschicht (10–30 cm dick), auf die feinerer Kies oder Splitt als Tragschicht kommt.

> Damit auf Wegen oder Flächen nach Regen kein Wasser stehen bleibt und sich keine Pfützen bilden, muss das Wasser abfließen können. Dazu ist ein Gefälle von ca. 2,5 % (also 2,5 cm auf 1 m) nötig und eine Dränage oder Sickerzone am Rand, in der das Wasser versickern kann. Das Wasser darf nie zum Haus oder zur Terrassentüre fließen!

PLATTEN VERLEGEN

Wege und Flächen aus großformatigen Platten werden in ein Kies- und Schotter- oder Splittbett verlegt. Die Platten liegen auf einer 5 cm starken Bettung aus feinem Splitt, die auf einer Trag- und ggf. noch einer Frostschutzschicht von jeweils 10 cm aufgebracht ist. Für einzelne Trittplatten im Rasen reicht eine 10–15 cm dicke Tragschicht. Ganz wichtig: Die Platten müssen immer ein leichtes Gefälle haben, damit kein Wasser auf der Fläche stehen bleibt. 2,5 %, also 2,5 cm auf 1 m Breite, reichen. In diesem Fall weist das Gefälle von der Mauer weg zur Rasenfläche hin.

Zum Einpassen können die Platten behauen werden. Dabei unbedingt eine Schutzbrille tragen, um Ihre Augen von Splittern zu verschonen.

DAS BRAUCHEN SIE:

- ↗ Trittplatten, ca. 5–6 cm stark
- ↗ Schotter, Körnung 0/32 und 0/45 mm
- ↗ Brechsand oder Splitt, Körnung 0/5 mm
- ↗ Rüttelplatte oder Stampfer
- ↗ Wasserwaage
- ↗ Latte zum Glattziehen
- ↗ Spaten und Schaufel
- ↗ Schubkarre
- ↗ Eimer
- ↗ Handschuhe
- ↗ Metermaß
- ↗ Gummihammer
- ↗ Augenschutz
- ↗ Steinhammer

Die Fläche, auf der der Weg bzw. die Platten verlegt werden sollen, wird ca. 30 cm tief ausgekoffert und verdichtet. Die Rüttelplatte oder den Stampfer, den Sie dafür benötigen, können Sie sich im Baumarkt ausleihen. Die Verdichtung ist nötig, damit sich die Platten später nicht setzen. Auf den Untergrund kommt eine Frostschutzschicht aus grobem Splitt und Schotter (Körnung 0/45 mm) und schließlich die Tragschicht (Körnung 0/32 mm), die auch jeweils verdichtet werden.

Bevor Sie die Platten verlegen können, müssen Sie nun noch die Bettung aus feinem Splitt oder Brechsand (Körnung 0/5 mm) aufbringen und mit der Latte oder einer Alu-Lehre glattziehen. Wichtig: Dabei das Gefälle beachten!

Immer wieder kontrollieren, dass das Gefälle stimmt und die Bettung absolut eben ist. Nach dem Glattziehen darf der Splitt nicht mehr betreten werden.

Tipp: Wenn Sie die Fugen später mit Sand auffüllen wollen, darf dieser keine feinere Körnung als die Bettung haben, sonst wird er bei Regen nach unten in die Tragschicht geschwemmt.

Dann die Platten mit Fugenabstand (hier ca. 5 cm) verlegen. Der Abstand von Plattenmitte zu Plattenmitte entspricht dem Schrittmaß von ca. 42 cm.

Die Platten vorsichtig mit dem Gummihammer festklopfen, damit sie plan liegen und nicht wackeln.

WEGE, STUFEN & TREPPEN – AUF UND AB IM GARTEN

Gartenwege verbinden Haus, Terrasse, Rasenflächen und Beete. Darüber hinaus setzen sie aber auch optische Akzente. Denn mit der richtigen Wegführung und -gestaltung lässt sich der Garten in unterschiedliche Bereiche gliedern und die Wirkung der Bepflanzung gezielt betonen.

Wege, Treppen und Stufen haben im Garten vielfältige Aufgaben. Eine der augenscheinlichsten ist es, verschiedene Bereiche des Gartens zu verbinden oder erreichbar zu machen. Wege schonen den Boden und Pflanzen vor ständiger Trittbelastung und verhindern Rutschpartien, wenn zum Beispiel bei Regen die anfallenden Küchenabfälle zum Kompost gebracht werden müssen. Eine raffinierte Wegführung lässt den Garten optisch größer wirken, und eine sorgfältige Planung vor dem Anlegen erleichtert viele Arbeiten im Garten.

WEGE

Der Zweck, den ein Weg oder eine befestigte Oberfläche im Garten erfüllen soll, bestimmt die Ausführung. Je häufiger ein Weg benutzt wird, desto fester und stabiler muss er beschaffen und angelegt sein. Der Hauptweg vom Eingang zur Haustür, der täglich mehrmals benutzt wird, oder der Weg zum Gemüsebeet, der im Sommer mit Schubkarre und Geräten befahren wird, muss einer höheren Belastung standhalten als ein selten benutzter Trampelpfad zu einer entlegenen Gartenecke. Wege erfüllen aber nicht nur praktische Aufgaben, sie sind auch ein wichtiges Gestaltungselement. Folgende Aspekte müssen Sie bei der Planung, dem Bau und der Gestaltung beachten:

Breite Stufen wirken großzügig und einladend. Wichtig: Das Schrittmaß muss eingehalten werden.

- Hauptwege sollten so breit angelegt sein, dass zwei Personen nebeneinander her- oder aneinander vorbeilaufen können – also etwa 1–1,20 m.
- Nebenwege sind schmaler, hier reichen 50–60 cm.
- Wege, die in Längsrichtung entlang der größten Ausdehnung des Gartens verlaufen, verlängern ihn optisch.
- Wege, bei denen der Belag quer zur Laufrichtung liegt, wirken breiter und »bremsen« die Laufgeschwindkigkeit.
- Zweckwege als funktionale Verbindung »von A nach B« sollten gerade verlaufen, sonst bilden sich schnell Abkürzungen durch Beete oder über Rasenflächen.
- Geschwungene Wege und Biegungen wirken abwechslungsreicher und eröffnen immer wieder neue Garteneinblicke.
- Sackgassen zwingen den Betrachter, den Garten aus unterschiedlichen Perspektiven wahrzunehmen.
- Große Platten verlangsamen die Laufrichtung und lassen den Blick durch den Garten wandern. Blüten, Farben und Düfte werden so intensiver wahrgenommen.

Beläge für Wege

Das Belagsmaterial sollte auch am oder im Haus vorhanden sein, denn dann wirkt der Garten wie eine harmonische Fortsetzung des Wohnraums und lädt zum Verweilen ein.

- **Betonplatten –** Günstig und einfach zu verlegen. Es gibt sie in vielen Farben und Oberflächeneigenschaften. Halten Sie nach Restposten oder nach beschädigten Partien Ausschau. Eine abgeschlagene Ecke oder Kante kann man einfach nach unten oder an den Rand legen, wo sie nicht sichtbar ist.
- **Natursteinpflaster und -platten –** Wirken ausgesprochen attraktiv. Platten sind einfacher zu verlegen als Pflaster.
- **Sand, Kies und Rindenmulch –** Leicht zu verlegen und ideal für Wege, die nicht stark belastet werden. Ein Unterbau aus Schotter, der mit einer Unkraut unterdrückenden Folie abgedeckt ist, verringert den Pflegeaufwand.
- **Rasenwege –** Ein weicher Rasenweg sollte nicht breiter als der Rasenmäher sein, dann geht das Mähen am schnellsten. Die ideale Schnitthöhe beträgt 4–6 cm.

Treppen mit Blockstufen können Sie selbst bauen. Die Steinquader werden in ein Kiesbett verlegt.

Die geschwungene Treppe verbindet die beiden terrassierten Gartenebenen und macht einen steilen Hanggarten nutzbar.

- **Trittplatten –** An Stellen, die nur wenig begangen werden, reichen oft schon ein paar Trittplatten, Rasengitter oder Holzscheiben aus, damit man sich im Garten bewegen kann, ohne den Boden zu verdichten oder bei Nässe im Schlamm zu versinken. Bei Trittplatten ist die richtige Schrittweite wichtig: Gemessen wird von Plattenmitte zu Plattenmitte, und der Abstand sollte etwa 70 cm betragen, sonst muss man entweder trippeln oder wie ein Storch schreiten.

STUFEN UND TREPPEN

Über Stufen und Treppen werden Höhenunterschiede im Garten überwunden, sie können aber auch einzelne Gartenbereiche voneinander trennen. Die Stufen sollten nicht höher als 15 cm sein, sonst wird die Treppe zu steil.

- **Blockstufen** aus Naturstein oder Beton werden in ein Kiesbett auf einem verdichteten Untergrund verlegt – damit sind sie ideal für Selberbauer geeignet.
- **Stellstufen** sind eine Konstruktion aus Steinplatten oder Brettern, die als senkrechte Stütze der Trittfläche dienen. Diese kann aus Holz, Stein, Klinker oder auch aus Rasen, Rindenmulch, Kies oder Sand gestaltet werden.
- **Holz- und Klinkerstufen** werden bei Nässe rutschig.
- **Gefälle** nicht vergessen! Auch Stufen müssen mit einem Gefälle zur Seite und nach unten angelegt werden, damit kein Wasser auf der Treppe stehen bleibt.
- Planen Sie ab fünf Stufen ein Geländer ein.

TROCKENMAUERN – GUT GESTÜTZT

Trockenmauern sind ideal, um niedrige Hänge abzustützen. Im Gegensatz zu Betonmauern lassen sie Wasser, das vom Hang sickert, durch die Fugen abfließen, und es kommt nicht zum Wasserstau. Sie eignen sich aber auch für Sitzmauern, Kräuterspiralen, als Ufer am Teich und zur Raumaufteilung.

Der Bau einer Trockenmauer ist durchaus eine Herausforderung und vor allem schweißtreibend. Das Ergebnis wiegt die Mühen aber vielfach auf. Bis zu einer Höhe von 1 m können Sie die Trockenmauer selbst bauen, höhere Bauwerke gehören eher in die Hand eines versierten Garten- und Landschaftsbauers. Ab einer Höhe von 2 m ist ein statischer Nachweis vorgeschrieben und eine Baugenehmigung erforderlich.

LEBENSRAUM UND BIOTOP

Trockenmauern bieten in ihren Spalten und Lücken Lebensraum für zahlreiche Tiere und Pflanzenarten. Sie sind ein wertvolles Biotop im Garten und werden schon in kurzer Zeit von Amphibien und Reptilien wie Molchen, Erdkröten, Eidechsen und Blindschleichen besiedelt. Auch nützliche Insekten wie Laufkäfer, Wildbienen, Hummeln und viele andere nutzen die Mauer als Brutstätte und Unterschlupf. Südseitig exponierte Trockenmauern mit ihrem heißen, vollsonnigen Mikroklima bieten ideale Voraussetzungen für mediterrane Kräuter.

In den Mauernischen der Trockenmauer fühlen sich Eidechsen und andere Tiere wohl.

BAU EINER TROCKENMAUER

Eine Trockenmauer braucht wie alle Mauern ein Fundament und eine Dränage zum Hang hin. Außerdem muss sie einen »Anlauf« zum Hang haben, also eine Neigung. Diese sollte ca. 10 % betragen. Damit muss sich die Mauer bei einer Höhe von 1 m etwa 10 cm zum Hang hin neigen.

Als Baumaterial eignen sich alle grob behauenen Steine, auch aus alten Ziegeln oder Betonsteinen lässt sich eine Trockenmauer bauen. So gehen Sie Schritt für Schritt vor:

> **Materialbeschaffung –** Pro Quadratmeter Mauer benötigen Sie ca. 300–350 kg Mauersteine. Die Schotter-Hinterfüllung berechnet sich nach folgender Formel:
  Mauerhöhe (m) × Mauerlänge (m) × 0,6 = Hinterfüllung (m^3)
  Für eine 5 m lange und 1 m hohe Mauer benötigen Sie also 1,5–1,8 t Mauersteine und 3 m^3 Dränagematerial.

> **Abdeckung –** Damit bei Starkregen kein Erdreich in die Mauer gelangt, wird der Hang mit einem Vlies abgedeckt.

> **Fundament –** Heben Sie über die gesamte Mauerlänge einen 30–40 cm tiefen Graben aus. Die Breite berechnet sich aus der Tiefe der Steine plus 2 × 10–15 cm vor und hinter der Mauer als Puffer und Dränage. Bei 30 cm tiefen Steinen sollte der Graben also 50–60 cm breit sein.

> **Verdichten –** Damit sich die Mauer später nicht setzt oder absackt, wird der Boden verdichtet und mit

Trockenmauern sind perfekt zur Verbindung von Sitzplatz und Garten, wenn Höhenunterschiede ausgeglichen werden müssen.

grobem Schotter oder Kies (Körnung 0/32 mm) bedeckt – aber nur bis etwa 10 cm unter dem Bodenniveau des Gartens. Das Fundament muss ein Gefälle von ca. 10 % zum Hang haben, denn die Mauer soll sich ja gegen den Hang lehnen. Stück für Stück werden im nächsten Schritt große Steine auf das Fundament gelegt und eingepasst. Den Hohlraum hinter den Steinen schütten Sie mit der Hinterfüllung auf.

> **Schnurgerüst** – Wenn das Bauwerk gerade werden soll, gibt ein Schnurgerüst aus Latten und Schnur grob den Verlauf, die Höhe und die Lage der Mauer vor. Bei frei gestalteten, niedrigen Mauern können Sie auch nach Augenmaß bauen.

> **Setzarbeit** – Das ist der eigentliche Mauerbau. Die Steine werden so aufeinandergeschichtet, dass sie immer mit der größten Fläche aufeinanderliegen und nicht wackeln. Stellen Sie die Steine nicht hochkant, und achten Sie immer auf versetzte Fugen. Nach jeder Steinlage wird eine weitere Schicht Schotter zur Hinterfüllung eingefüllt. Unten ist die Mauer breiter, nach oben verjüngt sie sich dann immer mehr.

> **Schrägeinbau** – Die erste Variante, wie Sie die Steine aufeinanderschichten können. Dabei werden die Steine nicht eben, sondern mit Gefälle nach hinten eingesetzt. Die Mauerfront bildet dann eine mehr oder weniger glatte, ebene Fläche.

> **Rückversetzen** – Alternativ werden die Steine eben geschichtet und mit jeder Lage ein Stück zum Hang hin versetzt.

> **Sortierung** – Die Steine werden von unten nach oben kleiner.

> **Stabilisierung** – Sitzen die Steine nicht »satt« aufeinander, können sie mit kleinen Steinkeilen stabilisiert werden.

> **Schwere Steine** – Zu zweit trägt es sich leichter. Das Einpassen vereinfacht ein Gummihammer, überstehendes Steinmaterial kann mit einem Fäustel abgeklopft werden.

> **Fugen** – Auf der Vorderseite sollten die Fugen einigermaßen gleichmäßig sein, zum Hang sieht man sie später nicht mehr.

> **Hohl- und Zwischenräume** – Diese können Sie schon während des Steinelegens mit Sand und Erdreich füllen und Pflanzen einsetzen. Dazu die Wurzelballen vorher gut wässern. Doch vergessen Sie nicht, auch einige Fugen als Unterschlupf für Insekten und andere Tiere offen zu lassen.

> **Mauerkrone** – Zum Schluss wird die Mauerkrone mit großen, flachen Steinen ausgeformt. Sie sollten über die Hinterfüllung ragen, damit nicht so viel Regenwasser zwischen Hang und Mauer eindringen kann.

> **Bepflanzung** – Auf die Mauerkrone können Fetthenne, Mauerpfeffer und Haus- bzw. Dachwurz gepflanzt werden.

> **Übergang** – Den Boden vor der Mauer können Sie mit Sand und Kies aufschütten, oder die Mauer grenzt direkt an einen Sitzplatz bzw. an den Platten- oder Pflasterbelag an.

STÜTZMAUER BAUEN

Der Bau einer kleinen Stützmauer als Trockenmauer ist ein perfektes Einstiegsprojekt und ideal, um für größere Projekte zu »üben« und die Steinbearbeitungstechniken zu lernen.

Wenn die Mauer niedriger als 30–50 cm ist, brauchen Sie kein aufwendiges Fundament oder eine Dränagehinterfüllung. Die Steine können einfach auf den etwas verdichteten Boden gegen den Hang gelegt werden. Hinter der Mauer können Sie praktischerweise Bruchsteine oder im Garten angefallenen Bauschutt als Mini-Dränage und zum Auffüllen verwenden.

Damit die Rasenfläche oder andere Oberflächen nicht durch das Befahren mit Schub- und Sackkarre bzw. das viele Belaufen mit Werkzeug und Material verdichtet werden, sollten Sie die »Hauptverkehrswege« mit Planken oder Baubrettern (Schaltafeln) auslegen. Und achten Sie darauf, dass Sie Werkzeug, das Sie gerade nicht brauchen, immer an einer Stelle ablegen – das erspart mühsames Suchen im Steinhaufen.

DAS BRAUCHEN SIE:

- ↗ Natursteine in mehr oder weniger regelmäßiger Quaderform
- ↗ Schotter
- ↗ Schnur und Latten
- ↗ Spaten und Schaufel
- ↗ Schubkarre und Sackkarre
- ↗ Stampfer oder Rüttelplatte
- ↗ Metermaß
- ↗ Hammer
- ↗ Meißel
- ↗ Wasserwaage mit zwei Libellen
- ↗ Handschuhe
- ↗ Schutzbrille
- ↗ Sicherheitsschuhe mit Stahlkappe

- ↗ evtl. Dränagevlies
- ↗ Steingartenpflanzen

1

Damit die Mauer gerade wird, spannen Sie eine Schnur, an der entlang Sie den Graben – hier ca. 20 cm tief – ausheben. Anschließend den Boden mit dem Stampfer oder der Rüttelplatte feststampfen und verdichten, bevor Sie die erste Reihe Steine als Mauerfundament legen. Die Steine sollten etwa zur Hälfte im Boden liegen. Achten Sie darauf, dass die Vorderseite der Mauer mehr oder weniger gerade ist, bei der Rückseite ist es egal, da sie ja nicht sichtbar sein wird.

2

Hinter die Steine können Sie Schotter oder zerbrochene Steine als Dränage einfüllen. Diese verhindert, dass die Mauer im Winter bei Frost nach vorne gedrückt wird.

3

Die senkrechten Fugen dürfen zwischen zwei Schichten nie übereinanderliegen. Die Mauer verliert sonst an Stabilität.

4

Störende Ecken und Kanten werden mit Hammer und Meißel abgeschlagen. Die Steine müssen so aufeinanderliegen, dass sie nicht wackeln. Damit Sie sich an umherfliegenden Steinsplittern nicht verletzen, sind Handschuhe und ein Augenschutz Pflicht. Beim Verlegen der Steine haben sich zudem Sicherheitsschuhe mit Stahlkappe zum Schutz der Zehen bestens bewährt.

5

In die Fugen können kleine Steingartenpflanzen wie Hauswurz oder Fetthennen gepflanzt werden.

OUTDOOR IST DAS NEUE INDOOR – DRAUSSEN WOHNEN

Ein Haus im Garten ist Rückzugsort, auch wenn es draußen regnet oder stürmt. Was Kindern ein »Lager« oder Spielhäuschen ist, das sind Gartenhäuser, Pavillons und Pergolen für Erwachsene. Neuere Modelle und Bausätze lassen dabei wirklich keinerlei Wünsche mehr offen.

Die Übergänge von innen und außen verschwimmen immer mehr. Moderne Loungemöbel für den Garten können es mit so mancher Sitzgarnitur fürs Wohnzimmer aufnehmen. Flechtwerk aus Kunststoff ersetzt dabei wetteranfälliges Rattan, und mittlerweile gibt es sogar Kissenbezüge, die Regen und Feuchtigkeit trotzen. Also nichts wie raus ins Freie!

GARTEN- UND SOMMERHÄUSER

Der Garten ist Teil des Zuhauses geworden, das spiegelt sich auch in Design und Funktion von Gartenhäusern wider. Waren sie früher nur einfache, rustikale Lauben oder Schuppen aus Holzbrettern, Blech oder Kunststoff, so lässt die Ausgestaltung moderner Gartenhäuser kaum noch Wünsche offen. Es gibt zahlreiche Modelle in den Baumärkten und Gartencentern, die sich nicht vor teuren, maßgeschneiderten Einzelstücken verstecken müssen. Was Material, Stil und Form angeht, so sind dem Geschmack keine Grenzen gesetzt. Das Angebot reicht von einfachen Holzhäuschen – die à la Schwedenhäuschen auch bunt angestrichen werden können – bis hin zu stylishen Gartenstudios im Bauhausstil. Auch Liebhaber der asiatischen Kultur kommen mit schnitzereiverzierten Modellen auf ihre Kosten. Mit einer Schrebergartenlaube oder einem Holzschuppen haben heutige Gartenhäuser nichts mehr gemein.

Ein Gartenhaus wird im Sommer zum Wohn- und Esszimmer im Freien.

Planung und Bau

Damit sich das Gartenhaus harmonisch in Ihre grüne Oase einfügt, sollten Sie sich immer für ein Produkt entscheiden, das vom Stil zum Wohnhaus und zu den Materialien der Wege und Oberflächen passt. Weiterhin gilt es zu bedenken:

- Eine komplette Eigenkonstruktion lohnt sich nicht angesichts der Vielzahl an Fertigmodellen, die vormontiert im Gartenfachhandel erhältlich sind. Eine individuelle Anpassung kann auch durch etwas Farbe oder kleinere Veränderungen am Haus geschehen.
- Informieren Sie sich vor dem Kauf beim örtlichen Bauamt, ab welcher Größe ein Gartenhaus genehmigt werden muss. Die Vorgaben sind von Bundesland zu Bundesland unterschiedlich. Zudem ist nicht nur die Grundfläche entscheidend, sondern auch der umbaute Raum (also das Volumen) sowie die Ausstattung. Sobald das Haus mit einem Strom- und Wasseranschluss, einer Heizung und einer Toilette ausgestattet wird, ist in der Regel eine Baugenehmigung fällig.
- Die Größe des Hauses sollte sich nicht nur nach der gewünschten Nutzung richten, sondern auch zu den

Die Grenzen zwischen »innen« und »außen« verschwimmen immer mehr – auch dank innovativer Materialien wie wasserfester Kissenbezüge.

Dimensionen des Gartens passen. Ein 20 m² großes Gartenhaus passt einfach nicht zu einem 60 m² großen Reihenhausgarten, da das Verhältnis von offenen Gartenflächen zur Hausfläche nicht mehr harmonisch ist.

> Jedes Gartenhaus braucht ein stabiles, ebenes Fundament. Das kann ein sogenanntes Punktfundament aus Fertigbeton sein, auf das eine Rahmenkonstruktion aus Balken gelegt wird, die dann die Bodenplatte aus Holzdielen trägt. Diese Punktfundamente müssen je nach Größe des Hauses mindestens 60–80 cm tief in den Boden reichen, damit sie bei Frost nicht angehoben werden.

> Für größere Häuser ist eine betonierte Bodenplatte notwendig oder eine ebene Fläche aus Betonplatten bzw. Pflaster. Damit diese tragfähig ist und sich nicht verzieht oder Risse bekommt – dann steht auch das Haus schief – sollten Sie das Fundament von einem Fachmann anlegen lassen. Nichts ist ärgerlicher als klemmende Fenster oder Türen, die sich nicht richtig öffnen lassen, weil sie auf dem Boden schleifen.

> Wenn Sie sich für ein Gartenhaus zum Selbstaufbau entschieden haben, sollten Sie mit Hersteller bzw. Händler unbedingt die Lieferbedingungen klären. Idealerweise sollten die Bauteile direkt in den Garten geliefert werden – und nicht an die Bordsteinkante oder vor die Haustüre.

WOHNLICHKEIT SCHAFFEN

Sie können mit einfachen Mitteln den Garten in ein erweitertes Wohn- oder Esszimmer verwandeln. Alles, was Sie tun müssen, ist, ihn als Wohnraum zu betrachten und entsprechend einzurichten. Sie sitzen im Wohnzimmer auf bequemen Sesseln oder einer Couch? Warum nicht im Garten genauso komfortabel in Outdoor-Loungemöbeln entspannen? Im Esszimmer in der Wohnung haben Sie sicher keine billigen, stapelbaren Plastikstühle, sondern eine Sitzgarnitur, die zu Ihnen und zu Ihrem Stil passt. Genau dieselben Qualitätskriterien und Ansprüche sollten Sie auch im Garten walten lassen.

> Richten Sie sich wohnlich ein, mit schönen Kissen und Polstern, Decken und dem passenden Gartengeschirr und -besteck. Es muss nicht das zusammengewürfelte Reste-Service der letzten Umzüge sein, das Ihren Gartentisch ziert.

> Sorgen Sie für ausreichend Sitz- und Liegeflächen. Das können auch breite Mauern am und um den Sitzplatz sein.

> Integrieren Sie »Wohnelemente« im Garten. In einer überdachten Loggia oder einem geschützten Sitzplatz können auch ein Bücherregal, ein Schrank oder eine Kommode Platz finden. Deko-Accessoires wie Vasen, Kerzen und Windlichter sowie schöne Übertöpfe komplettieren das Ganze.

Eine Pergola vermittelt ein Gefühl der Geborgenheit, weil ein umschlossener Raum erzeugt wird.

GESCHÜTZT SITZEN

Pergolen, Lauben und Pavillons sind offene Raumelemente, unter denen man sich aufhalten, laufen oder sitzen kann. Bis hierher die nüchterne Definition. Dank der offenen Bauweise können Sie sich auch ohne spezielle handwerkliche Vorkenntnisse an den Selbstbau wagen – zumal es im Fachhandel eine Vielzahl an Bausätzen und vorgefertigten Elementen gibt, die ohne Schwierigkeiten zu errichten sind und leicht an die individuellen Verhältnisse vor Ort angepasst werden können.

Pergola

Pergolen dienten früher zur Schaffung langer Wandelgänge in großen Gärten und Parks. Sie bestehen aus einer Konstruktion aus senkrechten, tragenden Stützen, auf die mehr oder weniger horizontale Balken oder Streben aufgelegt werden.

> Eine Pergola kann frei im Garten stehen und einen Sitzplatz oder eine Rasenfläche überspannen.
> Sie kann auch als Laubengang zwei Gebäude oder Gartenbereiche miteinander verbinden.
> Fest an der Hauswand montiert, überspannt sie die Terrasse.
> In den Seitenwänden und am Dach können Sichtschutz- und Sonnenschutzelemente montiert werden.
> Durch die offene Konstruktion verbinden Sie Garten und Haus und schaffen einen sanften Übergang. Man »fällt« quasi nicht aus der Wohnung oder dem Haus in den Garten.
> Nicht vergessen nachzufragen: Wie beim Gartenhaus und anderen größeren Bauprojekten kann es sein, dass Sie für den Bau einer Pergola eine Baugenehmigung einholen müssen. Ausschlaggebend sind dabei meist die Höhe, der Abstand zum Nachbargrundstück, die überspannte Fläche sowie die Art des Bedachungsmaterials.

Bauweisen

Eine Pergola kann aus Holz, Metall und/oder Stein bzw. Beton gebaut werden. Holz steht auf der Favoritenliste ganz oben.

> Bei einer Holzkonstruktion werden die senkrechten Stützen über Pfostenschuhe in frostsicheren Punktfundamenten montiert. Die Pfosten müssen ausreichend stabil sein – die Dicke ist abhängig von der Größe der Pergola, der überspannten Fläche und davon, ob die Bedachung nur aus Balken bzw. Latten oder aus einem festen Material besteht.
> Das Ausgangsmaterial muss gut abgelagert und mit einem effektiven Witterungsschutz versehen sein. Ist das Holz noch feucht und nicht durchgetrocknet, verzieht es sich und kann die gesamte Konstruktion zum Einsturz bringen. Die Kräfte, die bei Hitze und Nässe im Holz entstehen, können sogar Schrauben aus ihrer Verankerung reißen.
> Zur Verbindung der senkrechten und waagerechten Holzbalken gibt es im Baumarkt eine Vielzahl an vorgefertigten Metallwinkeln, Verbindern und Schuhen bzw. Spangen, mit denen die Holzteile sicher und stabil miteinander verschraubt werden können.
> Zur Stabilisierung der senkrechten und waagerechten Stützbalken sind kleine oder große Diagonalverbindungen notwendig (→ Bild rechts oben), damit die Pergola nicht zur Seite kippt, sondern sicher verstrebt ist.
> Die senkrechten Stützen oder Pfosten können auch aus Mauerwerk erstellt werden, aus Ziegeln oder Natursteinen. Diese müssen ebenfalls auf ein mindestens 70 cm tiefes und je nach Größe der Pergola 50–80 cm breites, frostfestes Fundament gestellt werden, damit die Pergola sicher steht.

Auch aus rohen Stämmen lässt sich eine einfache Pergola oder Laube bauen.

Im urbanen Umfeld passt eine filigrane Pergola bzw. Terrassenüberspannung aus Metall besser.

> Sollen die Stützen aus Beton gefertigt sein – was bei feinem Sichtbeton sehr modern und stylish aussehen kann –, so ist eine Armierung aus Stahl im Inneren zwingend notwendig. Andernfalls ist die Standsicherheit nicht gewährleistet. Diese Arbeiten gehören besser in die Hand von Fachleuten.

> Die waagerechten Streben können dünner sein, denn sie müssen nicht so viel Gewicht tragen. Ihre Stärke richtet sich danach, ob die Pergola offen bleiben oder mit Stoffbahnen bzw. einem Sonnensegel geschlossen werden soll. Auch Kletterpflanzen sind bei der Planung zu berücksichtigen.

> Zur Befestigung der Pergola an der Hauswand gibt es ebenfalls spezielle Metallschuhe, die an der Wand befestigt und in die dann die Balken eingelegt und verschraubt werden. Die Verankerung an der Wand hängt vom Mauerwerk ab.

> Pergolen aus Metall sollten Sie besser von einem Schlosser oder Metallfacharbeiter montieren lassen.

Gartenlauben und Pavillons

Pavillons und Lauben sind mehr oder weniger geschlossene, frei stehende Konstruktionen. Im Prinzip nehmen sie eine Mittelstellung zwischen festem Gartenhaus und offener Pergola ein. Lauben und Pavillons können ein offenes oder ein geschlossenes Dach haben, Gleiches gilt für die Wände. Sie bieten, je nach Ausführung, Schutz vor Wind und Regen und laden zum Verweilen ein. Die Bezeichnungen »Laube« und »Pavillon« sind nicht exakt definiert. Meist versteht man unter einem Pavillon ein mehr oder weniger geschlossenes Bauwerk mit einem Grundriss in Form eines Quadrats oder eines gleichmäßigen Vielecks. Stil und Form orientieren sich oft an klassizistischen, historischen Vorbildern. Viele Pavillons sind mit Ornamenten geschmückt und können so auffällig wirken, dass eine Integration in den Garten nicht immer einfach ist.

> Als Baumaterial kommen Holz, Metall (Gusseisen, Stahl, Aluminium) und Stein infrage, oft auch ein Materialmix.

> Während eine Pergola auch am Haus oder an der Grundstücksgrenze aufgestellt werden kann, wirken Lauben und Pavillons erst richtig, wenn sie ausreichend Platz haben.

> Wie bei einer Pergola gilt auch hier: Das Bauwerk muss sicher auf der Bodenplatte verankert sein, damit es bei Wind und Wetter nicht beschädigt wird.

WOCHENEND-

DAS BRAUCHEN SIE (JE NACH PROJEKT):

- ↗ Stäbe
- ↗ Töpfe
- ↗ Pflanztaschen
- ↗ Paletten
- ↗ Teichfolie oder Noppenbahn
- ↗ Tacker
- ↗ Blumenerde
- ↗ Pflanzen wie Kräuter, Sukkulenten, Erdbeeren oder Balkonblumen

VERTICAL GARDENING

Vor allem in kleinen Innenhofgärten oder auf Balkon und Terrasse ist der Pflanzplatz am Boden begrenzt. Kein Problem: In diesem Fall weichen Sie einfach auf die Wände aus.

Professionelle Systeme mit einer automatischen Bewässerung wie das von Verti-Plant (⇢ Bild oben) ermöglichen sogar, Stauden und kleine Sträucher in der Vertikalen zu kultivieren.

1

Eine ausrangierte Europalette wird zum vertikalen Kräutergarten, indem Sie die Rückseite mit einer Folie abdichten und in den Zwischenraum Erde füllen. In den Spalten wachsen verschiedene Thymian-Sorten.

PROJEKT

2

Die einfachste Methode, in die Vertikale zu gärtnern, ist, Töpfe an einem Zaun oder einer Wand zu befestigen. Hier wurden einfache Blechdosen zu Kräutertöpfen upgecycelt.

3

Verwandeln Sie ausgediente Paletten in vertikale Pflanzbeete. Dazu wird die Palette hochkant gestellt und der Raum zwischen zwei Brettern mit Folie, einem Brett oder einem Stück Noppenbahn abgedichtet. So entsteht eine Art Pflanzkasten, der mit Kräutern oder Erdbeeren bepflanzt werden kann.

4

Für diesen Topfturm »fädeln« Sie leere Tontöpfe durch die Wasserabzugslöcher auf einen Stab. Die Töpfe werden dann übereinander verkantet, mit Blumenerde gefüllt und schließlich ganz normal bepflanzt. Obwohl beim Gießen überschüssiges Wasser von oben nach unten durch den Turm sickert, müssen Sie immer alle Töpfe einzeln wässern.

5

Besorgen Sie sich spezielle Pflanztaschen, die Sie am Balkongeländer oder am Zaun aufhängen und mit Kräutern, Salaten, Balkonblumen oder Sukkulenten bepflanzen können. Der Untergrund muss unempfindlich gegen Feuchtigkeit sein, da die Taschen nie ganz wasserdicht sind.

DRAUSSEN KOCHEN – GRILLS & OUTDOORKÜCHEN

Im Garten zu grillen ist eines der schönsten und beliebtesten Gemeinschaftserlebnisse mit Freunden, den Kindern und der Familie. Noch mehr Spaß macht es mit einer Outdoorküche, die fast genauso komfortabel und funktional ist wie eine Küche im Haus oder in der Wohnung.

Grillstation, Außenküche, Arbeitsfläche und Anrichte – wer wünscht sich das nicht? Eine Gartenküche besteht im Prinzip aus denselben Elementen wie ihr Pendant für drinnen. Aber auch ohne das komplette Zubehör können Sie im Garten Speisen zubereiten – mit einem Grill oder am offenen Feuer.

GRILL UND FEUERSTELLEN

Die Auswahl an Grills und Grillstationen ist riesig. Doch welcher Grill ist der richtige? Und wie groß soll er sein? Die Größe richtet sich nach der Anzahl an Personen oder Gästen, die Sie regelmäßig bekochen oder besser »begrillen« möchten. Die Grillfläche sollte so groß sein, dass alle Portionen auf einmal Platz haben. Sehr praktisch: Ein Bereich zum Warmhalten von gegrillten Speisen neben der Grillfläche.

Sitzplatz mit integrierter Outdoorküche – so macht Feiern im Garten Spaß.

Sie haben die Wahl zwischen unterschiedlichen Grillsystemen, die Entscheidung hängt ab vom vorhandenen Platz und Ihren persönlichen Geschmacksvorlieben. Und damit das Grillvergnügen ungetrübt bleibt, sollten Sie auch ein paar rechtliche Fragen beachten. Versuchen Sie, die Geruchs- und Rauchbelästigung für die Nachbarn so gering wie möglich zu halten. Am besten sagen Sie vorher Bescheid, damit es keinen Ärger gibt.

> Der beste Standort für einen Grill ist in einer etwas ruhigeren Gartenecke, nicht zu weit vom Sitzplatz, aber auch nicht zu nah am Haus oder bei den Nachbarn, damit der Rauch frei abziehen kann. Auf dem Weg dorthin sollte es keine größeren Stolperfallen geben. Ganz wichtig: Der Grill muss sicher und stabil stehen und darf nicht wackeln oder umkippen. Wenn der Grill seinen Platz auf einer Rasenfläche hat, sollte der Abstand zwischen Unterseite und Rasen mindestens 50–70 cm betragen, da sonst die Hitzeabstrahlung die Pflanzen darunter in Mitleidenschaft zieht.

> Auf dem Balkon oder der Terrasse in kleinen Reihenhausgärten ist ein Elektrogrill die Methode der Wahl, da hierbei die Rauchentwicklung deutlich geringer ist.

> Letzteres gilt auch für Gasgrills, da diese keine offenen Flammen haben. Die Temperatur lässt sich gut regulieren, und sie werden sehr schnell heiß – perfekt für spontane Grillsessions. Gasgrills sind jedoch meist recht groß und schwer und daher weniger für kleine Balkons geeignet.

> Kohlegrills sind am beliebtesten. Sie werden sehr heiß, was für ein gutes Grillergebnis wichtig ist, produzieren aber auch sehr viel Rauch. Wichtig: Ausreichender Sicherheitsabstand zu brennbaren Materialien – das kann auch eine mit Styropor isolierte Hausfassade sein! Achten Sie beim Kauf von Briketts, Kohle und Grillanzündern auf das richtige Prüfzeichen

(DIN EN 1860-2 bei Kohle etc., DIN EN 1860-3 beim Anzünder). Dann ist gewährleistet, dass das Material keine gesundheitsschädlichen Substanzen enthält.

> Zum Grillen gehört auch das richtige Zubehör: Grillzange, Kohleschaufel, Drahtbürste zum Reinigen des Rostes und des Grills und ein feuerfester Eimer für die Asche.

Offene Feuerstellen

Besonders rustikal sind offene Lagerfeuer oder Feuerstellen. Sie können entweder in großen Feuerschalen oder -körben aus Metall entfacht oder in flachen Feuerstellen auf dem Boden angezündet werden. Allerdings bestehen auch hierzu oftmals Auflagen. Erkundigen Sie sich auf jeden Fall in Ihrer Gemeinde, bevor Sie eine Lagerfeuerstelle (→ Bild unten) bauen.

Ein Grillplatz wie ein Lagerfeuer. An der Kette kann der Rost höher- oder tiefergestellt und so die Grilltemperatur dem Fleisch optimal angepasst werden.

Frei stehende Küchenzeilen können auch im Garten aufgestellt werden, wenn sie vor Regen geschützt sind.

OUTDOORKÜCHEN

Ganz wichtig, wenn Sie eine Outdoorküche planen: Sie muss vielseitig und praktisch sein, die Zubereitung des Essens soll schließlich einfach gehen und Spaß machen. Wenn die Küche an der Terrasse oder in einer Loggia gebaut werden soll, gibt es vielleicht Wasser- und Stromanschlüsse in unmittelbarer Nähe, die genutzt werden können. Aber auch ohne fließendes Wasser oder Strom können Sie im Freien kochen.

> Am einfachsten können Sie eine Outdoorküche aus fertigen, frei stehenden Küchenelementen bauen. Sie sehen von allen Seiten gut aus, sind funktional und durchdacht konzipiert.

> Denkbar sind auch frei stehende Kücheninseln aus mehreren Elementen, beispielsweise einem Grill, einem Element mit Arbeitsfläche und einem Spülelement.

> Zum Kochen eignet sich zudem ein Gasherd oder ein Gaskochfeld. Die Gasflasche wird im Unterschrank deponiert.

> Spülwasser kann einfach mit einem Schlauch in den Garten abgeleitet werden. Verwenden Sie grundsätzlich nur Spülmittel, die biologisch abbaubar sind.

> Ein Schrank oder ein Sideboard in der Nähe ist praktisch, um Teller, Gläser und Besteck, aber auch Servietten, Tischdecken und andere Utensilien aufzubewahren.

> Zum Schutz vor Regen gibt es spezielle Planen und Hauben, wie sie zum Abdecken von Gartenmöbeln verwendet werden. Achten Sie dennoch auf wetterfeste Ausgangsmaterialien.

WOCHENEND-

DAS BRAUCHEN SIE:

- 26 Ziegel aus Ton, Maße ca. 25 × 12 × 10 cm
- 1 altes Backblech, passend für 50 cm breite Backöfen
- 1 Grillrost mit Griffen, ca. 60 cm breit oder
- 1 Backofenrost, passend für 50 cm breite Backöfen
- Bei Bedarf: Mörtel, Eimer, Wasser, Kelle

GRILL AUS ZIEGELN

Dieser simple Grill kann auf jeder hitzeunempfindlichen, festen Unterlage im Garten aufgestellt werden. Die Ziegel werden lose aufeinandergestapelt, so können Sie den Grill sogar noch einmal umstellen. Alternativ lassen sich die Ziegel auch mit Mörtel fest vermauern.

Wegen der Hitzeabstrahlung nach unten darf der Grill nicht auf Rasen oder Holzdecks aufgestellt werden.

Schichten Sie die Ziegel lose übereinander. Als unterste Lage kommen an die Seiten je 2 Ziegel, die Rückseite bilden ebenfalls 2 Ziegel, die dazwischen eingepasst werden.Die nächsten Lagen werden dann so geschichtet, wie in Bild 1 zu sehen ist. Wichtig: Bei der zweiten Schicht bleiben im hinteren Bereich Lücken zur Luftzirkulation frei.

PROJEKT

2

Jetzt legen Sie das Blech ein, auf dem sich später die Grillkohle befindet. Da die Ziegel lose liegen, können sie leicht verrückt werden, wenn das Blech nicht ganz hineinpasst.

3

Die nächste Reihe Ziegel legen Sie leicht versetzt auf, nicht auf das Blech. So können Sie es später einfach herausziehen und die Asche entfernen.

4

Mit einer weiteren, der fünften Lage Ziegel ist der Grill fertig. Den Abschluss bildet der Grillrost: Legen Sie ihn einfach oben auf die Ziegel.

5

Zum Anzünden wird der Rost abgenommen, die Kohle samt Anzünder auf das Blech geschüttet – nun noch Feuer dazu, und die Grillsaison ist eröffnet.

GEMÜSE- UND OBSTGARTEN

GEMÜSEGARTEN ANLEGEN – DIE GRUNDLAGEN

Gemüse und Kräuter gehören in jeden Garten. Frisch geernteter Salat, Tomaten, die am Stock reifen, und Radieschen, die erst abends kurz vor der Vesper knackig frisch aus dem Boden gezogen werden – kein Zweifel, eigenes Gemüse schmeckt einfach besser.

Selbstversorgung ist »in«, und mit dem eigenen Gemüsegarten lässt sich das – wenn man es nicht ganz so genau nimmt – auch durchaus verwirklichen. Sie brauchen nicht viel Platz, um den Bedarf an Kräutern, Salaten und Gemüse zu decken. Vielmehr wird man vor allem im Sommer und Herbst geradezu von einer »Ernteschwemme« überrascht, wenn alle Gemüse in den Beeten gleichzeitig reif sind.

GEMÜSEGARTEN-BASICS

Damit Gemüse und Kräuter optimal wachsen und gedeihen, brauchen sie die richtigen Wachstumsbedingungen. Die Ansprüche an Licht, Boden, Wasser und Nährstoffe müssen also bestmöglich erfüllt sein, wenn sich die Pflanzen gut entwickeln sollen und Sie eine reiche Ernte einbringen möchten.

Standort

Alle Gemüse und Kräuter brauchen einen vollsonnigen Standort. Dazu muss das Beet pro Tag mehr als 6 Stunden volle Sonneneinstrahlung erhalten. Von einem halbschattigen Standort spricht man, wenn es 5–6 Stunden Sonne am Tag bekommt. Gemüse und Kräuter, die weniger Licht und Sonne genießen können, bringen lange, weiche Triebe hervor und sind anfälliger für Krankheiten und Schädlinge. Auch bilden Früchte und Blätter deutlich weniger Aromastoffe und Zucker, weshalb sie nicht so lecker schmecken wie bei Pflanzen, die an einem für sie optimalen Standort wachsen. Auch das Mikroklima beeinflusst den Standort. Liegt der Garten am Hang, bekommen die Beete je nach Ausrichtung mehr (bei Südhanglage) oder weniger Licht (bei Nordhang) ab.

> Die Gemüsebeete sollten also nicht von Gebäuden, Bäumen und Hecken oder Mauern beschattet werden.
> Volle Sonne brauchen die folgenden Gemüse: Wurzelgemüse wie Möhren, Pastinaken, Petersilienwurzeln, Porree (Lauch), Zwiebeln, Schalotten und Knoblauch, Kohlgemüse wie Kopfkohl, Wirsing, Grün- und Rosenkohl, Blumenkohl, Brokkoli, Sprossenbrokkoli und Kohlrabi sowie Hülsenfrüchte wie Erbsen und Bohnen. Auch alle Fruchtgemüse wie Tomaten, Paprika und Chili, Gurken, Auberginen, Kürbis und Zucchini, Stangen- und Knollensellerie und nicht zuletzt Fenchel brauchen so viel Sonne wie möglich.
> Im Halbschatten, beispielsweise an der Ost- oder Westseite des Hauses, gedeihen die folgenden Gemüsesorten: Blattgemüse wie Salat, Sauerampfer, Feldsalat, Rucola, Spinat , Asia-Salate, Mangold, aber auch Radieschen, Kohlrabi, Speiserübchen und Rote Bete.

Nutzgarten statt Rasen – warum nicht? In den Kastenbeeten gedeihen jede Menge Gemüse und Kräuter.

Der Boden

Ein gesunder, nährstoffreicher Boden ist die Grundlage für ein gutes Pflanzenwachstum. Je nach Zusammensetzung seiner Bestandteile wird ein Boden als sandig, lehmig oder tonig bezeichnet, mit allen erdenklichen Zwischenstufen. Auch der Humusgehalt spielt eine Rolle. Der ideale Gartenboden zum Anbau von Gemüse und Kräutern wie auch für Obst- und Beerensträucher ist locker, feinkrümelig und humusreich, gut durchlüftet und nicht verdichtet. Weiterhin wird ein Boden in Abhängigkeit von seiner Zusammensetzung als leicht bezeichnet, andere als mittelschwer oder schwer – je nachdem, ob er ohne Anstrengung oder nur mühsam zu bearbeiten ist.

> **Sandböden** lassen sich leicht bearbeiten und erwärmen sich im Frühjahr schnell. Sie fühlen sich rau und körnig an, und Regenwasser versickert im Nu – Sandböden müssen also häufiger bewässert und die Düngergaben genau auf das Pflanzenwachstum abgestimmt werden. Mit Kompost und Gesteinsmehl kann die Wasser- und Nährstoffhaltefähigkeit eines Sandbodens deutlich verbessert werden.

> **Tonböden** lassen sich wie Knetmasse zu Würsten und Kugeln formen. Kein Wunder, dass sie schwer zu bearbeiten sind. Tonböden können viel Wasser und Nährstoffe speichern, verdichten aber schnell. Außerdem wachsen die Jungpflanzen oft schlecht an, da die feinen Wurzeln nur schwer in die feste Erde eindringen können. Tonböden können mit Sand und Humus verbessert und aufgelockert werden.

> **Lehmböden** sind eine Mischung aus Sand- und Tonböden. Wenn man die Erde zwischen den Fingern zerreibt, fühlt sie sich samtig bis mehlig an, nicht weich und glitschig wie Ton, und auch nicht grobkörnig wie Sandboden. Lehmböden sind gut zum Anbau von Gemüse geeignet, müssen aber im Sommer nach Regengüssen gehackt werden, da sie sonst verschlämmen und verkrusten. Eine Mulchschicht aus Kompost kann helfen, dies etwas zu verhindern.

> **Humus** ist der Sammelbegriff für die organischen Bestandteile des Bodens. Humus speichert Wasser und Nährstoffe, die die Lebensgrundlage für die Bodenlebewesen und die Pflanzen sind. Er entsteht beim Abbau von pflanzlichen und tierischen Stoffen – wie beim Kompost. Krautige und weiche Teile werden schnell umgesetzt und abgebaut. Durch Kompost und Gabe von organischen Düngern ist daher regelmäßig für Nachschub zu sorgen. Aus den langsam verrottenden verholzten Pflanzenteilen entsteht dunkler Dauerhumus.

GEMÜSEBEETE ANLEGEN

Als Erstes stellt sich die Frage: Mit oder ohne Rahmen? Und wie groß soll das Beet bzw. die Beete überhaupt werden? Mit Leisten oder Planken eingefasste Gemüsebeete haben den Vorteil, dass die Erde beim Bearbeiten nicht auf die Wege fällt, umgekehrt können Gras und Unkraut nicht so einfach ins Beet hineinwachsen. Beete ohne Rahmen sind dagegen flexibler und lassen sich leichter umgestalten, teilen oder vergrößern.

Die Lage des Gemüsegartens sollte wie besprochen sonnig sein und das Beet am besten in Nord-Süd-Richtung ausgerichtet werden. Nur so bekommen alle Pflanzen gleich viel Sonne ab. Bei der Ausrichtung in Ost-West-Richtung erhalten die Pflanzen auf der Südseite mehr, die auf der Nordseite des Gemüsebeetes dagegen weniger oder sogar zu wenig Licht.

In den übersichtlichen Beeten gedeiht eine Vielzahl an verschiedenen Gemüsesorten und Gartenkräutern.

Die richtige Größe

Generell sollten Gemüsebeete nicht breiter als 1,20 m sein, damit man sie von jeder Seite bequem bearbeiten kann. Kleine Beete mit einer Breite von gut 1 m und einer Länge von 2–3 m haben einige Vorteile: Sie sind leichter zu pflegen, und man hat nicht ausreichend Platz, um »zu viel« anzubauen. So sehen 20 kleine Brokkoli-Jungpflanzen anfangs noch recht mickrig aus, aber sie werden größer und größer – und schließlich alle gleichzeitig erntereif! Oft hilft es, das Beet mit Schnüren oder dünnen Leisten in kleinere Einheiten einzuteilen. In diese Raster können nun jeweils andere Gemüsearten und -sorten gepflanzt bzw. gesät werden. Praktisch: Auf diese Weise entsteht zugleich eine vielfältige Mischkultur, die Krankheiten und Problemen vorbeugt. Und so wird das Beet angelegt:

> Der beste Zeitpunkt ist im Frühling, denn dann können Sie nach kurzer Zeit mit der Aussaat oder dem Pflanzen beginnen, und die Erde liegt nicht lange brach.
> Stecken Sie die Umrisse des Beetes mit einer Schnur ab, die zwischen Pflöcken gespannt wird.
> Die alte Grasnarbe oder Reste von Gründüngung und Unkraut entfernen Sie mit einer Hacke.
> Bei der Neuanlage sollte der Boden mit einer Grabegabel tiefgründig gelockert oder umgegraben werden.
> Grobe Erdbrocken zerkleinern Sie mit einer Hacke. Dabei Wurzeln und Unkraut sorgfältig entfernen.
> Je nach Bodenart können Sie Sand und Kompost (bei schweren, lehmigen oder tonigen Böden) oder Kompost und Gesteinsmehl (bei leichten, sandigen Böden) zur Verbesserung ausbringen und mit einer Harke einarbeiten.
> Zum Schluss ebnen Sie den Boden mit einem Rechen ein, bis eine feinkrümelige, glatte Fläche entsteht. Diese sollte etwa eine Woche »ruhen«, damit sich die Erde setzen kann. Erst dann wird gesät oder gepflanzt.
> Bei schweren Böden können Sie die Erde zur Beetmitte leicht anhäufeln, sodass ein flacher Hügel entsteht. Dann erwärmt sich der Boden bei Sonneneinstrahlung schneller.

Wasseranschluss

Ein Wasseranschluss oder Brunnen in der Nähe des Gemüsebeetes ist praktisch, weil Sie die Gießkannen einfacher füllen können und nicht durch den Garten schleppen müssen.
Wenn Sie mit dem Schlauch gießen, dann sollten Sie an den Ecken der Beete Schlauchführungen installieren, damit Sie denselben nicht versehentlich durch die Beete bzw. Ihre sorgsam herangezogenen Gemüsepflanzen schleifen.

UMGRABEN – JA ODER NEIN?

Ob im Spätherbst oder Winter umgegraben werden soll, daran scheiden sich die Geister. Leichte Sandböden müssen selten gelockert werden. Lehmböden brechen bei Frost auf und lassen sich im Frühjahr leichter bearbeiten. Langfristig ist eine oberflächliche Bodenbearbeitung, kombiniert mit Gründüngung, schonender und weniger anstrengend.

UNKRAUT

Auch wenn die Toleranz gegenüber sogenannten »Wildkräutern« immer größer wird – manches Gewächs macht dem Gemüse in den Beeten eben doch das Leben schwer. So bekommen Sie unerwünschte Beikräuter in den Griff:

> **Unkräuter mit Pfahlwurzeln** wie Löwenzahn, Disteln und Schachtelhalm, aber auch Wegerich und Lattich müssen Sie mitsamt der Wurzel ausstechen oder aus dem Boden ziehen, um ihnen dauerhaft zu Leibe zu rücken.
> **Samenunkräuter** wie Franzosenkraut, Vogelmiere, Portulak und Ehrenpreis bekommt man nur durch konsequentes Jäten in den Griff. Die Pflanzen müssen entfernt oder gehackt werden, bevor sie blühen und neue Samen bilden. Erledigen Sie dies nur bei trockenem Boden, damit die Pflanzen verwelken und nicht in der feuchten Erde weiterwachsen können.
> **Ausläufer bildende Unkräuter** wie Ackerwinde, Giersch und Quecke sind am schwierigsten zu bekämpfen, da sie komplett – bis auf das letzte Wurzelstückchen – aus der Erde müssen. Sie können auf dem Kompost entsorgt werden, sobald sie komplett ausgetrocknet oder, noch besser, in einem Eimer Wasser vergoren sind.

Auch auf präparierten Strohballen lassen sich viele Gemüse und Kräuter hervorragend heranziehen.

BESONDERE BEETE

Es muss nicht immer ein normales Grundbeet sein. Manchmal ist der Boden zu schwer oder verdichtet, sodass der traditionelle Anbau von Gemüse zu mühsam wäre. Es gibt aber einige mehr oder weniger einfache Tricks und Kulturverfahren, mit denen Sie trotzdem Gemüse und Kräuter ernten können.

Gärtnern auf Strohballen

Eine Methode, die ursprünglich von Mel Bartholomew, einem amerikanischen Gärtner, entwickelt wurde, ist der Gemüseanbau auf Strohballen. Dazu werden die Pflanzen in mit Dünger präparierte Strohballen gepflanzt oder gesät. Das Stroh dient quasi nur als Pflanzsubstrat und bietet den Wurzeln Halt. Die Strohballen verrotten bei dieser Anbaumethode innerhalb von einem Jahr und können dann kompostiert oder als Mulch verwendet werden. Wegen der kurzen »Lebensdauer« werden nur einjährige Gemüse und Kräuter auf Strohballen angebaut. Letztere sollten vorzugsweise aus ökologischem Landbau stammen, da sie keinerlei Herbizidrückstände enthalten dürfen. Entsprechende Angebote finden sich im Internet auf verschiedenen Kleinanzeigenportalen (⟶ Adressen, Seite 184).

Da das Stroh selbst praktisch keine Nährstoffe enthält, müssen die Ballen vor der Bepflanzung 2–3 Wochen aufgedüngt werden. Erst dann ist der Nährstoffbedarf der Mikroorganismen im Stroh gedeckt und das Material so weit angerottet, dass es Wasser speichert und überschüssige Nährstoffe für die Pflanzen bereithält. Gehen Sie darum wie folgt vor:

> Stellen Sie die Strohballen mit der stoppeligen Seite nach unten auf, die Halme sollten mehr oder weniger senkrecht stehen. So kann das Wasser gut nach unten ablaufen. Anschließend werden die Ballen gut gewässert.
> Am nächsten Tag beginnen Sie mit der Düngung. Dabei spielt es keine Rolle, ob es sich um einen organischen oder mineralischen Dünger handelt. Allerdings sollte dieser ein Stickstoff-Phosphor-Kalium-Verhältnis von etwa 15-7-15 haben (steht auf der Packung). Streuen Sie davon auf jeden Ballen eine Menge von ca. 2 Esslöffeln, dann mit Wasser angießen.
> Am dritten Tag wird nur bewässert, dann wieder gedüngt, am Folgetag bewässert usw.
> Nach einer Woche ist der Rotteprozess im Inneren der Ballen in vollem Gange, was Sie daran erkennen können, dass sich die Ballen erwärmen und dass sie einen säuerlichen Geruch entwickeln. Keine Sorge, dieser verfliegt schnell wieder.
> Nach einer weiteren Woche düngen Sie die Ballen abschließend noch einmal, bevor Sie auf deren Oberfläche eine 5 cm dünne Schicht Pflanzerde ausbringen, in die Sie nun die Gemüse-Jungpflanzen säen bzw. setzen.
> Bei kühlem Wetter kann es sein, dass der Rotteprozess etwas länger dauert. In diesem Fall sind die Ballen erst nach etwa 3 Wochen bepflanzbar.
> Da die Strohballen kaum Wasser speichern, besteht keine Gefahr, dass die Wurzeln zu nass werden und faulen. Allerdings müssen Sie im Sommer jeden Tag gießen. Alternativ können Sie auch eine automatische Bewässerung in Form von Tropf- oder Perlschläuchen installieren.
> Die Steuerung kann über einen Bewässerungscomputer erfolgen, der an den Wasserhahn angeschlossen und über eine Zeitschaltuhr an- und abgeschaltet wird.

Hügelbeete

Für ein Hügelbeet heben Sie einen flachen Graben von ca. 0,8–1 m Breite und 10–20 cm Tiefe aus, den Sie wie ein Hochbeet erst mit einer Schicht (20 cm) aus grobem Häckselgut, Ästen und Zweigen und dann mit Rohkompost und Kompost (ca. 20–30 cm) auffüllen. Als Deckschicht kommt ein Gemisch aus Erde und Kompost auf die Seiten und die Oberfläche.

> Durch die Wärme, die im Inneren beim Verrotten entsteht, wachsen die Pflanzen auf einem Hügelbeet besser.
> Zudem erwärmen sich die schrägen Seiten bei Sonneneinstrahlung schneller.
> Der Kompost dient als Nährstoffvorrat und speichert Wasser. Daher sind Hügelbeete extrem gut für Starkzehrer wie Zucchini geeignet, also für Pflanzen, die viel Dünger brauchen.
> Durch die größere Anbaufläche können Sie mehr Gemüse als im normalen Beet anpflanzen.

Einfassungen verhindern, dass die Erde aus den Beeten auf den Rasen oder angrenzende Wege gelangt.

Hügelbeete sind perfekt für Gemüse wie Zucchini und Kürbis, die besonders viele Nährstoffe brauchen.

Kastenbeete und Einfassungen

Wer die Wahl hat, hat die Qual. Beeteinfassungen können aus vielen Materialien gebaut werden: aus Holzbrettern, Rundhölzern oder Stangen, aber auch aus Weidengeflecht, Steinplatten, hochkant gestellten Ziegeln oder Metallstreifen.

> In das Beet können Sie Pflanzerde, Kompost oder ein spezielles Substrat einbringen, sodass die Umrandung aus dem Beet ein kleines Hochbeet oder Kastenbeet macht.
> Da die Holzbretter und Einfassungen in jeder beliebigen Farbe mit umweltfreundlichen Holzlasuren oder Holzfarbe angestrichen werden können, schaffen sie eine farbliche Verbindung zu anderen Gestaltungselementen im Garten.
> Kastenbeete und Einfassungen können Sie mit wenig Aufwand selber bauen. Am einfachsten lassen sich Holzbretter und -leisten verarbeiten, aber auch Ziegelsteine, Steinplatten und selbst Metallstreifen lassen sich ohne große Mühe in ein Kies- oder Splittbett verlegen.
> Für Metallkanten gibt es auch Rund- und Eckverbindungen.
> Große Steinplatten, Pflastersteine und Ziegel bleiben gerade, wenn sie in ein kleines Fundament aus Mörtel oder Zement verlegt werden. Bevor Sie das Beet mit Erde füllen, muss das Fundament mindestens zwei Tage aushärten.

GEMÜSE AUSSÄEN

Die meisten Gemüse und Kräuter können natürlich direkt ins Beet gesät werden und wachsen dort gut an und weiter. Es gibt aber viele, bei denen Sie den Anbauzeitraum im Beet verkürzen oder einen Wachstumsvorsprung herausholen können, wenn Sie diese vor dem Auspflanzen auf der Fensterbank, im Wintergarten oder einem kleinen Gewächshaus vorziehen. Darüber hinaus gibt es aber noch weitere Gründe:

> **Wärmeliebende Fruchtgemüse** wie Tomaten, Paprika, Auberginen, Kürbis und Zucchini brauchen zur Bildung der Früchte mehr Zeit, als die Anbausaison im Sommer andauert. Sie können bei uns nur erfolgreich kultiviert werden, wenn sie schon als Jungpflanzen ins Freie kommen.

> **Zarte Keimlinge** von Bohnen und Erbsen zählen zu den Lieblingsspeisen von Schädlingen wie Bohnenkäferlarven und Schnecken. Im Boden haben die Keimblätter darum kaum eine Chance, überhaupt die Erdoberfläche zu erreichen. Das gilt auch für Salate und viele Blattgemüse.

> **Gemüse mit sehr feinen Samen** wie Sellerie, die Licht zum Keimen brauchen, fallen im Beet tief zwischen die Erdbrocken und vertrocknen, bevor sie keimen können.

> **Früher ernten**: Im Frühjahr ist der Boden für viele Gemüse zum Keimen noch zu kalt, nicht aber zum Wachsen. Dank Vorkultur können Sie bis zu sechs Wochen früher ernten.

> **Mehr ernten**: Mit vorgezogenen Setzlingen können Sie insgesamt mehr Gemüse anbauen, da die Zeit im Beet vom Auspflanzen bis zur Ernte kürzer ist.

Bitte beachten: Nicht vorgezogen, sondern immer direkt ins Beet gesät werden Wurzelgemüse wie Rote Bete, Möhren, Petersilienwurzeln und Radieschen.

Vorkultur – so klappt es

Wenn Sie noch nie selbst ausgesät haben, dann sind »unkomplizierte« Arten wie Basilikum, Tomaten, Kürbis, Bohnen, Salate und Gurken perfekt, um erste Erfahrungen zu sammeln. Gemüse wie Lauch, Petersilie und Sellerie, die etwas mehr Zeit zum Keimen benötigen und bei denen nicht immer alle Samen gleichzeitig keimen, sind etwas kniffliger.

> Auf den Samentüten finden Sie immer alle Angaben, die Sie zur Aussaat der jeweiligen Art wissen müssen: den günstigsten Zeitpunkt bzw. Zeitraum, die Saattiefe, ob Vorkultur und/oder Direktsaat, bei welcher Temperatur die Samen am besten keimen und ob oder wann pikiert (⇢ Info unten) werden muss. Auch die Haltbarkeit der Samen ist angegeben. Manche halten mehrere Jahre, so zum Beispiel die von Tomaten, welche auch noch nach sechs Jahren keimen, andere wie Schnittlauch verlieren schon nach einem Jahr ihre Keimfähigkeit. Die Samen werden in Vorkultur dichter gesät als im Freiland bei Direktsaat. Sobald sich die ersten Blätter zeigen, pikieren Sie die Jungpflanzen in kleine Töpfe, in denen sie mehr Platz zum Weiterwachsen haben.

> **Feine Samen** säen Sie am besten in flachen Schalen aus. Verwenden Sie dazu spezielle Aussaat- oder Vermehrungserde. Normale Blumenerde ist zu nährstoffreich und kann bei den zarten Keimlingen zu Wurzelschäden führen.

> Damit die Erde nicht zu locker ist, drücken Sie diese mit der Hand oder einem flachen Brett leicht an.

> Streuen Sie die Samen auf die Erde, und decken Sie sie anschließend mit einer dünnen Schicht Erde ab. Samen von Lichtkeimern wie Basilikum bleiben unbedeckt.

> Zum Schluss gießen Sie die Schalen an. Das geht am besten mit einer kleinen Ballbrause oder Sprühflasche.

> Stellen Sie die Schalen an einen warmen, hellen Platz, und halten Sie diese immer feucht. Damit die Erde nicht austrocknet, können Sie Ihre Vorkultur in den ersten Tagen, bis sich die Keimlinge zeigen, auch mit einer Glasplatte oder mit durchsichtiger Frischhaltefolie abdecken.

RICHTIG PIKIEREN

Sobald sich bei den Keimlingen die ersten »richtigen« Blätter zeigen, können sie in größere Töpfe umgepflanzt werden. Dazu das Substrat an den Wurzeln mit einem Pikierstab oder Hölzchen lockern. Dann bohren Sie ein Loch in die Erde im neuen Topf. Heben die Pflanze vorsichtig am Blatt hoch. Fassen Sie diese nie am Stängel an, denn der ist sehr druckempfindlich. Die Wurzeln leicht andrücken und angießen.

Tomaten müssen vorgezogen werden, da sie bei einer Direktsaat nicht genug Zeit zum Ausreifen haben.

In einem kleinen Anzuchtgewächshaus auf der Terrasse gedeihen lichthungrige Tomatensetzlinge perfekt.

> **Größere Samen,** wie die von Zucchini, Gurken, Kürbis und Erbsen, säen Sie einzeln oder zu zweit (ein Same als Reserve, falls der andere nicht keimt) direkt in kleine Töpfe. Die Jungpflanzen müssen dann nicht pikiert, sondern können direkt ins Beet ausgepflanzt werden.

Abhärten

Bevor die vorgezogenen Jungpflanzen ins Beet gepflanzt werden können, müssen sie sich ein paar Tage lang einer »Abhärtungskur« unterziehen. Damit sie sich an die Bedingungen im Freien mit Wind und Regen, direkter Sonneneinstrahlung und kühlen Nächten gewöhnen, stellen Sie die Schalen und Töpfe erst tagsüber ein paar Stunden ins Freie, anfangs im Halbschatten, später auch in die direkte Sonne. In kalten Nächten holen Sie die Jungpflanzen zurück ins Haus, andernfalls bleiben sie mit einer Vliesabdeckung draußen. Nach 3–4 Tagen können sie dann ins Beet ausgepflanzt werden.

Aussaat im Beet

Die Aussaat direkt im Beet ist die einfachste Methode, um Gemüsesorten wie Schnittsalat, Radieschen, Möhren und Erbsen schon nach wenigen Wochen ernten zu können. Saattiefe und Reihenabstand sowie der Abstand der Samen in der Reihe sind wiederum auf der Samentüte angegeben. Säen Sie Möhren, Petersilie, Radieschen und Rote Bete so dünn wie möglich, dann müssen überzählige Keimlinge später nicht extra ausgedünnt, also ausgezupft werden. So wird gesät:

> **Einzelsaat –** Große Samen wie die von Stangenbohnen stecken Sie jeweils einzeln in die Erde.

> **Horstsaat –** Mittelgroße Samen wie die von Erbsen und Buschbohnen legen Sie in kleinen Gruppen zu 3–5 Samen entlang einer Reihe. Zwischen den Samen bleibt ein kleiner Abstand, wie auf der Samentüte angegeben.

> **Reihensaat –** Kleine und feinere Samen legen oder streuen Sie in einer Reihe in eine vorgezogene Rille. Der Abstand der Samen innerhalb der Reihe ist von Art zu Art verschieden und steht auf der Samenverpackung.

> **Breitwürfige Aussaat –** Schnitt- und Feldsalat, Rucola, einjährige Kräuter wie Kerbel und Dill können Sie gleichmäßig auf einer aufgelockerten, unkrautfreien Fläche ausstreuen.

Nach der Aussaat werden die Samen bzw. Saatrillen angegossen und feucht gehalten. Gießen Sie vorsichtig an, damit das Wasser die Erde und die Samen nicht wegschwemmt.

FRÜHBEET-KASTEN BAUEN

Für alle, die es im Frühjahr kaum erwarten können, mit der Aussaat zu beginnen: Aus faltbaren Aufsetzrahmen für Europaletten können Sie ohne großen Aufwand einen einfachen Frühbeetkasten bauen. Die Aufsätze bestehen aus 4 Brettern, die mit Metallscharnieren an den Kanten verbunden sind. Diese haben am unteren Ende kleine »Schuhe«, mit denen sie übereinandergesetzt werden können.

Die Rahmen gibt es in den Maßen 120 × 80 × 20 und 120 × 80 × 40 cm, etwas größer in 120 × 100 × 20 cm und etwas kleiner mit den Maßen 80 × 60 × 20 cm. Mögliche Bezugsquellen finden Sie im Anhang vermerkt (→ Seite 184–185).

Den Frühbeetkasten können Sie einfach im Gemüsegarten über empfindlichen Jungpflanzen und frisch gesäten Keimlingen aufstellen und – sobald die Pflänzchen größer sind – wieder abnehmen.

Für ein »solides« Frühbeet stellen Sie ihn auf ein Fundament aus Ziegelsteinen. Dadurch ist das Holz etwas besser vor Feuchtigkeit geschützt.

DAS BRAUCHEN SIE:

- 2 oder 3 Transportkistenaufsätze für Europaletten, 120 × 80 × 20 cm; für eine Beethöhe von 20 cm 1 Rahmen, bei 40 cm Beethöhe 2 Rahmen
- 2 Leisten (200 × 4 × 2 cm)
- 4 Metallwinkel
- 30 Spax-Schrauben (30 mm lang)
- 2 Scharniere
- Gartengitterfolie (130 × 90 cm)
- Tacker und Klammern
- Säge
- Metermaß
- Stift
- Teppichmesser
- Schraubendreher

Als Erstes werden die Leisten auf die entsprechende Länge und Breite zugesägt. Bei einer Breite von 4 cm sind die Latten für die Längsseite 120, die für die Querseiten 72 cm lang. Legen Sie die Latten einfach auf den aufgeklappten Kasten, dann können Sie die Maße genau abmessen.

Anschließend verbinden Sie die Leisten innen mit Metallwinkeln. Dabei die Schrauben nicht sofort fest anziehen, sondern erst dann, wenn alle Latten zu dem Rahmen zusammengefügt sind.

Nun legen Sie die Gitterfolie über die Latten und befestigen sie ringsum mit dem Tacker. Den Überstand können Sie vorsichtig mit dem Cutter abschneiden.

Zum Schluss werden noch die Scharniere mit 20–30 cm Abstand vom Rand an die Oberkante des Rahmens und den Rahmen geschraubt. Schieben Sie die Scharniere unter die Folie, dann sind auch sie vor Nässe geschützt. Die Schrauben können Sie einfach durch die Folie hindurch einsetzen.

Holz lässt sich leicht bearbeiten und ist das perfekte Material für Hochbeet-Selberbauer.

HOCHBEETE

Der Anbau von Gemüse und Kräutern im Hochbeet hat viele Vorteile. Da ist zum einen die komfortable Arbeitshöhe, und dann wachsen die Pflanzen in dem speziellen Hochbeet- bzw. Erd-Kompost-Gemisch auch noch besser als im Grundbeet.

Vorteile

Gärtnern im Hochbeet schont den Rücken. Alle Tätigkeiten, ob Säen, Pflanzen, Gießen oder Ernten, lassen sich bequem im Stehen erledigen. Dazu kommt, dass Sie die Pflanzen viel besser im Blick haben und sofort erkennen, ob gegossen werden muss, sich Unkraut breitmacht oder ob Gemüse und Erdbeeren schon reif sind und geerntet werden können.

> Durch das nährstoffreiche Erd-Kompost-Gemisch, mit dem das Hochbeet gefüllt wird, wachsen die Pflanzen schneller, können früher beerntet werden und haben höhere Erträge. Bei schnell wachsenden Kulturen wie Erbsen, Radieschen und Möhren bedeutet dies, dass Sie sogar einen oder zwei Sätze pro Gartensaison mehr anbauen können.

> Da die Sonne im Frühjahr nicht nur auf die Erdoberfläche, sondern auch auf die Hochbeetseiten scheint, erwärmt sich die Füllung schneller. Zudem entsteht bei der Verrottung des Kompostes im Inneren Wärme. Zwar ist der Effekt gering, doch reichen schon 1 oder 2 Grad, um Samen zur Keimung oder Jungpflanzen zum schnelleren Anwachsen anzuregen.

> Probleme können auch im Hochbeet auftreten, die meisten unerwünschten Gartenbesucher finden jedoch nicht so leicht den Weg ins höhergelegte Gemüsebeet. Kohl- und Möhrenfliege beispielsweise scheitern meist an der Hochbeetwand, da sie selten höher als 50 cm fliegen. Tomaten im Substrat sind besser vor den im Boden schlummernden Pilzsporen geschützt, und Schnecken lassen sich mit einem Schneckenzaun oder Schneckenkorn in Schach halten.

Standort

Da Gemüse und Kräuter am besten in der Sonne wachsen, sollte auch das Hochbeet einen möglichst vollsonnigen Platz im Gemüsegarten bekommen.

Baumaterial

Hochbeete können aus fast jedem Material gebaut werden. Holz kommt am häufigsten zum Einsatz, aber auch Stein, Metall und Kunststoff lassen sich prima verwenden. Wichtig ist, dass sich das Hochbeet wie alle anderen größeren Gartenelemente harmonisch in das Gesamtbild einfügt.

> **Hochbeete aus Holz** sind einfach zu bauen, da sich das Material in beinahe jeder Form verarbeiten lässt. Damit das Holz nicht durch Pilze und Bakterien angegriffen wird, die sich bei Feuchtigkeit und Nässe schnell ansiedeln, sollten Sie die Außenseite mit einer umweltverträglichen Lasur oder Holzfarbe streichen. Innen verhindert eine Teichfolie oder Noppenbahn den direkten Kontakt zwischen Erde und Holz. Steht das Hochbeet dann noch statt in der Erde auf einem Fundament aus Steinen oder Ziegeln, hält es viele Jahre.

> **Weichhölzer** wie Fichte, Tanne und Kiefer sind nicht teuer, brauchen aber einen Schutzanstrich.

> **Hartholz** wie Eiche, Robinie, Ulme und Lärche sind robuster, aber auch deutlich teurer.

Mit einem Frühbeetaufsatz wird das Hochbeet zum Mini-Gewächshaus.

Elemente aus Weidengeflecht lassen sich mit Draht oder Kabelbindern zu kleinen Hochbeeten zusammensetzen.

> **Naturstein, Ziegel (Klinker) und Beton** bieten sich ebenfalls zum Bau von Hochbeeten an. Solche Konstruktionen brauchen aber immer ein frostsicheres Fundament, Betonwände zusätzlich eine Armierung aus Stahl, wie auch Naturstein- und Ziegelmauern stabil genug sein müssen, um dem Druck der Füllung standhalten zu können.

> **Metall** wie Rohstahl wirkt stylish und modern, kann aber nur von einem Schlosser verarbeitet werden.

> **Kunststoff** sieht selten gut aus. Hochbeete aus recyceltem Kunststoff sind aber relativ günstig und fügen sich noch am besten in den Garten ein, wenn sie dunkelgrau sind.

Füllung

Zum Anbau von Gemüse und Kräutern hat sich die klassische Drei-Schichten-Füllung am besten bewährt. Es ist egal, ob das Hochbeet aus Holz, Stein oder Metall gebaut ist, die Schichtung ist in jedem Fall die gleiche.

> **Die untere Schicht –** die Dränage – besteht aus einer Lage Holzhäcksel, Heckenschnitt, Ästen und Zweigen und ist etwa 30–50 cm dick. Auch grobes Pflanzenmaterial wie Erntereste und Staudenstängel eignen sich hierfür. Wer mag, legt noch die Rasensoden, die meist beim Ausstechen der Grundfläche anfallen, mit den Wurzeln nach oben auf die Dränage.

> **Die Mittelschicht –** das Nährstofflager – wird von einer 20–30 cm dicken Schicht Rohkompost (mehr oder weniger stark verrottete Pflanzenteile) gebildet.

> **Die Oberschicht –** die Pflanzetage –besteht aus einer Deckschicht handelsüblicher torffreier Hochbeeterde oder einer Mischung aus feiner Gartenerde und nährstoffreichem Kompost (im Verhältnis 1:1) und ist ca. 15–20 cm dick.

Der Bedarf an Füllmaterial und Kompost wird oft unterschätzt, denn selbst ein kleines Hochbeet hat ein verhältnismäßig großes Fassungsvolumen. Um ein Hochbeet mit einer Grundfläche von 2 × 1 m und 90 cm Höhe zu füllen, brauchen Sie gut 1 Kubikmeter Heckenschnitt, Holzhackschnitzel und anderes grobes Material, dazu ½ Kubikmeter Rohkompost und noch einmal dieselbe Menge für die Deckschicht. Das ergibt zusammen also gut 2 Kubikmeter, was ca. 28 Säcken Pflanzerde zu je 70 Liter entspricht – eine Menge, die nicht mal eben in einen normalen Kofferraum passt, auch nicht bei einem Kombi.

> Bauen Sie das Hochbeet optimalerweise im Spätsommer, dann können Sie es im Herbst wie einen Kompost mit den anfallenden Pflanzenresten befüllen.

WOCHENEND-

DAS BRAUCHEN SIE:

- 4 Kanthölzer als Eckpfosten, ca. 90 cm lang
- 4 Kanthölzer als Bodenrahmen
- Schalbretter oder Planken; Anzahl und Länge abhängig von der Größe
- 4 Steine, ca. 20 × 20 × 10 cm
- Säge, Schrauben, Schraubendreher, Akkuschrauber
- Tacker, Klammern
- Maschendraht
- Folie
- gehobelte Bretter

HOCHBEET BAUEN

Fertigbausätze für Hochbeete gibt es in allen Größen, Formen, Farben – aber es geht auch ganz in Marke Eigenbau. Mit Kanthölzern und Bauplanken können Sie das Hochbeet genau nach Ihren Vorstellungen gestalten. Die Länge und Anzahl der Planken für die Seitenteile hängen von der gewünschten Größe ab. Eine kleine Skizze vor dem Bau ist daher zur Bestimmung der individuellen Materialmengen wichtig.

1

Entfernen Sie zunächst die Grasnarbe auf der Fläche, auf der das Hochbeet gebaut werden soll. Anschließend legen Sie die vier Fundamentsteine ein, auf denen später die Eckpfosten des Hochbeets zu stehen kommen. Die Abstände können Sie mit dem Metermaß abmessen.

PROJEKT

Mit der Stichsäge werden die Kanthölzer und die Latten bzw. Planken für die Seitenwände zugeschnitten. Dazu legen Sie diese am einfachsten auf zwei Böcke oder einen alten Biertisch.

2

3

Bauen Sie nun aus den Kanthölzern den Bodenrahmen, und tackern Sie darauf eine Lage Maschendraht. So wird verhindert, dass sich Tiere in Ihrem Hochbeet einnisten. Die Kanthölzer können Sie über Metallwinkel oder über lange Holzschrauben rechtwinklig miteinander verbinden. Dann in gleicher Weise die Eckstützen in den 4 Ecken des Bodenrahmens festschrauben und das Ganze auf die in Step 1 vorbereiteten Fundamentsteine stellen.

4

Als Nächstes stecken Sie die Bretter für die Seitenwände – hier sind es Nut- und Federbretter – ineinander und schrauben sie an die senkrechten Kanthölzer, die die Eckstützen bilden. Die Bretter überlappen sich leicht, und das Regenwasser kann außen an der Hochbeetwand ablaufen.
Schlagen Sie nun noch die Innenwand mit einer Folie oder Noppenbahn aus, damit das Holz nicht in direktem Kontakt zur Erde steht.

5

Zum Schluss schrauben Sie waagerechte, gehobelte Bretter als Handlauf bzw. Ablage rings um das Hochbeet. Jetzt fehlt eigentlich nur noch die Füllung …

KOMPOST

Kompost besteht aus verrotteten organischen Abfällen, wie sie in Haus und Garten beinahe täglich anfallen. Welkes Laub, Hecken- und Rasenschnitt, alte Zweige und Küchenabfälle wie Obst- oder Gemüsereste verwandeln sich in kurzer Zeit in nährstoffreiche Humuserde, das sogenannte »schwarze Gold« des Gärtners. Werfen Sie also Ihre Grünabfälle nicht einfach in den Hausmüll, sondern stellen Sie daraus Ihren eigenen Kompost her. Diesen können Sie dann als organischen Dünger und mit Humus zur Bodenverbesserung verwenden.

> Kompost ist ein organischer Dünger und als solcher zwar natürlich, sollte aber dennoch nicht überdosiert werden. Als Basisdüngung reichen 1–2 Liter pro Quadratmeter!

> Aufwendige und daher kostspielige Kompostbehälter sind nicht notwendig, ein einfacher Komposthaufen oder ein Holzlattenkomposter reichen vollkommen aus.

> Kompoststarter oder -beschleuniger sind zwar nicht wirkungslos, eine Handvoll gute Gartenerde oder reifer Kompost erfüllt jedoch denselben Zweck.

> In vielen Gemeinden können Sie Kompost aus der Grüngutentsorgung kostenlos beziehen. Wo und wie, erfahren Sie bei Ihrer Stadtverwaltung. Das ist billiger und umweltschonender als der Plastiksack aus dem Baumarkt und perfekt, wenn Sie bei der Anlage eines neuen Gartens größere Kompostmengen benötigen. Zum Transport können Sie sich im Baumarkt oder Gartencenter einen Anhänger leihen. Achten Sie jedoch darauf, dass der Kompost ausschließlich aus Grüngut besteht (Gartenabfälle, Rasenschnitt, Laub, Baum-, Strauch- und Heckenschnitt). Biokompost wird aus Küchenabfällen, die in der Biotonne gesammelt werden, hergestellt und ist meist viel zu salz- und nährstoffhaltig.

> Bei richtiger Kompostierung werden Unkrautsamen und Krankheitserreger fast immer sicher abgetötet. Das bedeutet, dass Sie auch Ernterückstände oder Fallobst kompostieren können und nicht mit dem Hausmüll entsorgen müssen. Lediglich bei Pilz- und Bakterienkrankheiten, deren Erreger lange im Boden überdauern, sollten Sie befallene Pflanzen und Pflanzenteile mit dem Restmüll beseitigen. Das sind u. a. mit Kohlhernie befallene Kohlpflanzen wie auch von Kraut- und Braunfäule befallene Tomaten und Kartoffeln.

> Ausläufer bildende Wurzelunkräuter müssen vor der Kompostierung komplett austrocknen oder sollten, was noch besser ist, in einem Eimer Wasser vergoren werden (⟶ Seite 87).

> Grüngut enthält wenig Stickstoff. Das gilt vor allem für trockene Pflanzenabfälle im Herbst wie zum Beispiel Laub. Um den Rotteprozess zu beschleunigen, können Sie beim Aufsetzen des Kompostes eine Handvoll Hornspäne dazugeben.

Kompostbehälter

Regenwürmer, Asseln und ein Heer von für das Auge unsichtbaren Mikroorganismen verwandeln die organischen Ernte- und Küchenabfälle in wertvollen Humus, Mulch und Bodenverbesserer. Als Kompostbehälter eignen sich einfache Lattenkomposter, am besten aus beständigem Lärchen- oder Douglasienholz. Der Abstand zwischen den Latten sollte ca. 2–3 cm betragen. So fällt das Material nicht aus dem Kompost heraus und bekommt trotzdem genug Sauerstoff aus der Luft.

In einfachen Lattenkompostern können Gartenabfälle und Ernterestе verrotten.

Auch Maschendrahtelemente eignen sich als Komposter, wenn der Inhalt, wie hier, leicht und locker ist.

- Der Komposter darf unten nicht geschlossen sein, sonst können die Bodenlebewesen nicht hineingelangen.
- Einfache Drahtbehälter eignen sich gut zum Kompostieren von leichtem und lockerem Grüngut wie Laub und Blättern.
- Geschlossene Komposter sind nur notwendig, wenn Sie auch gekochte Essensreste verwerten möchten, kein Ungeziefer anlocken wollen oder einen kleinen Garten haben.

Die richtige Materialmischung

Alle organischen Materialien, die im Garten anfallen (Laub, Rasenschnitt, Äste, Zweige, Heckenschnitt, Erntereste, Staudenstängel und auch Fallobst) können kompostiert werden. Dabei kommt es auf die richtige Mischung an. Die Kompostlebewesen bevorzugen einen feuchten Lebensraum.

- Lassen Sie »nasse, grüne« Pflanzenteile wie beispielsweise Rasenschnitt vor dem Kompostieren etwas antrocknen. Ist das Material zu feucht, kann es faulen oder gären, was nicht sonderlich angenehm riecht.
- Grobe Äste, Zweige und trockenes Herbstlaub, also »trockenes, braunes« Material, können Sie vor dem Einfüllen mit einem Häcksler oder dem Rasenmäher zerkleinern.
- Vermischen Sie grünes und braunes Material, bevor Sie es schließlich auf den Kompost geben.
- Kontrollieren Sie den Rottevorgang gelegentlich. Wenn sich beim Kompostieren von Laub und Gras der Kompost erhitzt, ist das normal. Durch die Aktivität von Bakterien und Pilzen entsteht Wärme, die das Material auf bis zu 70 °C aufheizt. Besonders Rasenschnitt erhitzt sich schnell und verklebt dann. Lockern Sie den Kompost daher gelegentlich auf, damit genug Luft (und damit Sauerstoff) an das Material gelangt.
- Wenn sich am Rand des Komposts weiße Pilzrasen zeigen, ist der Inhalt zu trocken. Dann hilft nur Wässern.
- Ist der Kompost zu nass, sollten Sie ihn umsetzen und mit grobem, trockenem Material vermischen.
- Je nach Witterung ist der Kompost nach einem halben bis einem Jahr reif und kann gesiebt und ausgebracht werden.

KOMPOSTIERBARES MATERIAL

Nicht alle organischen Abfälle eignen sich gleich gut zum Kompostieren. Mit dieser Übersicht kann nichts schiefgehen.

GUT GEEIGNET	NUR WENIG	UNGEEIGNET
Obst- und Gemüseabfälle	Bananenschalen	salzige Essensreste
Erntereste	Zitrusschalen	Fleisch und Knochen
Rasenschnitt	Holzkohlenasche	Einstreu von Tierbehausungen (Katzentoilette, Kaninchen- und Nagereinstreu)
Laub		Ruß und Asche von Briketts
Zweige und zerkleinerte Äste		
gebrauchte Blumenerde		

KRÄUTERGARTEN – BASICS

Küchen-, Heil- und Teekräuter sind perfekt für jeden Garten, besonders für kleine. Sie brauchen wenig Platz, duften aromatisch, liefern würzigen Aroma-Nachschub für die Küchen und passen überallhin: in ein eigenes Beet oder einfach zwischen Stauden, Rosen oder im Gemüsebeet.

Kräuter passen durch ihre vielfältigen Wuchsformen zu wirklich jedem Gartenstil. Sie können in strengen Reihen und als kleine Kräutereinfassungshecken wie in früheren Klostergärten gepflanzt werden oder locker zwischen Kiesgartenstauden und Gräsern in flächigen Staudenbeeten.

KRÄUTER

Kräuter lassen sich nach ihrem Wuchstyp und ihrer Wirkung bzw. Verwendung in verschiedene Gruppen einteilen. Die Grenzen sind dabei allerdings fließend.

> Einjährige Kräuter wie Anis, Majoran, Einjähriges Bohnenkraut, Borretsch, Kerbel, Koriander, Dill und Gartenkresse bilden im selben Jahr der Aussaat Blüten und Samen und sterben dann ab. Sie müssen jedes Jahr neu gesät werden.

> Zweijährige Kräuter sind beispielsweise Petersilie, Fenchel und Kümmel. Während Petersilie jedoch meist nur einjährig angebaut wird, lässt man Fenchel und Kümmel bis ins zweite Jahr stehen, um die Samen ernten zu können.

> Mehrjährige Kräuter sind die immergrünen mediterranen Kräuter wie Rosmarin, Lavendel, Thymian, Salbei, Estragon und Berg-Bohnenkraut. Sie bilden verholzte Triebe und wachsen als niedrige Halbsträucher.

> Bei Oregano und Ysop sterben die Triebe im Herbst ab, und es überwintert nur der Wurzelstock. Ähnlich verhalten sich Schnittsellerie, Liebstöckel und Schnittlauch.

> Minze und Zitronenmelisse sind ebenfalls mehrjährig. Sie zählen zu den starkwüchsigen Sorten, brauchen also Platz!

> Basilikum ist ein Sonderfall, da er eigentlich mehrjährig wächst und sogar kleine Sträucher bilden kann. Da er aber nicht winterhart ist, wird er meist nur einjährig gezogen.

An der Terrasse gedeihen die Kräuter dank dem warmen Mikroklima besonders gut.

Kräuter für jeden Zweck und Platz

So vielfältig die Wuchsformen und das Aussehen, so unterschiedlich sind die Ansprüche an Licht, Boden und Wärme.

> Mediterrane Kräuter brauchen einen vollsonnigen Platz und durchlässige Erde. Sie mögen keine Nässe und bilden auf feuchten, nährstoffreichen Böden weiche, »mastige« Triebe, die leicht faulen und anfällig für Krankheiten sind. Sie wachsen besonders gut in Trockenmauern und profitieren dort von der Sonnenwärme, die die Steine tagsüber speichern und nachts langsam wieder abgeben.

> Einen normalen, feuchten, aber nicht nassen Gartenboden bevorzugen Majoran, Melisse und die ganze Garde der Blatt- und Küchenkräuter wie Petersilie, Schnittlauch, Liebstöckel, Koriander, Gartenkresse und Schnittsellerie.

Je bunter, desto besser. In einem eigenen Kräutergarten können Sie eine Vielzahl unterschiedlicher Kräuter anbauen.

- Mit Halbschatten und etwas mehr Feuchtigkeit kommen die vielen Minze-Arten zurecht, die durch ihren unbändigen Ausbreitungsdrang mittels ober- und unterirdischer Ausläufer schnell lästig werden. Am besten pflanzen Sie Minzen in große Kübel, die Sie komplett im Boden versenken können. Achten Sie trotzdem penibel auf Triebe, die versuchen, über den Rand in den Garten »zu entkommen«.
- Zitronenmelisse breitet sich durch Selbstaussaat leicht aus, daher sollten die Triebe nach der Blüte bis zum Boden abgeschnitten werden. Das verjüngt die Pflanze zusätzlich und regt die Bildung frischer, neuer Triebe an.

Kräuterspirale

Eine Kräuterspirale bietet ideale Lebensbedingungen für eine Vielzahl an Kräutern. Darunter versteht man ein rundes Beet, in dem sich eine Naturstein- oder Ziegelmauer spiralförmig nach oben windet. Durch die Schichtung und die Ausrichtung bietet eine Kräuterspirale eine Vielzahl an unterschiedlichen Standorten und Lebensbereichen. Von ihrem speziellen Mikroklima profitieren aber nicht nur Kräuter. Auch viele Insekten und andere Tiere finden hier Lebensraum, Unterschlupf und Nistmöglichkeiten. In den Spalten zwischen den Steinen siedeln sich Hummeln und Wildbienen an, Eidechsen gehen auf Jagd, und Molche und Kröten finden sich nach dem Laichen ein.

- Der obere Teil ist vor allem auf der nach Süden exponierten Seite sonnig, heiß und trocken. Ideal für mediterrane Kräuter wie Rosmarin, Thymian, Lavendel, Ysop und Salbei. Auch Oregano und Berg-Bohnenkraut gedeihen hier.
- Je weiter man nach unten gelangt, umso feuchter und auch kühler wird der Standort; dies gilt besonders für die Nordseite, aber auch auf der West- und Ostseite der Spirale. Hier fühlen sich Küchenkräuter wie Petersilie, Schnittlauch und Sauerampfer wohl, dazu Schnittsalat und Rucola.
- In und an einem Wasserbecken am Fuß der Spirale kann Brunnenkresse üppig wachsen.
- Vorsicht bei Minze: Sie überwuchert schnell die Spirale.

Eine Kräuterspirale ist ein markantes Gestaltungselement und braucht genug Platz. Zum einen sind kleine Bauwerke mit einem Durchmesser unter 1,20–1,50 m nicht besonders stabil, andererseits sind bei zu geringer Fläche die Windungen zu steil, und die Kräuter auf der Nordseite bekommen zu wenig Sonne. Am schönsten fügt sich eine Kräuterspirale in den Garten ein, wenn sie mit einer Trockenmauer kombiniert ist oder an eine Terrasse angrenzt und in diese integriert ist.

KRÄUTER-SPIRALE

Der beste Zeitpunkt zum Bau einer Kräuterspirale ist der Sommer, denn dann ist das Angebot an Kräutern am größten. Aber auch im Frühjahr und im Herbst kann dieses Bauwerk aus Trockenmauern errichtet werden. Der Standort sollte geschützt und sonnig sein, der untere Teil mit dem »Teich« aus einer Mörtelwanne liegt im Süden.

Eine normale Kräuterspirale hat einen Durchmesser von 1,5–2 m und ist 0,8–1 m hoch. Die Mengenangaben beziehen sich auf eine Spirale mit diesen Maßen. Größere Versionen sollte ein Fachmann bauen, damit sie ausreichend standfest sind. Praktisch: Die Kräuter sind vor allem dann gut zu erreichen, wenn die Spirale von jeder Seite begehbar ist.

DAS BRAUCHEN SIE:

- 1,5 t Bruchsteine
- 0,25 t Schotter
- 0,25 m³ Splitt (0–32 mm)
- 4 Schubkarren Gartenerde oder Dachgartensubstrat
- Pflock, Stöcke
- Schnur
- Wasserwaage
- Hammer, Rüttler, Stampfer
- Handschuhe
- Pflanzschaufel
- ca. 20–25 verschiedene Kräuter; mediterrane für die oberen und die Randbereiche, Küchenkräuter für die Mitte und unten

Markieren Sie mit einem Zirkel aus Schnur, Stab und Stock die Form der Kräuterspirale; diese dann mit der Schnur abstecken. Als Nächstes wird der Oberboden ausgehoben – etwa 20–30 cm tief – und der Untergrund festgestampft. Das geht mit einem Stampfer oder Rüttler aus dem Baumarkt, wenn die Fläche nicht zu groß ist, auch mit einem Vorschlaghammer. Legen Sie nun die erste Lage quaderförmiger Steine am äußeren Rand. Die Steine dürfen nicht wackeln und sollten eine Neigung von etwa 10° nach innen haben. Die folgenden Steine werden wie beim Bau einer Trockenmauer aufeinandergeschichtet (⇢ Seite 70).

Die Zwischenräume hinterfüllen Sie mit Steinen und Schotter. Sie stabilisieren die Mauern und verhindern, dass die Spirale bei Regen in sich zusammenfällt.

Nachdem die Mauern geschichtet sind, graben Sie am unteren Ende der Spirale eine Mörtelwanne ein. Hier können Sie später Wasser einfüllen und Brunnenkresse anbauen. Der Behälter muss absolut waagerecht stehen.

Wenn das Mauerngerüst stabil steht und das Innere der Kräuterspirale mit Schotter und Splitt aufgefüllt ist, können Sie das Pflanzsubstrat für die Kräuter in der Spirale verteilen. Am besten eignet sich sandige Gartenerde oder ein Gemisch aus Gartenerde und Dachgartensubstrat. Achten Sie darauf, dass die Erde in alle Spalten gelangt und nicht versackt.

Zum Schluss werden die Kräuter eingepflanzt. Die mediterranen nach oben, die Küchenkräuter weiter unten.

OBST & BEEREN AUS DEM EIGENEN GARTEN

Äpfel, Birnen und Quitten oder doch lieber Kirschen, Pflaumen oder Mirabellen? Beerensträucher gedeihen auch in kleinen Gartenecken und Kübeln. Obstbäume gibt es dank der Veredlung mit unterschiedlichen Stammhöhen und Wuchsstärken – für fast jeden Garten in der passenden Größe.

Einen Obstgarten anzulegen ist nicht schwer. Beerensträucher brauchen nicht viel Platz, und viele Arten gedeihen auch im Halbschatten oder vor Mauern, Hecken und Zäunen. Für Obstbäume müssen Sie mehr Raum einplanen, aber dank unterschiedlich stark wachsenden Unterlagen zur Veredelung (→ Obstbäume, Seite 108) können fast alle Baumobstsorten auch in kleineren Gärten gepflanzt werden.

BEERENSTRÄUCHER

Sollen es Klassiker wie Johannis- und Stachelbeeren, Brom- und Himbeeren oder Erdbeeren sein oder doch Exoten wie Kiwi, Maibeere, Apfelbeere oder Andenbeeren? Mit Ausnahme der gut bewehrten Brom- und Stachelbeeren sind alle anderen Beeren leicht zu ernten, und wenn man die richtigen Sorten miteinander kombiniert, dann haben Sie über viele Wochen leckeres Naschobst »vom Garten auf den Tisch«.

»Vom Garten auf den Tisch«: Auch im kleinsten Garten ist noch Platz für ein paar Beerensträucher.

Beerensträucher können in unterschiedlichen Formen erzogen werden: entweder am Spalier in Fächerform mit mehreren Trieben, locker strauchig oder als kleiner Säulenbusch. Mit etwas Pflege gedeihen Beerensträucher auch ganz hervorragend im Hochbeet und bringen reiche Ernte. Die richtige Düngung, regelmäßiges Auslichten und ein Verjüngungsschnitt sorgen dafür, dass Sie die Sträucher viele Jahre nutzen können.

Pflanzung

Die beste Pflanzzeit für Beerensträucher ist – wie bei fast allen Gehölzen – der Herbst, und hier etwa von September bis Oktober. Dann wachsen die frisch gepflanzten Sträucher noch gut an und können im Frühling ohne Verzögerung loslegen.

> Containerpflanzen können Sie aber auch das ganze Jahr über pflanzen, solange der Boden nicht gefroren ist.
> Die Sträucher werden so eingegraben, dass sie im Beet nach der Pflanzung genauso tief stehen wie vorher im Topf.
> Schneiden Sie nach der Pflanzung störende und damit alle dünnen, dürren, über Kreuz wachsenden und beschädigten Triebe mit einer scharfen Gartenschere ab.
> Für ein Spalier reicht es, wenn Sie 3 kräftige Triebe stehen lassen, für einen Strauch sollten es 3–5 sein.
> Die Stecklinge nach dem Pflanzen durchdringend angießen und in den ersten Wochen feucht halten.

Pflege

Beerensträucher sind nicht besonders anspruchsvoll. Im April reicht eine Gabe von reifem Kompost, vermischt mit ein paar Hornspänen, oder ein spezieller Beerendünger als Nährstoffvorrat für die kommende Saison. Nach dem Düngen immer gut wässern, also mindestens 10 l pro Pflanze.

- Die Wurzeln von Beerensträuchern wachsen nur flach unter der Erdoberfläche, daher dürfen sie nicht austrocknen. Achten Sie besonders während der Fruchtbildung auf eine gleichmäßige Bodenfeuchtigkeit. Ein Wechsel von feuchten und trockenen Perioden im Frühjahr kann dazu führen, dass ein Teil der noch unreifen Früchte abgeworfen wird.
- Eine Mulchschicht aus Rindenhumus oder Kompost ist in zweifacher Hinsicht sinnvoll: Sie hält die Feuchtigkeit länger an den Wurzeln und schützt diese im Winter vor Frost.
- Johannis- und Stachelbeeren werden oft als Hochstämmchen angeboten. Sie vergreisen schnell und brauchen eine permanente Unterstützung, damit sie nicht umkippen.
- Eine Abdeckung mit Vogelschutznetzen schirmt die süßen Beeren vor gierigen Mitessern wie Amseln, Staren und Drosseln ab. Gegen Fruchtfliegen und die Kirschessigfliege helfen, wenn überhaupt, nur sehr feinmaschige Netze.

Geeignete Arten und Sorten

Rote, Weiße oder Schwarze Johannisbeeren? Stachel- oder Jostabeeren oder doch lieber süße Him- und Brombeeren? Die Auswahl fällt nicht immer leicht, denn lecker sind sie alle.

- **Rote und Weiße Johannisbeeren** bevorzugen einen halbschattigen Standort und normalen Gartenboden. Volle Sonne mögen sie nicht. Pflanzen Sie immer zwei Sorten oder mehr, dann ist der Fruchtansatz besser. Frühe Sorten tragen ab Ende Juni, die späten können noch im August beerntet werden. Gute Sorten der Roten Johannisbeere sind: 'Jonkheer van Tets' (früh), 'Rolan' (mittel), 'Rovada' (spät reifend); empfehlenswerte Weiße Johannisbeeren sind 'Blanka' (mittelfrüh) und der Klassiker 'Weiße Versailler' (mittel).
- **Schwarze Johannisbeeren** haben dieselben Ansprüche wie ihre roten und weißen Konsorten, gehören aber einer anderen Art an. Empfehlenswert sind 'Ceres' (früh), 'Cheresneva', 'Lissil' (mittel) und 'Titania' (spät).
- **Stachelbeeren** gibt es mit grünen, gelben und roten Früchten. Sie vertragen keine pralle Sonne, da die Früchte und Blätter dann leicht verbrennen. Die Ernte ist bei den neuen, stachellosen Sorten einfacher. Robust und wenig anfällig für Krankheiten sind: 'Früheste Gelbe' und 'Rokula' (früh), 'Invicta' und 'Redeva' (mittel). 'Easycrisp' und 'Black Velvet' gehören zu den empfehlenswerten späten Sorten.

Bei Brombeeren gibt es auch stachellose Sorten, die leichter beerntet werden können.

- **Jostabeeren** sind eine Kreuzung aus Schwarzen Johannisbeeren und Stachelbeeren. Sie sind starkwüchsig und robust, brauchen daher viel Platz (Pflanzabstand mindestens 2 m). Das Aroma der Beeren, die nach und nach reif werden, ist nicht so herb wie das der Schwarzen Johannisbeeren.
- **Brombeeren** wachsen auf jedem Boden und vertragen Trockenheit besser als viele andere Beerensträucher; sie sind aber auch etwas frostempfindlicher. Eine Mulchschicht über den Wurzeln ist daher empfehlenswert. Zu den guten Sorten zählen die stachellosen 'Loch Ness' (syn. 'Nessy') und 'Navaho' sowie 'Theodor Reimers', wobei Letztere aber sehr starkwüchsig ist und viele Stacheln hat.
- **Himbeeren** brauchen eine humusreiche und vor allem leicht saure Erde sowie einen sonnigen bis halbschattigen Standort. Bei Himbeeren unterscheidet man zwei Wuchstypen: Sommerhimbeeren tragen ihre Früchte an den jungen Trieben des Vorjahrs. Gute Sorten sind 'Willamette', 'Gelbe Antwerpener' und 'Meeker'. Herbsthimbeeren fruchten erst im Spätsommer an den Trieben, die im selben Jahr gebildet wurden. Empfehlenswert sind 'Himbo Top' und 'Autumn Bliss'. Kombinieren Sie beide Wuchstypen, dann können Sie über einen langen Zeitraum ernten.
- **Heidel- oder Blaubeeren** brauchen einen sauren Boden (kalkfreier Moorboden) und sind empfindlich gegen Trockenheit. Gute Sorten sind 'Earlyblue' und 'Patriot' (früh), 'Bluecrop', 'Poppins' (mittelfrüh) und 'Elisabeth' (spät).

Erdbeeren wachsen im normalen Beet genauso gut wie hier im Hochbeet oder in Pflanzkästen.

ERDBEEREN

Erdbeeren dürfen in keinem Garten fehlen, und wenn es »nur« ein paar Walderdbeeren sind, die sich im Halbschatten zwischen den Sträuchern breitmachen. Und mit der Süße und dem Aroma selbst geernteter Erdbeeren kann die im Supermarkt angebotene Ware keinesfalls mithalten.

Auf die Sorte kommt es an

Bei Erdbeeren können Sie die Erntezeit durch die Wahl entsprechender Sorten über viele Monate verlängern, besonders wenn Sie zu den normalen Monatserdbeeren noch mehrmals tragende Sorten pflanzen. Letztere fruchten ab Juni und setzen bis zum ersten Frost immer wieder neue Früchte an.

> Gartenerdbeeren *(Fragaria × ananassa)* sind eine Kreuzung aus der Chile-Erdbeere und der nordamerikanischen Scharlacherdbeere. Sie haben große, süße Früchte und bilden Ausläufer, an denen neue Tochterpflanzen entstehen.

> Die Früchte der in Europa und Asien beheimateten Walderdbeere *(Fragaria vesca)* sind deutlich kleiner und haben ein ganz eigenes Aroma. Leider halten sie sich nicht so lange wie Gartenerdbeeren und müssen sofort verarbeitet oder gegessen werden. Auch Walderdbeeren bilden lange Ausläufer.

> Monatserdbeeren *(Fragaria vesca* var. *semperflorens)* sind eine eigene botanische Varietät (Form) der Walderdbeere, die keine Ausläufer bildet und etwas größere, aber genauso aromatische Früchte trägt.

Viele Erdbeersorten sind zwar selbstfruchtbar, der Fruchtansatz ist aber bei allen besser und die Früchte werden auch noch größer, wenn Sie mehrere Sorten zusammenpflanzen, die sich gegenseitig befruchten. Manche Blüten bilden sogar gar keine Staubgefäße mit Pollen aus (zum Beispiel die der bekannten 'Mieze Schindler') und brauchen auf jeden Fall eine zweite Sorte als Bestäuber – sonst blühen die Pflanzen zwar reichlich, setzen aber keine Früchte an. Für den Anbau im Hausgarten sind folgende Sorten empfehlenswert:

> **Frühe Gartenerdbeeren –** 'Lambada' (aromatisch, sehr süß), 'Wädenswil 6' (aromatisch)

> **Mittelfrühe Gartenerdbeeren –** 'Mieze Nova' (selbstfruchtbar!), 'Senga Sengana Selektion' (grauschimmelresistent), 'Korona' (großfrüchtig, süß-säuerlich)

> **Späte Gartenerdbeeren –** 'Pegasus' (großfrüchtig, robust)

> **Mehrmals tragende Monatserdbeeren –** 'Hummi Praliné', 'Rimona', 'Mara de Bois', 'Merosa', 'Mountainstar', 'Alexandria', 'Rügen' (alle sehr aromatisch, wie Walderdbeeren)

> **Walderdbeeren –** 'Adriana' (großfrüchtig, reichtragend), 'Alpine Yellow' (kleinfrüchtig, aromatisch, Früchte gelblich-rosa), 'White Soul' (weiße Früchte)

Erdbeeren pflegen

Erdbeeren werden im Sommer bis in den September hinein gepflanzt, da sie im Herbst die Blütenanlagen für das kommende Jahr bilden. Später gepflanzte Exemplare wurzeln sich vor dem Winter nur schlecht ein und erfrieren meist. Das heißt im Klartext: Finger weg von Sonderangeboten oder reduzierten Restbeständen im Spätherbst.

> Für die Pflanzung im Frühjahr (ab etwa April) zur Ernte im selben Jahr eignen sich nur mehrmals tragende Sorten und sogenannte »Frigo«-Pflanzen (→ Info rechts). Wenn Sie Erdbeer-Jungpflanzen im Versandhandel oder im Internet bestellt haben, müssen Sie diese gleich nach Erhalt auspacken und pflanzen. Auch wenn die Pflanzen klein und mickrig wirken: 6 Stück pro Quadratmeter reichen, denn sie wachsen rasch und legen an Umfang und Höhe zu. Qualitätspflanzen erkennen Sie an den dicken Herzknospen und mindestens drei gesunden Laubblättern.

> Achten Sie beim Eingraben darauf, die Erdbeerpflanzen nur so tief in den Boden zu setzen, dass deren Herz über der Erd- oder Substratoberfläche liegt. Zu tief gesetzte Erdbeeren verfaulen sonst. Bis die Pflanzen die Lücken im Beet geschlossen haben, können Sie Schnittsalat, Feldsalat oder Spinat zwischen die Erdbeeren säen, das gibt doppelte Ernte.

> Sobald sich die ersten Früchte zeigen, sorgt eine Schicht aus Stroh dafür, dass die Erdbeeren nicht direkt auf der feuchten Erde liegen – andernfalls beginnen sie schnell zu faulen oder werden von Grauschimmel befallen.

> Erdbeeren gehören erst dann geerntet, wenn sie gleichmäßig rot sind und intensiv duften. Noch grüne oder weiße Früchte reifen im Gegensatz zu anderen Obstsorten nicht nach und bleiben hart und fade. Erdbeeren verlieren beim Lagern, vor allem im Kühlschrank, schnell ihr Aroma, daher sollten Sie sie entweder sofort verzehren oder verarbeiten. Erdbeeren lassen sich auch sehr gut einfrieren – als ganze Früchte oder püriert und in kleinen Gefrierbeuteln portioniert.

> Gegen Amseln und Drosseln, die sich über die reifen Früchte hermachen, hilft nur eine Überspannung der Erdbeeren mit einem Netz. Am einfachsten funktioniert eine Konstruktion aus Rundbögen oder ein »Käfig« aus Holzlatten, über die das Netz gelegt wird. Dieses sollte von der einen oder beiden Seiten angehoben werden können, damit Sie die Pflanzen zum Gießen und Ernten gut erreichen.

> Entfernen Sie bei einmal tragenden Erdbeeren nach der Ernte die äußeren, fleckigen Blätter und alle Ausläufer. Anschließend gibt es eine Düngergabe in Form von Kompost, damit die Pflanzen für das nächste Jahr viele Blütenknospenansätze bilden und wieder reichlich Frucht bringen können.

> Bei mehrmals tragenden Erdbeeren dürfen Sie die Blätter hingegen nicht entfernen, denn sie werden zur Ernährung der Blüten und Früchte gebraucht. Die Pflanzen bekommen ebenfalls Anfang Juli und ein zweites Mal im September eine Portion Beerendünger oder eine Handvoll Kompost.

LÄNGER ERNTEN

Mit sogenannten »Frigo«-Pflanzen können Sie die Erntesaison verlängern. Die Erdbeersetzlinge werden im November gerodet und bis zur Pflanzung ab Mai bei −2 °C in einem künstlichen Winterschlaf gehalten. Etwa 9 Wochen nach der Pflanzung sind die ersten Früchte reif, also dann, wenn die normale Erdbeersaison endet. Mit von Mai bis Juli gepflanzten Frigo-Erdbeeren können Sie bis in den September hinein genießen.

Erdbeeren selbst vermehren

Nach 3 oder spätestens nach 5 Jahren sind die Erdbeerpflanzen so alt, dass der Anbau nicht mehr lohnt und sie durch neue Jungpflanzen ersetzt werden sollten.

> Die Ausläufer der Garten- und Walderdbeeren können Sie zur Vermehrung verwenden. Setzen Sie diese einfach in kleine Töpfchen oder ins Beet. Gut feucht, aber nicht nass halten, bis sie sich bewurzelt haben.

> Wenn Sie im selben Beet wieder Erdbeeren pflanzen möchten, sollten Sie die obersten 30 cm Erde austauschen, sonst kann es zu Wurzelkrankheiten kommen.

OBSTBÄUME

Mit robusten Arten und Sorten, deren Wuchsform durch passende Unterlagen Ihren Bedürfnissen entspricht, brauchen Obstbäume nicht viel mehr Pflege als andere Gehölze. Bevor Sie sich für eine bestimmte Sorte entscheiden, ist es jedoch wichtig zu wissen, was man eigentlich möchte.

Alle Obstbäume bevorzugen einen tiefgründigen, mittelschweren und humusreichen Boden. Aber auch auf sandigem Untergrund wachsen sie gut, wenn sie regelmäßig mit Kompost versorgt werden. Wärmeliebende Arten wie Aprikosen, Pfirsich, Kiwi und Tafeltrauben gedeihen nur in milderen Gegenden. Aber auch bei anderen Obstgehölzen spielt die Region eine Rolle. So gibt es Apfelsorten, die besser an das feucht-kühle Klima in Norddeutschland angepasst sind, und andere, denen die trocken-heißen Sommer im oberen Rheintal nichts ausmachen. Daher ist es gerade bei Obstbäumen wichtig, Sorten zu pflanzen, die mit den Bedingungen in Ihrer Region klarkommen. Eine Baumschule vor Ort oder ein gut sortiertes Gartencenter bietet eine entsprechende Auswahl an.

Pflanzung

Obstbäume werden traditionell als sogenannte wurzelnackte Pflanzen angeboten, die Sie nur im Herbst oder Frühjahr pflanzen können. Sie sind günstig, wachsen gut an und brauchen nach dem Einpflanzen weniger Pflege. Obstbäume mit Ballen (im Container oder balliert mit Wurzeltuch) können das ganze Jahr gepflanzt werden, solange der Boden nicht gefroren ist. Wenn sie belaubt sind, brauchen sie jedoch mehr Wasser und dürfen auf keinen Fall nach dem Pflanzen austrocknen.

> Vor allem bei wurzelnackten Pflanzen müssen Sie nach der Pflanzung die Krone und die Seitenäste unbedingt zurückschneiden (→ Pflanzschnitt, Seite 112).

Die richtige Wuchsform

Obstbäume bestehen fast immer aus zwei Teilen: einer Wurzelunterlage und der eigentlichen Sorte, dem Edelreis. Viele Sorten wachsen sehr stark und sind auf den eigenen Wurzeln kaum zu bändigen. Die Unterlage beeinflusst das Wachstum und kann es bremsen (oder bei schwach wachsenden Edelsorten fördern). Sie wirkt sich zudem auf die Frosthärte und Lebensdauer sowie auf den Ertrag einer Obstsorte aus. Aber nicht nur die Unterlage beeinflusst die Wuchsform und -größe, sondern auch die Erziehung (→ Seite 112).

- **Hochstämme** haben einen 1,6–2 m hohen Stamm, bevor die Krone ansetzt. Ausgewachsen beansprucht ein Hochstamm eine Fläche von 25–65 m².
- **Halbstämme** sind mit 1–1,2 m Stammhöhe niedriger und brauchen entsprechend weniger Platz.
- **Niederstämme** haben mit 0,8–1 m sehr kurze Stämme. Für sie reicht eine Fläche von ca. 4–6 m² pro Baum.
- **Buschbäume** sind niedrig, aber ausladend, da sie schon recht weit unten am Stamm bzw. im unteren Kronenbereich dicke Äste haben. Vor allem Pfirsich und Sauerkirschen werden in dieser Form erzogen. Je nach Größe liegt der Platzbedarf bei immerhin 10–25 m².
- **Spindelbäume** haben nur einen Mitteltrieb und kurze, seitliche Äste, an denen die Früchte sitzen. Apfelspindeln brauchen ca. 4 m², Kirschen 5–6 m² und Pflaumen und Zwetschgen etwa 8 m².
- **Säulenobstbäume** sind spezielle, langsam wachsende Zwergformen, die eher für Töpfe und Kübel geeignet sind.

Bei Halb- und Hochstämmen dauert es etwa 5–8 Jahre, bis Sie die erste Ernte einbringen können. Busch- und Spindelbäume tragen etwas zeitiger. Für kleine Gärten oder schmale Reihenhausgärten (Handtuchgärten) sind Spindel- und Buschbäume ideal, da sie nicht so viel Platz brauchen und Sie auf der begrenzten Fläche mehr Bäume pflanzen können. Säulenformen machen die Obsternte sogar auf Balkon oder Terrasse möglich.

FREMDBESTÄUBER ERNTEN MEHR

Bei Obstbäumen gibt es Selbst- und Fremdbefruchter. Bei Selbstbefruchtern können die Blüten mit dem eigenen Pollen bestäubt werden, bei Fremdbefruchtern sind Pollen einer anderen Sorte nötig. Äpfel und Birnen sowie alte Süßkirschensorten sind Fremdbefruchter, Sauerkirschen und alle Pflaumen bzw. Zwetschgen sind Selbstbefruchter.

Für kleine und mittelgroße Gärten sind Obstbäume auf Halb- und Hochstämmen ideal.

Geeignete Arten und Sorten

Bei der Auswahl der Arten und Sorten für den eigenen Obstgarten spielen nicht nur der persönliche Geschmack und die Gartengröße eine Rolle. Wenn Sie überwiegend im Sommer in den Urlaub gehen, dann sind frühe Kirschen oder Äpfel weniger gut geeignet. Umgekehrt ist es nicht sinnvoll, einen späten Winterapfel oder spät reifende Birnensorten zu pflanzen, wenn man keine Lagermöglichkeit hat, denn diese Sorten werden erst ein paar Wochen nach der Ernte wirklich genussreif.

> **Kernobst** – Zum Kernobst gehören Äpfel und Birnen. Sie haben ein Kerngehäuse und brauchen einen Bestäuber, das kann auch ein Zier-Apfel oder eine Wildbirne sein.

> **Steinobst** – Pflaumen, Kirschen, Pfirsich und Aprikosen haben einen Stein als Samen. Es gibt zwar auch selbstfruchtbare Sorten, der Fruchtansatz und der Ertrag sind bei Fremdbestäubung aber in jedem Falle besser.

DIE BESTEN SORTEN

Die folgenden Obstsorten sind robust und wenig krankheitsanfällig. Sie eignen sich perfekt für kleine Hausgärten.

OBSTART	SORTEN
Apfel	früh: 'Alkmene', 'Rubinola' mittel: 'Ariwa' spät: 'Glockenapfel', 'Schöner von Boskoop', 'Regine', 'Pinova'
Birne	früh: 'Frühe von Trevoux', 'Rubinola' mittel: 'Concorde', 'Harrow Sweet' spät: 'Conference', 'Madame Verte'
Süßkirsche	früh: 'Burlat', 'Kassins frühe Herzkirsche' mittel: 'Celeste', 'Carmen' spät: 'Oktavia', 'Regina'
Sauerkirsche	Amarellen (helles Fruchtfleisch, Saft ungefärbt): 'Diemitzer Amarelle' (syn. 'Ludwigs Frühe'), 'Morellenfeuer' Weichseln (dunkles Fruchtfleisch, Saft gefärbt): 'Gerema', 'Koröser Weichsel', 'Karneol', 'Morina', 'Safir'
Pfirsich	selbstfruchtbar: 'Benedicte', 'Roter Weinbergpfirsich', 'Pix Zee Amber' nicht selbstfruchtbar: 'Revita'
Aprikose	selbstfruchtbar: 'Comacta', 'Kuresia' nicht selbstfruchtbar: 'Orangered'
Pflaume/ Zwetschge und Verwandtschaft	Pflaume: 'Tophit', 'Haganta' Zwetschge: 'Jojo', 'Katinka', 'Bühler Frühzwetschge', 'Tipala', 'Hanita' Reneklode: 'Althans Reneklode', 'Reineklode Violett', 'Große Grüne Reneklode' Mirabelle: 'Mirabelle von Nancy', 'Bellamira'

OBSTBAUM PFLANZEN

Die beste Pflanzzeit für Obstbäume ist der Herbst. Nur Aprikosen und Pfirsiche, die kälteempfindlich sind, werden im Frühjahr eingesetzt. Ballen- und Containerware können Sie auch im Frühjahr und Sommer pflanzen, wurzelnackte Gehölze nur im Herbst und Frühling.

Eine Bodenverbesserung mit Sand oder Kompost ist nur bei sehr schweren, lehmigen Böden notwendig.

Ganz wichtig: Zum Schluss gut angießen, damit die Wurzeln leicht in die Erde wachsen können, und mit einem Pflanzschnitt (⇢ Seite 112) ein Gleichgewicht zwischen Wurzeln und Krone herstellen.

DAS BRAUCHEN SIE:

- Obstbaum
- Spaten
- Grabegabel
- Plane
- Pflock
- Beil oder Gummihammer
- Kokosstrick
- Gartenschere
- Gießkanne oder Schlauch

1

Heben Sie zunächst mit dem Spaten das Pflanzloch aus. Es sollte etwas tiefer als der Ballen bzw. der Topf sein, sodass der Wurzelstock gut hineinpasst. Dabei die Erde auf einer Plane ablegen, so verschmutzt sie nicht den Untergrund. Die Sohle des Pflanzlochs sowie die Seiten können Sie mit einer Grabegabel etwas auflockern, dann wachsen die neuen Wurzeln leichter ins umgebende Erdreich. Eine Gabe von Dünger oder Kompost ins Pflanzloch ist nicht notwendig.

2

Nun nehmen Sie den Baum aus dem Topf und stellen ihn zur Probe ins Pflanzloch. Wenn die Veredelungsstelle (der »dicke Knubbel« unten am Stamm) etwa 5–10 cm über der Erdoberfläche liegt, ist das Loch tief genug.

3

Heben Sie den Baum wieder aus dem Loch, um als Nächstes den Pflock einzuschlagen – bei Ballenpflanzen schräg, bei wurzelnackten senkrecht.

4

Sitzt der Pflock fest und wackelt nicht, dann können Sie den Baum zurück ins Loch stellen. Zwischen Pflock und Stamm sollten etwa 5 cm Abstand bleiben. Der Pflock darf nicht durch den Ballen eingeschlagen werden, weil dadurch die Wurzeln Schaden nehmen können. Anschließend füllen Sie das Loch mit dem Aushub auf. Dabei auch zwischendurch, nicht nur zum Schluss, die Erde andrücken.

5

Nun wird der Stamm an den Pflock gebunden. Die Schnur muss fest sitzen, darf aber nicht in die Rinde einschneiden.

SCHNITT & PFLEGE – DAS MUSS MAN WISSEN

Mit dem richtigen Schnitt und der richtigen Pflege entwickeln sich Obstbäume und Beerensträucher optimal und tragen viele Jahre reiche Ernten. Der jährliche Schnitt sorgt nicht nur für die gewünschte Wuchsform, er hält zudem die Pflanzen gesund und sorgt dafür, dass sie nicht vergreisen.

Beerensträucher und Obstbäume sollen im Garten nicht nur attraktiv aussehen, schön blühen und wachsen. Damit sie lange gesund bleiben und dauerhaft Früchte und Beeren tragen, müssen sie gepflegt und geschnitten werden.

OBSTBÄUME

Zur Pflege gehören wie bei den meisten anderen Gartenpflanzen Gießen bei Trockenheit und Düngergaben im Frühjahr und Frühsommer. Damit die Erntemengen nicht zu sehr schwanken, sollten Sie überzählige Früchte ausdünnen, und auch im Winter sorgen Leimringe und Weißanstrich dafür, dass die Bäume gesund bleiben und im kommenden Jahr nicht von Schädlingen befallen werden (→ Seite 113). Die wichtigste Maßnahme für kräftige, vitale Obstbäume ist jedoch der Schnitt.

Schnitt von Obstbäumen

Bei Obstbäumen unterscheidet man zwischen Pflanzschnitt, Erziehungs- und Erhaltungsschnitt sowie Verjüngungsschnitt.

Knapp über einem Auge (der Knospe) wird die Schere beim Schneiden angesetzt.

- **Der Pflanzschnitt** erfolgt bei oder nach der Pflanzung und legt den Grundstein für die spätere Kronenform. Dabei wird die Spitze eingekürzt und ein Grundgerüst von 3–5 flachen Seitentrieben aufgebaut, die die späteren Kronenäste bilden. Kräftige Triebe werden leicht gekürzt, schwache und störende am unteren Stamm komplett weggeschnitten.
- **Der Erziehungsschnitt** dient dem Kronenaufbau. Er beginnt im zweiten Standjahr und dauert etwa 3–5 Jahre. Flache Seitenäste bleiben ungeschnitten, Konkurrenztriebe zur Spitze sind zu entfernen. Auch alle ins Kroneninnere wachsenden und alle senkrechten Triebe werden weggenommen.
- **Beim Erhaltungsschnitt** wird ein gleichmäßiges Verhältnis von sogenannten Frucht- und Laubtrieben erhalten. Äpfel und Birnen blühen an den spitzen, seitlichen Kurztrieben, auch Süßkirschen tragen an den verzweigten »Bukettsprossen« die meisten Früchte. Sauerkirschen und Pflaumenverwandte bilden an den kurzen Seitentrieben der langen zweijährigen Laubtriebe die meisten Blüten. Achten Sie deshalb beim Erhaltungsschnitt darauf, dass lange, nach unten hängende Triebe entfernt und zu lange Laubtriebe eingekürzt werden. Dann bilden sich verstärkt seitliche Kurztriebe. Nach 4–6 Jahren entfernen Sie die alten Fruchtspieße bzw. -triebe. Nicht zuletzt werden beim Erhaltungsschnitt auch senkrechte »Wasserschosser« und alte Astpartien abgesetzt.
- **Ein Verjüngungsschnitt** ist nur nötig bei alten Bäumen, die lange nicht geschnitten wurden. Schneiden Sie höchstens ein Viertel der Äste auf einmal heraus, da sonst der Austrieb zu stark ist und sich fast nur senkrechte Schosse bilden.

Wann wird geschnitten?

Der Zeitpunkt des Schnitts hat einen großen Einfluss auf das Wachstum und die Gesundheit der Bäume.

- **Der Pflanzschnitt** und der Schnitt von Pflaumen erfolgt ausschließlich im Frühjahr.
- **Erziehungs-, Erhaltungs- und Verjüngungsschnitt** werden im Spätwinter oder zeitigen Frühjahr durchgeführt, bevor die Bäume austreiben. Durch die kahlen Äste ist der Kronenaufbau besser erkennbar, was den Schnitt deutlich erleichtert.
- **Ein Schnitt im Sommer** regt nur zu verspäteten Neutrieben an, die oftmals bis zum Herbst nicht mehr richtig verholzen.
- **Im Herbst und im Winter** wird nicht geschnitten, da die entstehenden Wunden lange nicht verheilen und Eintrittspforten für Krankheitserreger aller Art sind.

Pflege von Obstbäumen

Sind sie erst gut angewachsen, brauchen Obstbäume, vom Schnitt einmal abgesehen, kaum Pflege.

- **Düngen –** Ein Eimer Kompost und 100–150 g Hornspäne pro Baum (im Frühjahr zum Austrieb) reichen als Nährstoffvorrat.
- **Gießen –** Bei anhaltender Trockenheit brauchen Obstbäume Wasser, sonst werden die Früchte abgeworfen.
- **Ausdünnen –** Darunter versteht man das Entfernen überzähliger Früchte. Bei vielen Obstbäumen, vor allem Äpfeln und Birnen, müssen zu dicht stehende Fruchtansätze entfernt werden, damit alle Früchte ausreifen können. Lassen Sie pro Meter Zweig maximal 8 Früchte hängen.
- **Leimringe –** Apfelbäume können im Herbst mit Leimringen umwickelt werden. Sie verhindern, dass die flugunfähigen Weibchen des Frostspanners, einer Schmetterlingsart, an den Stämmen emporklettern und ihre Eier ablegen.
- **Weißanstrich –** Ein Anstrich mit einer speziellen Kalkfarbe schützt die Stämme im Winter davor, dass die Rinde auf der Sonnenseite aufplatzt, wenn sie sich erwärmt und ausdehnt.

BEERENSTRÄUCHER

Die Pflege von Beerensträuchern beschränkt sich wie bei Obstbäumen auf Düngergaben im Frühjahr und Wässern bei Trockenheit im Sommer. Von Blattläusen befallene Triebspitzen bei Johannisbeeren können Sie einfach wegschneiden. Doch Vorsicht: Alle Beerensträucher haben ein flaches Wurzelwerk. Darum sollten Sie bei der Unkrautbekämpfung auf das Hacken verzichten und den Boden besser mit Mulch abdecken.

SAUBER ABGESCHNITTEN

Beim Schneiden können Krankheiten von Pflanze zu Pflanze übertragen werden. Desinfizieren Sie daher die Schere nach dem Schneiden mit Alkohol oder einem handelsüblichen Desinfektionsmittel. Vor allem Bakterienkrankheiten wie dem Feuerbrand oder Viruskrankheiten wie der Scharkakrankheit bei Pflaumen wird so vorgebeugt.

Schnitt von Beerensträuchern

Alle Beerensträucher brauchen einen regelmäßigen Auslichtungs- und Verjüngungsschnitt, damit sie reich tragen. Wann geschnitten wird, ist abhängig vom jeweiligen Erntezeitpunkt.

- **Johannisbeeren** lichten Sie am besten nach der Ernte aus. Hierzu die langen Neutriebe etwa um 5–10 cm einkürzen, ebenso die Seitentriebe. Störende Triebe entfernen Sie zur Gänze. Etwa 4–5 Jahre nach der Pflanzung beginnen Sie mit der Verjüngung: Schneiden Sie dicke alte Triebe direkt an der Basis knapp über der Erdoberfläche aus. Sie werden durch die sich neu bildenden Jungtriebe ersetzt.
- **Stachelbeeren und Jostabeeren** werden wie Johannisbeeren geschnitten. Da sie jedoch mehr Seitentriebe bilden, kann der Auslichtungsschnitt etwas rigoroser ausfallen.
- **Brombeeren** fruchten ausschließlich an neuen Trieben, daher können Sie die abgetragenen Ruten nach der Ernte komplett bis zum Boden abschneiden.
- **Sommerhimbeeren** fruchten an den vorjährigen Trieben. Nach der Ernte werden die alten Ruten abgeschnitten, die jungen grünen bleiben fürs nächste Jahr stehen.
- **Herbsthimbeeren** tragen an den diesjährigen Trieben. Schneiden Sie diese im Spätherbst oder Frühjahr auf etwa 5 cm über dem Boden zurück.
- **Heidelbeeren** wie Johannisbeeren schneiden. Entfernen Sie jährlich einen alten Trieb, um die Verjüngung anzuregen.

DIE PFLANZEN IM GARTEN

STAUDEN, ROSEN & ZIERGEHÖLZE

Der Garten ist Lebensraum für uns Menschen und eine Vielzahl verschiedenster Tiere. Die Grundlage dafür sind die Pflanzen. Ein gut angelegter und geplanter Garten zeichnet sich auch dadurch aus, dass er wenig Pflege braucht – und mehr Zeit für Freunde und die Familie bleibt.

Pflanzen wachsen und gedeihen nur dann optimal, wenn ihre Ansprüche an den Standort, an den Boden und die Lichtverhältnisse erfüllt werden. Wenn Sie diese Ansprüche erfüllen bzw. die Pflanzen nach den vorhandenen Gegebenheiten passend zu Ihrem Garten auswählen, wachsen sie (fast) von alleine. Umgekehrt gilt: Hat die Pflanze nicht den geeigneten Standort (oder Boden oder bekommt sie zu viel bzw. zu wenig Licht), entwickelt sie sich nicht richtig. Sie wird anfällig für Krankheiten und braucht viel mehr Pflege. Die Ursache für pflegeintensive Gärten liegt fast immer in der falschen Auswahl der Pflanzen. Ein Rhododendron, der gemäßigt kühle Temperaturen, einen gleichmäßig feuchten, leicht sauren und kalkfreien Boden sowie eine hohe Luftfeuchtigkeit braucht, wird im trocken-heißen Franken auf kalkhaltigen Schotterböden niemals dieselbe Pracht entfalten wie im norddeutschen Ammerland. Der Schlüssel zu einem pflegeleichten und lebendigen Garten, der mehr Freude als Arbeit macht, liegt also zu einem guten Teil in der richtigen Pflanzenauswahl. Lassen Sie sich von dem zugegebenermaßen verführerischen Angebot in den Baumschulen, Staudengärtnereien und Gartencentern nicht verleiten. Kaufen und pflanzen Sie nicht, was Ihnen gefällt, sondern das, was sich in Ihrem Garten von alleine halten kann. Dank der unglaublichen Auswahl zwischen Abertausenden von Arten und Sorten von Ziergehölzen, Rosen und Stauden bleibt eigentlich kein Wunsch unerfüllt.

DAS PRINZIP DER LEBENSBEREICHE

Richard Hansen und Friedrich Stahl, der eine Wissenschaftler an der Lehr- und Forschungsanstalt für Gartenbau in Freising-Weihenstephan bei München, der andere Gartenarchitekt aus Nürnberg, entwickelten in den 1970er-Jahren ein Konzept, den Garten in verschiedene Lebensbereiche einzuteilen und jeweils standortgerechte und dadurch pflegeleichte Pflanzungen zu entwickeln. Der Grundgedanke ist einfach nachzuvollziehen: Stauden gedeihen besser, leben länger und brauchen weniger Pflege, wenn sie an einem Platz wachsen, an dem sie sich besonders wohlfühlen. Was ursprünglich nur für Stauden gedacht war, gilt natürlich auch für alle anderen Gartenpflanzen. Gemäß diesem Prinzip wird der Garten in sieben Zonen eingeteilt, die sogenannten Lebensbereiche: »Gehölz«, »Gehölzrand«, »Freifläche«, »Wasserrand«, »Wasser«, »Steinanlagen« und »Beet«. Um den unterschiedlichen Standortverhältnissen wie Licht und Bodenfeuchtigkeit Rechnung zu tragen, erfolgte noch eine weitere Unterteilung. Hansen verglich diese Bereiche mit natürlichen Biotopen und Pflanzengesellschaften und stellte fest, dass es für jeden ein Pendant gibt. An einem Weiher in der Natur wachsen

So prächtig entwickeln sich Stauden und andere Pflanzen nur, wenn der Standort stimmt.

Sonnenhut, Salbei und Sonnenbraut sind als Präriebewohner typische Stauden der sonnigen Freifläche.

dieselben Pflanzen wie rund um den Gartenteich. Anhand von Artengemeinschaften, wie sie in Feld und Wald gemeinsam vorkamen, entwickelte Hansen nun Gartenpflanzenkombinationen, die sich wie ihre natürlichen Verwandten über Jahre selbst erhalten, kaum oder gar nicht gepflegt werden müssen und wirklich dauerhaft sind. Eine Revolution zu einer Zeit, in der Beetbepflanzungen jedes Jahr aufwendig aus ein- oder kurzlebigen Sommerblumen und Beetpflanzen aufgepflanzt wurden. Das Tolle an den Pflanzengemeinschaften war, dass sie von Natur aus auch optisch harmonierten und perfekt zusammenpassten. Im Laufe der Zeit wurde das Konzept verfeinert und gärtnerisch weiterentwickelt, schließlich wollte man ja nicht nur einheimische Wildkräuter, sondern überdies prächtige Stauden im Garten haben.

Staudenpflanzungen nach diesem Konzept fanden rasch Anhänger im In- und Ausland und gelten als Inbegriff des »New German Style«. Wie dauerhaft sie sind, zeigen die Anlagen im Münchner Westpark von Rosemarie Weisse, auf dem Stuttgarter Killesberg von Urs Walser, im Weinheimer Hermanshof von Cassian Schmidt oder die berühmten Kiesgärten von Beth Chatto in Essex. Sie bestehen z. T. schon seit fast 40 Jahren.

> Da in der Natur fast jeder Lebensraum von Pflanzen besiedelt ist, heißt das auch, dass jeder Garten attraktiv und pflegeleicht angelegt werden kann, wenn man aus der Fülle des Sortiments die richtigen Gewächse auswählt.

> Neben Spezialisten, die sich nur in einem bestimmten Lebensbereich wohlfühlen und nur gedeihen, wenn wirklich alle Standortbedingungen erfüllt sind, gibt es auch eine ganze Reihe Allroundtalente wie Storchschnäbel, Seggen und Bergenien, die beinahe überall wachsen.

Gehölz und Gehölzrand

In Laub- und Mischwäldern, aber auch an Stellen im Garten, an denen das Laub im Herbst liegen bleiben darf, herrschen unterschiedlichste Lichtverhältnisse. Diese reichen von licht- über halbschattige bis vollschattige Standorte. Die Bodenfeuchtigkeit variiert von trocken (im Wurzelbereich der Bäume) bis dauerfeucht (in der Nähe von Bachläufen).

> Im Garten finden sich auf der Nordseite von Gebäuden oder unter großen Bäumen ähnliche Bedingungen. Hier fühlen sich insbesondere Blattschmuckstauden, Farne und viele verschiedene Bodendecker wohl.

> Im Halbschatten, wo es heller, wärmer, aber auch meist etwas trockener ist, wachsen Frühlingsblüher, dazu Storchschnäbel, Glockenblumen und Astern.

Freifläche

Volle Sonne, kein oder kaum Schatten, der Boden frisch bis feucht oder knochentrocken – keine Frage, hier fühlen sich die Heerschar der Steppen- und Kiesgartenstauden, viele Gräser und die ganze Palette prächtiger Präriestauden wohl.

> Typische Vertreter sind Steppenkerze, mediterrane Kräuter, Yucca, Schafgarbe, Bart-Iris und Brandkraut sowie Duftnesseln für trockenere Standorte.

> Astern, Rudbeckien, Purpursonnenhut und Sonnenbraut bevorzugen etwas feuchtere Böden, genau wie Blutweiderich, Prachtscharte und Indianernessel.

Im Halbschatten und Schatten gedeihen Blattschmuckstauden und setzen farbige Akzente.

Beete beherbergen eine Fülle an Prachtstauden wie Pfingstrosen und Gämswurz.

Wasserrand und Wasser

Pflanzen – zumeist handelt es sich um Stauden –, die in Sumpf und Teich wachsen, lassen sich je nach Toleranz der Bodenfeuchte in mehrere Gruppen einteilen.

> Echte Sumpfpflanzen wie Sumpf-Vergissmeinnicht, Sumpf-Calla und Gauklerblume leben in der feuchten bis nassen Übergangszone vom Wasser hin zum sumpfigen Uferrand. Sie vertragen Staunässe problemlos.

> Dauerfeucht muss auch der Standort für Sumpf-Dotterblume, Sumpf-Iris und Mädesüß sein, die am Teichrand gedeihen. Sie gehen ein, wenn der Boden austrocknet.

> Im feuchten Milieu am Übergang vom Teichrand zum normalen Gartenboden fühlen sich Tafel- und Schildblatt, Goldkolben, aber auch Bergenien und Taglilien wohl.

> Im Teich selbst leben in der Flachwasserzone u. a. Froschlöffel, Hechtkraut, Tannenwedel und Blumenbinse.

> Im tiefen Wasser siedeln See- und Teichrosen, die im Grund wurzeln, daneben frei schwimmende Wasserpflanzen wie Tausendblatt und Krebsschere.

Steinanlagen und Alpinum

In den sonnigen und kargen Felsspalten der Gebirge und auf Geröllhalden finden sich zahlreiche Pflanzenarten, die sich in den Ritzen von Trockenmauern, auf begrünten Dächern und in Trögen einen Gartenplatz sichern.

> Heiß und trocken muss es für Fetthennen, Dach- und Hauswurze, Karthäusernelken, Wolfsmilch, Schleierkraut und Katzenpfötchen sein.

> Dort, wo der Boden etwas feuchter und der Standort nicht ganz so heiß ist, wachsen polsterförmige Glockenblumen, Blaukissen, Polster-Phlox und Steinkraut.

Beet

Das Beet ist der »künstlichste« Lebensraum im Garten und den Pflanzen vorbehalten, die Sonne wie auch einen nährstoffreichen Boden bei gleichmäßiger Wasserversorgung brauchen.

> Typische Prachtstauden wie Rittersporn, Pfingstrosen, Flammenblumen (Hoher Phlox), Sonnenbraut und Sonnenhut fühlen sich hier besonders wohl.

> Moderner wird es mit Fackellilien, Edeldisteln, Storchschnäbeln und Indianernesseln, Purpursonnenhut und Taglilien. Die Übergänge von sonniger Freifläche mit Präriestauden zum Prachtstaudenbeet können fließend sein.

PRÄCHTIGE ZIERSTRÄUCHER & GARTENBÄUME

Ziergehölze bilden das Rückgrat des Gartens. Sie sind langlebig und prägen den Charakter eines Gartens wie kaum ein anderes Gestaltungselement. Bäume brauchen viele Jahre, um ihre endgültige Größe und Form zu erreichen, daher kann man glücklich sein, wenn auf dem eigenen Grund schon Gehölze wachsen.

Zu den Gehölzen zählt man alle Pflanzen, die eine tragende Struktur aus Holz bilden. Bäume wachsen höher und haben meist nur einen oder wenige Stämme, Sträucher treiben aus der Basis immer neue Triebe und werden 6–8 m hoch.

GEHÖLZE IM GARTEN

Bei der Auswahl eines Baumes oder Strauches für den Garten spielen nicht nur dessen Größe und die Standortansprüche eine Rolle, sondern auch die Art der Belaubung.

Laubgehölze

Sommergrüne Laubbäume und -sträucher haben flache Blätter in allen erdenklichen Formen, Größen und auch Färbungen, die zur kalten Jahreszeit im Herbst abgeworfen werden. Die Blätter verfärben sich bei vielen Arten vor dem Laubfall in den herrlichsten Gelb-, Orange- und Rottönen. Bei anderen, wie Liguster und Feuerdorn, bleibt das Laub dagegen bis zum Frühjahr an den Zweigen. Diese werden als wintergrün bezeichnet. Immergrüne Laubgehölze wie Lorbeer-Kirschen, Rhododendren und Stechpalmen behalten die Blätter über mehrere Jahre, bevor sie diese nach und nach erneuern.

Magnolien haben nicht nur wunderschöne Blüten, sie wachsen auch ausgesprochen malerisch.

Nadelbäume und Koniferen

Nadelgehölze oder Koniferen sind meist immergrün und haben nadel- oder schuppenförmige Blätter. Zu ihnen gehören beispielsweise Eiben, Kiefern, Fichten und Lebensbäume.

Aus der Reihe tanzen Lärchen, die ihre Nadeln im Herbst fallen lassen und der Gingko, der keine Nadeln, sondern Blätter hat und diese gleichfalls vor dem Winter abwirft.

Bambus

Bambus gehört botanisch zwar zu den Gräsern, wird im Garten aber wie ein Gehölz verwendet (wenn man von niedrigen, bodendeckenden Arten einmal absieht). Er ist immergrün und erzeugt auch im Winter mit seiner frischgrünen Belaubung eine heitere Stimmung im Garten. Bambus ist wegen seines schlanken, hohen Wuchses auch eine ideale Sichtschutzpflanze.

> Horstbildende Arten wie Fargesien wachsen kompakt und breiten sich im Laufe der Zeit nur langsam aus.

> Ausläufer bildende Arten wie Phyllostachys-Bambusse bilden unterirdische Ausläufer und müssen mit einer Rhizomsperre gepflanzt werden. Bei großen Arten ist hierbei ein Fachmann gefragt, denn die Bambusse können mühelos Terrassenplatten unterwandern, ins Mauerwerk von Hauswänden eindringen oder Teichfolien durchlöchern.

Kletterpflanzen

Kletterpflanzen zählen auch zu den Gehölzen, da die meisten Arten verholzte Triebe bilden. Sie können sich nicht von alleine aufrecht halten, sondern brauchen Unterstützung in Form eines Rankgerüstes, eines Spaliers oder eines anderen Gehölzes. Es gibt auch immergrüne Arten wie Efeu und Kletterspindel, die meisten, darunter Clematis, Blauregen und viele Geißblätter, werfen jedoch im Herbst das Laub ab.

PFLANZUNG UND PFLEGE

Wenn auf dem Grundstück oder im Garten schon Bäume und Sträucher wachsen, sollten Sie versuchen, diese bei einer Neu- oder Umgestaltung in das Konzept zu integrieren. Gerade Bäume brauchen viele Jahre, um ihren Charakter, ihre Wuchsform auszubilden. Statt

Eingerahmt von blühenden und frischgrünen Ziergehölzen wird der Garten zur Oase.

Bambus ist eigentlich ein Gras, wird aber wie ein Laubbaum, Strauch oder als Hecke verwendet.

einen alten Baum komplett zu roden, reicht vielleicht auch ein Rückschnitt oder ein Auslichtungsschnitt. Dichte Gehölze und Sträucher können ausgeastet werden – hierzu die Äste und Zweige im unteren Bereich des Stammes entfernen – und bekommen so einen ganz neuen Charakter. Wenn Sie neue Bäume pflanzen, lohnt sich die Investition in größere Exemplare, denn sie verleihen auch einem jungen Grundstück schnell den Charakter eines alten, eingewachsenen Gartens. Außerdem können Sie schon im ersten Sommer im Schatten unter einem Blätterdach sitzen und den Garten genießen, statt erst viele Jahre warten zu müssen.

Pflanzung

Gehölze werden meist im Herbst gepflanzt; frostempfindliche Arten wie Magnolien sowie Nadelbäume und Koniferen wachsen besser an, wenn sie im Frühjahr in den Boden kommen. Nach der Pflanzung brauchen Bäume und Sträucher regelmäßig Wasser, bis sie angewachsen und etabliert sind.

Pflege

Einmal eingewachsen, benötigen die meisten Bäume und Sträucher kaum Pflege. Eine jährliche Kompostgabe als Dünger und Gießen bei Trockenheit reichen aus. Störende Äste und Zweige werden im zeitigen Frühjahr oder nach der Blüte – abhängig von der Art – zurückgeschnitten.

ROSEN IN HÜLLE & FÜLLE

Rosen haben eine unglaubliche Fülle an Blütenformen und -farben. Moderne Sorten sind unempfindlich und pflegeleicht und bereichern den Garten ab Mitte Mai bis zum Frost mit ihren Blüten. Ob niedriger Bodendecker oder meterhohe Kletterrose – für jeden Garten gibt es die passende Lösung.

Herauszufinden, welche Rose am besten zu Ihnen und in Ihren Garten passt, fällt nicht immer leicht. Zu verlockend ist die Fülle an Sorten, die von Rosenschulen und -züchtern angeboten werden. Je nach Wuchsform und Größe lassen sich Rosen als Beet- oder Heckenpflanze und nicht zuletzt zur Begrünung von Zäunen, Mauern und Bäumen einsetzen.

ROSENSORTEN

Rosen werden anhand ihrer Wuchsform und Verwendung in unterschiedliche Rosenklassen eingeteilt. Im Garten finden überwiegend Beet- und Edelrosen, Bodendecker- bzw. Kleinstrauchrosen und Kletterrosen Anklang.

> **Beetrosen** wachsen kompakt und werden etwa 60–80 cm hoch. Die Blüten sitzen in Dolden und Büscheln am Ende der Triebe. Je nach Sorte sind die Einzelblüten gefüllt oder einfach. Ungefüllte Blüten bieten Insekten mehr Nahrung und sind daher besser für naturnahe Gärten geeignet. Moderne Beetrosen haben wetterfeste Blüten, die bei Regen nicht verkleben, gesundes Laub und einen vitalen Wuchs. Sie blühen ab Mitte/Ende Mai bis in den Oktober/November.

> **Edelrosen** sind die Rosen im klassischen Sinn und in einer unglaublichen Vielfalt an Farben, Formen und Düften erhältlich. Sie wachsen straff aufrecht und können eine Höhe von etwa 80–100 cm erreichen. Besonders gut wirken sie in kleinen Gruppen oder als Beetbepflanzung. Die großen, meist stark gefüllten, edel geformten Blüten sitzen einzeln oder zu mehreren in Büscheln auf langen Stielen. Der erste Flor erscheint im Juni, der zweite – etwas höher wachsende – bis in den September und Oktober/November.

> **Bodendecker- und Kleinstrauchrosen** bleiben niedrig und sind auch für nicht so große Gärten geeignet. Sie überzeugen durch ihre unglaublich reiche Blüte und ihre Unempfindlichkeit gegen Rosenkrankheiten wie Sternrußtau und Mehltau.

> **Strauchrosen** als besonders starktriebige und überwiegend öfter blühende Rosen werden 1,2–2 m groß. Das Farbspektrum ist unüberschaubar, und die Blütenformen reichen von einfach schalenförmig (ungefüllt) bis zu starkgefüllten großblumigen Sorten. Strauchrosen eignen sich als Solitär und für Gruppen- und Heckenpflanzungen.

> **Kletterrosen** werden in 2 Gruppen eingeteilt, die **Climber** und **Rambler.** Rambler, auch Schlingrosen genannt, haben lange biegsame Triebe und blühen meist nur einmal im Jahr im Frühsommer, dann aber überreich mit großen Blütenbüscheln. Sie sind besonders für Pergolen und Bögen geeignet oder auch, da sie durchaus 3–10 m hoch werden, frei wachsend in

Kletterrosen wie dieser Rambler 'Seagull' können auch in andere Bäume und Sträucher wachsen.

Rosen wirken für sich oder, wie hier, integriert in gemischte Pflanzungen und Beete im Garten.

Bäumen. Viele Ramblerrosen sind unglaublich wuchsstark, daher sollte der Platz wohlüberlegt sein. Sie können in kurzer Zeit ganze Garagendächer und Gartenhäuschen überdecken. Die öfter blühenden Climberrosen haben eher dicke, sparrig-steife, aufrechte Triebe und werden 2–4 m hoch. Sie eignen sich für Spaliere, Obelisken oder Lauben. Ihre Blüten ähneln Beet- oder Edelrosen und stehen einzeln oder in Büscheln.

> **Wildrosen** wachsen meist locker strauchförmig, sind einmal blühend und besonders für Gruppen- und Heckenpflanzungen im naturnahen Garten geeignet. Ihre Blüten sind eine beliebte Insekten- und Bienenweide, und die Hagebutten locken im Herbst und Winter viele Vögel und andere Tiere an.

> **Historische oder Alte Rosen** nennt man alle Rosensorten, die es schon vor der Einführung der ersten Tee-Hybriden (1867) gab. Zu diesen gehören Gallica-, Alba-, Centifolia- oder Damaszenerrosen, die durch ihre üppig gefüllten und herrlich duftenden Blüten bestechen.

> **Englische Rosen** sind eine Kreation des englischen Rosenzüchters David Austin. Sie blühen, wie moderne Strauchrosen, mehrmals im Jahr, die nostalgischen Blüten erinnern aber mehr an Historische Rosen.

ROSEN IM GARTEN

Rosen brauchen einen sonnigen Standort. Als Tiefwurzler – sie erreichen locker 1,50 m und mehr – brauchen sie einen tiefgründigen, nicht zu trockenen Boden. Ein humoser, sandig-lehmiger Gartenboden ist ideal. Wenn am zukünftigen Platz schon einmal Rosen wuchsen, kann es bei neu gepflanzten zu Kümmerwuchs kommen. Daher ist vor allem bei leichten Böden ein Bodenaustausch bis in 40–50 cm Tiefe empfehlenswert. Um den Befall mit Pilzkrankheiten zu verhindern, sollten die Blätter nach einem Regenschauer schnell abtrocknen können. Ein luftiger Platz, der aber nicht zugig sein sollte, ist perfekt.

Auswahl

Neben dem persönlichen Geschmack und der geplanten Verwendung spielt bei Rosen die Blattgesundheit eine große Rolle. Viele ältere Sorten sind extrem anfällig für Pilzkrankheiten wie den Sternrußtau oder Mehltau und können nur bei permanentem Einsatz von Pflanzenschutzmitteln (Fungiziden) überleben. Eine Praxis, die heutzutage nicht mehr zeitgemäß ist. Allerdings gibt es seit einigen Jahren neue Rosenzüchtungen, die praktisch kaum befallen werden oder sich von alleine regenerieren können. Achten Sie bei der Auswahl der Rosen auf das

Im Frühjahr werden die Triebe von Edel- und Beetrosen auf eine Höhe von 10–15 cm zurückgeschnitten.

ADR-Prädikat. Das ist eine Auszeichnung, die von der Allgemeinen Deutschen Rosenneuheitenprüfung (ADR) vergeben wird, einem Arbeitskreis aus Vertretern des Bundes deutscher Baumschulen, Rosenzüchtern und unabhängigen Experten. In 11 verschiedenen Rosensichtungsgärten werden die ADR-Prüfsorten ohne jegliche Behandlung mit Pflanzenschutzmitteln kultiviert und jährlich bewertet. Nach 3 Jahren entscheidet das Prüfgremium, ob eine Sorte das ADR-Prädikat verdient hat. Bei der Bewertung spielt jedoch nicht nur die Widerstandsfähigkeit gegen Krankheiten eine Rolle, sondern auch die Wirkung der Blüte, Duft, Wuchsform, Reichblütigkeit und die Winterhärte. In den letzten Jahrzehnten erlangten von über 2000 Sorten nur 160 die begehrte Auszeichnung. Umgekehrt wird das Prädikat auch wieder entzogen, falls sich die jeweilige Sorte im Laufe der Jahre wieder verschlechtert.

Die richtige Pflanzung

Rosen können Sie wie Sträucher und andere Gehölze wurzelnackt, mit Ballen oder im Container (Topf) erwerben. Grundsätzlich muss bei allen Rosen der zukünftige Standort vor der Pflanzung vorbereitet werden. Das Pflanzloch sollte etwa doppelt so breit wie der Wurzelballen sein und so tief, dass Sie die Wurzeln ohne Knicken einsetzen können und die Veredlungsstelle 5 cm unter der Erdoberfläche liegt. Der beste Zeitpunkt zur Pflanzung ist der Herbst, denn dann wachsen die Rosen noch an und können im Frühjahr gleich durchstarten.

> **Wurzelnackte Rosen** müssen vor der Pflanzung 24 Stunden in Wasser eingeweicht werden. Haben Sie die Rosen eingesetzt, das Pflanzloch wieder aufgefüllt und die Erde gut angetreten, müssen Sie durchdringend und intensiv wässern. Meist dauert es 2–3 Jahre, bis die Rose etabliert ist.

> **Ballierte Rosen** behandeln Sie wie wurzelnackte Rosen.

> **Containerrosen** können Sie auch im Sommer pflanzen. Zuvor werden sie gut gewässert. Anschließend entfernen Sie zunächst den Topf; lässt der sich nicht lösen, können Sie ihn auch mit einer Gartenschere zerschneiden. Wenn der Ballen schon sehr stark durchwurzelt ist, empfiehlt es sich, die äußeren Wurzeln mit einer Kralle zu lockern.

> Damit sich **Kletterrosen** an einer Hauswand optimal entwickeln, sollten Sie diese etwa 50–60 cm von der Wand entfernt pflanzen. Direkt an der Hauswand ist es zu trocken. Eine Rankhilfe im Abstand von 10–15 cm zur Hauswand gewährleistet eine ausreichende Luftzirkulation, die Pilzkrankheiten vorbeugt. Die Rose wird leicht schräg in das Pflanzloch gesetzt (die Veredlungsstelle muss dabei 5 cm unter der Erdoberfläche liegen) und zur Wand geleitet. Die Triebe am Gerüst befestigen und anhäufeln.

Rosenpflege

Ganz ohne regelmäßige Pflege kommen Rosen auf Dauer nicht aus. Schließlich gehören sie quasi zu den Hochleistungssportlern im Garten. Welche andere Pflanze blüht schon so lange?

> **Gießen –** Rosen stellen zum Glück keine besonders hohen Ansprüche an die Wasserversorgung. Etablierte Pflanzen brauchen nur bei lang anhaltender Trockenheit Wasser. Gießen Sie durchdringend, damit das Wasser tief in den Boden einsickert. Häufiges, oberflächliches Gießen verleitet die Pflanze zur Bildung

vieler Feinwurzeln unter der Erdoberfläche und macht sie empfindlich gegen Trockenheit.

> **Düngen –** Eine Gabe organischer Volldünger im Frühjahr und eine weitere Ende Juni reichen. Zu viel Stickstoff macht die Rosen anfällig für Mehltau und Blattläuse. Ab Anfang Juli sollten Sie das Düngen einstellen, damit die Rosen feste Triebe bilden und gut durch den Winter kommen.
> **Winterschutz –** Ab November häufeln Sie Ihre Rosen etwa 15–20 cm mit Gartenerde oder Kompost an. Darüber hinaus dient Reisig als Schutz vor Wintersonne und Wind. Im März oder April können Sie die Abdeckung wieder entfernen.

Im Herbst werden Rosen 15 cm hoch mit Gartenerde oder Kompost angehäufelt.

Rosen schneiden

Der Schnitt verstärkt Wachstum und Blütenbildung der Rosen. Außerdem können Sie dadurch die Verjüngung fördern und die Wuchsform beeinflussen. Die einzelnen Sortengruppen wachsen unterschiedlich und werden auch dementsprechend geschnitten. Alles, was Sie dazu brauchen, ist eine Rosenschere und eine scharfe Astsäge. Schneiden Sie die Triebe im Frühjahr, wenn die Forsythien blühen, ca. 0,5 cm über einem Auge ab. Ist der Schnitt zu tief, trocknet das Auge ein, bleibt zu viel stehen, können Krankheitserreger eindringen. Kranke, alte und abgestorbene (erfrorene) Triebe immer komplett entfernen.

> **Edel- und Beetrosen** bilden die Blüten am diesjährigen Holz. Schneiden Sie sie deshalb auf eine Höhe von 10–20 cm zurück. Je tiefer der Rückschnitt, desto weniger, aber umso stärkere Triebe werden gebildet.
> **Öfter blühende Strauchrosen** lässt man, abgesehen von kleineren Auslichtungsmaßnahmen, einige Jahre wachsen. Ein frühzeitiger Rückschnitt verhindert, dass sie im Lauf der Zeit ihre charakteristische Form bilden. Entfernen Sie mit einer Astsäge alle 5–7 Jahre alte Grundtriebe in Bodennähe.
> **Einmal blühende Strauchrosen** setzen ihre Blüten an mehrjährigen Trieben an und werden praktisch nie eingekürzt.
> **Climber** blühen am mehrjährigen Holz und auch an diesjährigen Trieben. Ein leichter Rückschnitt im Frühjahr, bei dem Sie junge kräftige Langtriebe stehen lassen und Seitentriebe auf 4–5 Augen einkürzen, genügt vollkommen.
> **Rambler** blühen nur am mehrjährigen Holz. Deshalb werden sie nicht im Frühling geschnitten, da ein Rückschnitt die Blüte im Sommer verhindern würde. Es reicht, sie nach dem Abblühen auszulichten und abgestorbene Triebe zu entfernen.

Verblühtes wird regelmäßig entfernt, denn das regt die Bildung neuer Blütenknospen an.

STAUDEN – ALLROUNDTALENTE IM GARTEN

Stauden sind mehrjährige Pflanzen. Die oberirdischen Pflanzenteile, Blätter, Blüten, Stängel, sind krautig und sterben im Winter ab – wenn man von ein paar Ausnahmen, deren Laub immergrün ist, einmal absieht. Im Frühjahr treiben sie dann aus den unterirdischen Speicherorganen und Wurzeln wieder aus.

Stauden sind faszinierende Gartengewächse. Keine Pflanzengruppe ist vielfältiger im Wuchs und im Erscheinungsbild, in der Größe und was die Einsatzmöglichkeiten im Garten angeht. Da gibt es Winzlinge wie zentimeterkleine Polstersteinbreche aus den Alpen und riesenhafte Giganten wie das Mammutblatt aus Chile oder die Stauden-Sonnenblume, die über 3 m hoch werden. Auch bei den Blütenfarben bleiben keine Wünsche unerfüllt. Von Weiß über Gelb, Orange und Rot bis hin zu Violett und Pink ist alles dabei. Und selbst die im Pflanzenreich nicht so häufige Blütenfarbe Blau ist in vielen verschiedenen Schattierungen und Nuancen vertreten.

Zur Vielfalt der Wuchsformen und Blütenfarben kommt noch eine große Standortamplitude, die von extrem trocken bis sumpfig feucht, von praller Sonne bis tiefem Schatten reicht. Stauden lassen keine Wünsche offen, und so fällt die Auswahl der richtigen Arten für den eigenen Garten angesichts eines Standardsortiments von fast 1500 Arten und Sorten, zu denen noch einmal einige Tausend Liebhaberarten kommen, nicht leicht. Darum zunächst ein paar Tipps zur Orientierung.

Bereits im Frühling öffnen die ersten Stauden, unterstützt von Zweijährigen, ihre Blüten.

STAUDENBEETE PLANEN

Um eine gewisse Struktur zu schaffen und den Überblick zu behalten, werden Stauden von Gartengestaltern aufgrund ihres Wuchses, ihrer Größe und des Erscheinungsbildes in Leitstauden, Begleitstauden und Füllstauden eingeteilt. Dazu kommen noch Zwiebelblumen und Sommerblumen als Ergänzung. Stauden werden typischerweise in Gruppen gesetzt, der Profi nennt es auch Mosaikpflanzung. Dementsprechend ist diese relativ kleinteilig und artenreich. Je mehr Arten und Sorten in einem Beet miteinander kombiniert sind, umso vielfältiger ist der Gesamteindruck im Jahresverlauf. Um einen ruhigeren Gesamteindruck zu erzielen, werden die einzelnen Arten und Sorten wiederum in Gruppen zusammengepflanzt.

Leitstauden

Leitstauden sind die Hauptdarsteller im Beet, quasi der »rote Faden«, denn sie geben mit ihrer Blüte und ihrem Wuchs den Ton im Beet an. Da jede Staudenart zu einer bestimmten Jahreszeit ihren Wachstums- oder Blütenhöhepunkt hat, sollten immer mehrere Hauptdarsteller in einem Beet wachsen. Das können beispielsweise Tränendes Herz im Frühling, Pfingstrosen im Frühsommer, Rittersporn und Phlox im Sommer und Purpursonnenhut im Herbst sein. Leitstauden werden je nach Wuchsform einzeln oder in kleinen Gruppen zu dritt oder fünft im Beet verteilt. Aufgrund ihrer Größe und Wirkung gehören sie in die Beetmitte oder den Hintergrund von Rabatten. Im Vordergrund würden sie eher

Patagonisches Eisenkraut, Gräser und rote Blütenkolben des Wiesenknopfes bilden ein transparentes Gartenbild.

Viele Stauden haben nicht nur attraktive Blüten, sondern auch interessante Knospen und schöne Blätter.

stören oder deplatziert wirken. Die Rolle der Leitstauden können übrigens auch prägnante Gräser wie Chinaschilf und Reitgras übernehmen.

Begleitstauden

Das Pflanzthema, das die Leitstauden vorgeben, wird von den Begleitstauden weitergeführt. Sie sind etwas niedriger im Wuchs und ergänzen bzw. unterstreichen die Wirkung ihrer dominanten Beetpartner. Auch bei den Begleitstauden müssen Sie auf eine gewisse Vielfalt achten und die jeweiligen Blütezeiten mit den Leitstauden abstimmen. So können im Frühling weiße Strahlen-Anemonen, im Frühsommer verschiedene Arten von Storchschnabel sowie Nelken und Woll-Ziest und im Sommer Mädchenauge die vorgenannten Arten begleiten. Begleitstauden werden in kleinen Gruppen von drei bis zehn Exemplaren in Tuffs oder kleinen Driften (Bändern) um die jeweiligen Leitstauden platziert. Größere Anpflanzungen wirken ruhiger und harmonischer, wenn Sie die ausgesuchten Begleiter an unterschiedlichen Stellen im Beet wiederholen.

Füllstauden

Wie der Name sagt, dient diese Gruppe niedrigerer Gewächse dazu, Lücken zwischen Leit- und Begleitstauden zu füllen. Sie kaschieren geschickt kahle Stängel im unteren Bereich der höheren Nachbarn, verdecken welkes Laub von Frühlingsblühern und füllen Lücken, die entstehen, wo Stauden wie Tränendes Herz oder Türkischer Mohn ihre Blätter eingezogen haben. Praktischerweise lassen sie dank der dichten Blätter kaum Unkraut durchkommen. Niedrige Storchschnäbel, Frauenmantel, Purpurglöckchen und Elfenblumen sind typische Vertreter.

Zwiebelblumen und Sommerblumen

Zwiebelblumen sind im Grunde genommen auch Stauden, haben aber einen wesentlich kürzeren Wachstumsrhythmus und sind nur wenige Wochen oder Monate attraktiv (oder überhaupt sichtbar). Zwiebelblumen sind perfekt, um im Frühjahr, Sommer oder Herbst Farb- und Formakzente zu setzen.

Sommerblumen sind meist ein- oder zweijährig und wachsen sehr schnell. Sie sorgen gerade in neu angelegten Beeten schnell für einen prächtigen Blütenflor und füllen Lücken, die sich noch nicht geschlossen haben. Besonders schön sind Kalifornischer Goldmohn und Marokkanischer Lein.

Schirmförmige Dolden, schlanke Rispen und kugelige Schirmblüten sind gekonnt miteinander kombiniert.

BLÜTEN- UND BLATTFORMEN

Die Vielfalt der Stauden zeigt sich nicht nur in den Wuchsformen und -größen, sondern auch in der Form der Blüten und Blütenstände. Die Möglichkeiten der Gestaltung und der Kombination unterschiedlicher Arten und Sorten werden damit noch reichhaltiger. So lassen sich unterschiedliche Blütenformen und -stände miteinander verbinden, indem eine gleiche oder ähnliche Blütenfarbe das verbindende Element darstellt, oder Sie pflanzen Stauden mit ähnlichen Blüten, aber in unterschiedlichen Farben zusammen. Das Ergebnis ist immer ein harmonischer Gesamteindruck. Behalten Sie jedoch immer im Auge, dass die Pflanzen identische Standortansprüche haben und diese auch in Ihrem Garten erfüllt werden.

Blütenformen

> **Margeritenblüten und Sonnenräder** finden Sie bei allen Korbblütlern wie Astern und Sonnenhut. Jede Blüte setzt sich aus einem inneren »Kissen« oder »Knopf« aus Korbblüten und einem äußeren Kranz aus Zungenblüten zusammen. Die flachen Blütenschirme passen gut zu flach gewölbten Dolden und schlanken Rispen oder Blütenkerzen. Zwischen niedrigen Begleitstauden kommen sie noch besser zur Geltung.

> **Doldenblüten** sind namensgebend für die Vertreter der Doldenblütler wie Strahlen-Breitsame, Engelwurz, Schierling und Wilde Möhre. Die flachen, abgerundeten Blütenschirme passen gut zu vertikalen, aufstrebenden Blütenständen.

> **Kugelblüten** gibt es bei vielen Zierlauchgewächsen und einigen Disteln. Während die größeren wie kleine Bälle im Beet sitzen, sind die kleinen Vertreter wie Murmeln auf filigranen Stielen zwischen den anderen Stauden verteilt.

> **Rispen** sind locker aufgebaut und scheinen anmutig im Beet zu schweben. Sie verbinden strenge Konturen wie straff aufrechte Kerzen und flache Doldenschirme. Insbesondere viele Gräser haben rispenförmige Blütenstände und können diese Aufgabe hervorragend übernehmen.

> **Kerzen und Kandelaber** sorgen für vertikale Akzente und Klarheit im Beet, quasi wie ein Ausrufezeichen. Steppen-Salbei, Fackellilie und Königskerzen, Silberkerze und Fingerhut sind auffallende senkrechte Pendants zu horizontalen Margeritenblüten oder flachen Doldenschirmen.

> **Filigrane Schleierblüten** schweben wie Wattewolken im Beet und setzen auffällige Gartenblumen wie Rosen oder Päonien (Pfingstrosen) erst richtig in Szene. Schleierkraut, Strandflieder und Wiesenraute sind schöne Beispiele.

Blattvielfalt

Die meisten Stauden sind sommergrün, d. h. ihre Blätter und Stängel sterben im Herbst ab, nachdem sie die Nährstoffe in das unterirdische Wurzelrhizom eingelagert haben. Darüber hinaus gibt es einige Arten, die winter- oder immergrün sind. Diese Stauden behalten auch im Winter ihr grünes Laub und sorgen so für Leben und zusätzliche Struktur im Beet. Hierzu zählen beispielsweise Lenzrosen oder Bergenien. Letztere bekommen bei Kälte oft rötliche Blätter. Wenn sie nun noch mit Gehölzen mit farbiger Rinde wie Weiden oder Hartriegeln kombiniert werden, bleibt der Garten auch im Winter attraktiv.

> **Blattformen –** So vielfältig wie die Blütenformen und der Wuchs sind auch die Blattformen. Dies gilt vor allem für Stauden im Schatten und Halbschatten, deren Blüten nicht so spektakulär sind. Das Spektrum reicht von schmalen, beinahe fadenförmigen Halmen über alle Formen geteilter Blätter (filigrane Farnwedel, gefächerte hand- und fingerförmige Lenzrosen und Schaublätter) bis hin zu ovalen, kreisförmigen, lanzettähnlichen oder herzförmigen Blättern.

> **Blattfarben –** Die meisten Stauden haben grüne Blätter in allen Schattierungen. Es gibt aber auch viele buntlaubige Blattschmuckstauden, die im Beet noch viel länger für Eindruck sorgen als so mancher Blütenstar, der nur ein paar Tage oder Wochen blüht. Die Palette reicht von silbrig belaubten Stauden bis hin zu gelblich goldenen, dunkelblättrigen, rötlichen, bläulichen und sogar mehrfarbig panaschierten, gestreiften und gefleckten Varianten – und das alles mit Arten für sonnige, schattige und halbschattige Standorte.

Vor den zarten Rispen des Lampenputzergrases schweben kleine Blüten von Kugel-Lauch und Mannstreu.

Dynamik erwünscht: Die unterschiedlichen Stauden dürfen durchaus ineinanderwachsen und so den Charakter der Pflanzung von Jahr zu Jahr verändern.

INSEKTENFREUNDLICHE STAUDEN

Durch die Intensivierung der Landwirtschaft finden Insekten immer weniger Pollen und Nektar, weshalb gerade auch den Stauden im Garten eine immer größere Bedeutung als Nahrungspflanzen für viele Tausend der nützlichen Krabbeltiere zukommt. Diesen Aspekt sollten Sie bei der Auswahl der Stauden für Ihren Garten berücksichtigen und für ein möglichst kontinuierliches Angebot an Pollen- und Nektarspendern sorgen. Zahlreiche Staudengärtnereien (→ Adressen, Seite 184) bieten inzwischen spezielle Sortimente für Bienen, Wildbienen, Hummeln, Schmetterlinge und deren Raupen an.

STAUDENBEETE ANLEGEN UND PFLEGEN

Staudenbeete passen überall und in jeden Garten. Sie können als schmale Rabatten Wege und Rasenflächen säumen, entlang einer Hauswand angelegt werden oder als großflächige Pflanzungen, die den Garten in ein Blütenmeer verwandeln. Ob groß oder klein – Staudenbeete können Sie selbst anpflanzen.

Auch hier gilt: Der Schlüssel für eine dauerhafte, gesunde und pflegeleichte Staudenpflanzung ist die standortgerechte Auswahl. Kein Problem! Denn für jeden Lebensbereich (⇢ Seite 115) gibt es eine Vielzahl passender Arten, die sich beispielsweise in der prallen Sonne auf einem trockenen Sandboden, im kühlen Schatten auf weichem Humus oder im Halbschatten auf frischem Lehmboden wohlfühlen.

Planungsstrategie

Ratschläge, sich das auszusuchen, was gefällt, oder wahllos im Gartencenter oder beim Gärtner auf Einkaufstour zu gehen, führen garantiert zu einem enttäuschenden Ergebnis – optisch grenzwertig, pflegeintensiv und wenig ausdauernd. Bevor Sie Pflanzen kaufen, muss eine Beet-Strategie her:

> Welchen Boden haben Sie im Garten? Dazu können Sie Ihren Gartenboden einfach selbst untersuchen und/oder sich an den Pflanzen orientieren, die schon im Garten wachsen (⇢ Boden und Zeigerpflanzen, Seite 86).

> Beobachten Sie den Lauf der Sonne auf der Fläche, die als Beet angelegt werden soll. Wie lange bekommt das Beet direkte Sonne und zu welcher Zeit – morgens, mittags oder abends? Berücksichtigen Sie dabei auch, dass die Sonne im Jahreslauf unterschiedlich hoch steht und Bereiche, die im Hochsommer volle Sonne bekommen, im Winter im Schatten von Gebäuden liegen können.

> Gibt es in der Nähe Gebäude oder hohe Bäume? Sind Letztere immergrün und werfen ganzjährig Schatten? Oder sind sie laubabwerfend und lassen so im Winter die Sonne durch?

> Stellen Sie sich die ehrliche Frage, wie viel Pflege Sie für das Beet aufbringen wollen. Eine prächtige englische Staudenborder braucht im Sommer regelmäßig Wasser, die Blütenstiele wollen gestützt und Welkes ausgeputzt werden. Nicht zuletzt sollten Sie ältere Stauden alle paar Jahre teilen und verjüngen. Da kommen durchaus einige Stunden pro Woche zusammen. Ein extensives Kies-, Steppen- oder Präriestaudenbeet braucht nach der Anlage und dem Anwachsen eigentlich nur noch wenig Pflege: ab und an jäten und einmal im Frühjahr mit der Heckenschere oder einem Freischneider die Pflanzenreste des Vorjahres entfernen.

> Wie hoch ist das Budget? Pro Quadratmeter müssen Sie mit ca. 15–30 Euro für die Pflanzen rechnen, es sei denn, Sie ziehen die Pflanzen selbst aus Samen an. Dazu kommen noch Kompost und/oder Sand zur Bodenverbesserung.

Diese Checkliste bildet die Grundlage für die weitere Planung und Gestaltung Ihres neuen Staudenbeetes.

Verteilen Sie die Stauden vor dem Einpflanzen auf der vorbereiteten Beetfläche.

Goldener Herbst oder zeitiges Frühjahr – das sind die besten Pflanzzeiten für Stauden aller Art.

Gestaltungsstile

Mit diesem Basiswissen gerüstet, ist der nächste Schritt vielleicht der schwerste. Sie müssen sich nämlich einen Stil und die dazupassenden Pflanzen aussuchen – was bei der Fülle wirklich schwerfallen kann. Auf den nachfolgenden Seiten finden Sie unterschiedliche Verwendungsbeispiele, von denen Sie sich inspirieren lassen können:

> **Klassische englische Staudenborder** für Pflanzenliebhaber, die gerne Zeit mit Pflanzen, Pflegen und Gärtnern verbringen, sind ab Seite 138 beschrieben.

> **Kiesgärten** für Puristen, die es lieber pflegeleicht bevorzugen, finden Sie ab Seite 140.

> **Stauden für halbschattige und schattige Bereiche** und Innenhöfe in der Stadt werden ab Seite 144 vorgestellt.

> **Moderne Staudenbeete** in den warmen Farben Gelb-Rot-Orange (⇢ Seite 148) oder in kühlerem Blau-Weiß-Rosa (⇢ Seite 154) passen aufgrund ihrer Vielfalt in jeden Garten, egal, ob groß oder klein; der Pflegeaufwand ist überschaubar.

> **Prächtige Präriebeete,** die nicht nur im Spätsommer und Herbst alle Blicke auf sich ziehen, werden ab Seite 156 ausführlich beschrieben.

> **Gräser** dürfen in keinem Staudenbeet, in keinem Garten fehlen. Gestaltungsbeispiele finden Sie ab Seite 160.

Auswahl und Einkauf

Mit dem Wissen, welchen Standort Sie bepflanzen möchten, geht es an die Pflanzenauswahl und den Einkauf. Die meisten Staudengärtner und gute Gartencenter geben den Lebensbereich der Pflanzen an, oft mit passenden Begleit- und Füllpartnern. Beginnen Sie immer mit den Leitstauden, denn sie prägen die Pflanzung am meisten, und von ihnen hängt ab, welche anderen Gewächse noch einen Platz im Beet finden.

> Es gibt viele Möglichkeiten, Stauden zu kaufen, sogar im Supermarkt oder Discounter bekommt man sie manchmal. Qualitativ hochwertige, gesunde Pflanzen, die sicher anwachsen und keine Krankheiten haben, gibt es bei spezialisierten Staudengärtnereien, von denen viele mittlerweile auch Online-Shops haben (⇢ Adressen, Seite 184).

> Gartenmärkte und Tauschbörsen oder sogenannte Offene Gärten (⇢ Seite 30) bieten private Einkaufsmöglichkeiten. Der Vorteil: Viele der Pflanzen sind das Klima in Ihrer Region gewohnt und optimal angepasst.

> Der beste Zeitpunkt zur Pflanzung ist das zeitige Frühjahr zwischen März bis April/Mai und der Herbst im September/Oktober. Im Frühjahr haben viele Stauden noch keine Blätter und Triebe, aber keine Sorge, in den Töpfen schlummern kräftige Wurzeln und Rhizome, die nur darauf warten, im neuen Beet anzuwachsen und loszulegen.

> Problematisch sind verlockende Großstauden in voller Blüte. Sie wachsen häufig entweder schlecht an oder gehen im Winter ein, denn sie werden zu einem Zeitpunkt gepflanzt, an dem die Pflanze innerlich auf »Blühen« programmiert ist und nicht auf »Wurzeln bilden und anwachsen«.

> Schauen Sie sich den Wurzelballen an. Der Topf sollte gut durchwurzelt sein, ohne dass bereits allzu viele Wurzeln aus den Wasserabzugslöchern herausspitzen.

> Manche Stauden pflanzt man am besten wurzelnackt: Pfingstrosen und Steppenkerzen im Herbst, Iris im Frühjahr ab März und im Spätsommer ab August.

STAUDEN PFLANZEN

Nutzen Sie die letzten warmen Tage im Herbst oder das angehende Frühjahr, um Ihr Staudenbeet anzupflanzen. Im Sommer ist es schon viel zu heiß und die Pflanzen wachsen nicht so gut an. Das gilt auch für blühende Stauden.

Die ausgewählten Arten und Sorten müssen zum Standort passen. Schwere oder lehmige Böden können Sie mit Sand und Kompost verbessern. Leichte Sandböden profitieren von Kompost und Gesteinsmehl. Immer gut ist torffreie Pflanzerde, die die Stauden mit einem kleinen Nährstoffvorrat versorgt und den Boden mit lockerem Humus anreichert.

Ganz wichtig: Nach dem Pflanzen angießen und auch in den Wochen und Monaten danach regelmäßig wässern.

DAS BRAUCHEN SIE:

- Spaten oder Grabegabel
- Hacke
- Rechen
- Pflanzerde, Gesteinsmehl, Kompost und/ oder Sand zur Bodenverbesserung
- Stauden
- Pflanzschaufel
- Gießkanne oder Gartenschlauch zum Angießen

1

Stecken Sie zunächst das Beet ab. Dann die Fläche umgraben oder zumindest die oberste Rasenschicht abziehen. Entfernen Sie anschließend störende Wurzeln, Unkräuter, grobe Steine etc., und zerkleinern Sie grobe Schollen mit einer Hacke. Wenn Sie genug Zeit eingeplant haben, dann lassen Sie das so vorbereitete Beet ein paar Tage ruhen, damit sich die Erde wieder etwas setzt. Sie können aber auch gleich munter loslegen ...

2

Streuen Sie auf der Fläche Kompost, Pflanzerde oder Sand bzw. Gesteinsmehl aus, je nachdem, was Ihr Gartenboden braucht (→ siehe links). Pro Quadratmeter reichen 2–5 l Kompost oder Pflanzerde.

3

Die Beetoberfläche mit einem Rechen glatt ziehen. Pflanzerde und Gartenboden brauchen Sie nicht extra zu vermischen.

4

Verteilen Sie die Stauden nun auf dem Beet, aber lassen Sie diese dabei noch in ihren Töpfen. So können Sie immer wieder umarrangieren, bis Ihnen das Gesamtbild gefällt. Versuchen Sie sich dabei auch vorzustellen, wie sich der Anblick des Beetes verändern wird, wenn die Pflanzen wachsen und blühen. Halten Sie unbedingt die Pflanzabstände ein, damit sich die Stauden später nicht bedrängen.

5

Sind die Stauden platziert, werden sie ausgetopft und mit einer Pflanzschaufel eingesetzt. Angießen nicht vergessen!

PFLANZEN VERMEHREN

Wenn Sie ein neues Staudenbeet anlegen möchten, können Sie die Pflanzen natürlich beim Gärtner kaufen. Mehr Spaß macht es jedoch, die Pflanzen selbst aus Samen anzuziehen (→ Seite 90) oder durch Teilung oder Stecklinge zu vermehren.

Auf den Samentüten finden Sie die jeweiligen Informationen zur Aussaat, welcher Zeitraum der beste ist, ob die Samen abgedeckt werden müssen und bei welcher Temperatur sie am besten keimen. Auch der Zeitpunkt zum Auspflanzen ist angegeben. Die Aussaat selbst ist für alle ähnlich. Wenn die Jungpflanzen größer sind, werden sie pikiert, also in kleine Töpfe umgepflanzt (→ Seite 90), in denen sie kräftig werden können, bevor sie ins Beet nach draußen kommen.

DAS BRAUCHEN SIE:

- Schalen und kleine Töpfe
- Aussaaterde
- Samen
- Erdsieb oder altes Küchensieb
- Ballbrause
- Schere, Messer, Spaten
- durchsichtige Kunststofffolie
- Etiketten
- Etikettenstift oder Bleistift

1

Mediterrane Kräuter, Ziersträucher und Rosen sowie viele Stauden können durch Stecklinge vermehrt werden. Dazu werden die Triebspitzen abgeschnitten und in feuchte Erde gesteckt. Der untere Teil sollte nicht mehr weich, sondern schon etwas verholzt und ausgereift sein. Entfernen Sie die unteren Blätter, denn sie würden in der feuchten Erde nur verfaulen und können den Steckling zum Absterben bringen. Als Substrat eignet sich spezielle Aussaat- oder Vermehrungserde.

2

Mit einem Pikierhölzchen oder Bleistift können Sie ein kleines Loch in die Erde bohren, bevor der Steckling eingesteckt wird. Meistens lassen sich die Triebe aber einfach so stecken. Setzen Sie 3–5 Stecklinge zusammen, um buschige Pflanzen zu bekommen.

3

Zum Schluss mit einer Ballbrause angießen und mit durchsichtiger Folie abdecken, bis sich neue Wurzeln gebildet haben. Ab und zu lüften nicht vergessen.

4

Viele Stauden und Kräuter lassen sich auch durch Teilung vermehren. Ziehen Sie den Wurzelballen auseinander. Ist er sehr verfilzt, hilft ein Messer oder eine Schere, bei großen Stauden auch ein scharfer Spaten.

5

Die Teilstücke können Sie dann separat in Töpfe oder ins Beet pflanzen.

ZWIEBELBLUMEN VON FRÜHLING BIS HERBST

Zwiebelblumen und Knollenpflanzen sind ideale Partner für Stauden. Sie gehören zu den ersten Pflanzen, die im ausgehenden Winter zu blühen beginnen und lassen sich auch von Kälte und Schnee nicht aufhalten. Aber auch im Sommer und im Herbst blühen zahlreiche Arten.

Im Grunde genommen sind Zwiebelblumen und Knollenpflanzen auch Stauden, da sie mehrjährig sind, nicht verholzen und die oberirdischen Organe nach der Blüte absterben. Gärtnerisch werden sie jedoch als eigene Gruppe behandelt, da sie sich meist nur wenige Wochen von ihrer schönsten Seite zeigen, bevor Stängel und Blätter welken und sich die Pflanze in ihre unterirdischen Speicherorgane zurückzieht.

ZWIEBELBLUMEN

Schneeglöckchen, Winterlinge, Netz-Iris und Krokusse – das sind die ersten Frühlingsblüher, die nach einem langen, kalten Winter Farbe in den Garten bringen. Zwiebelblumen zählen zu den wenigen »Dingen« im Garten, bei denen tatsächlich die Maxime »Viel hilft viel« Gültigkeit hat. Gerade die kleineren Frühlingsblüher wie Krokusse und Winterlinge wirken erst richtig, wenn sie in verschwenderischer Masse gepflanzt werden.

Frühlingsblühende Zwiebelblumen wie Narzissen müssen schon im Herbst gepflanzt werden.

- Zwiebelblumen gedeihen in jedem normalen Gartenboden. Nur sehr schwere, nasse Lehmböden sollten Sie vor der Pflanzung dann doch besser mit Sand auflockern.
- Damit Zwiebelblumen, Knollen- und Rhizompflanzen gut gedeihen, müssen sie ausreichend mit Nährstoffen versorgt werden. Eine dünne Mulchschicht aus Kompost oder eine Gabe organischen Volldüngers zum Blattaustrieb reicht, damit die Pflanzen nach der Blüte genügend Nährstoffe in der Zwiebel oder Knolle einlagern können.
- Damit dies jedoch gewährleistet ist, muss das Laub so lange an der Pflanze bleiben, bis es vollständig gelb und eingetrocknet ist. Wenn Sie es vorher entfernen, so kann die Pflanze nicht genug Energiereserven einlagern und blüht im kommenden Jahr nicht oder geht sogar ein.

Zu welchen Zeiten Sie die jeweiligen Zwiebelblumen im Garten setzen können, hängt von deren Blütezeitpunkt ab. Die meisten Arten lassen sich nur dann ein- bzw. verpflanzen, wenn sie sich gerade in der Ruhephase befinden.

Frühjahrsblüher

Zwiebel- und Knollenpflanzen wie Tulpen *(Tulipa)*, Narzissen *(Narcissus)*, frühlingsblühende Krokusse *(Crocus)*, Winterlinge *(Eranthis)*, Blausternchen *(Scilla)*, Netz-Iris *(Iris reticulata)*, Schneeglanz *(Chionodoxa)*, Busch-Windröschen *(Anemone enmorosa)* und Strahlen-Anemone *(Anemone blanda)* sowie frühblühende Zierlauch-Arten *(Allium)* sollten Sie optimalerweise im September bis Oktober pflanzen, damit diese noch vor dem Wintereinbruch viele Wurzeln bilden und im Frühling kraftvoll austreiben und blühen können.

- Achten Sie darauf, die Knollen bis zur Pflanzung kühl und trocken zu lagern. Sie dürfen nicht feucht werden, da sie sonst sofort austreiben. Die zarten Wurzeln und Triebe brechen leicht ab, und die Zwiebeln faulen dann.
- Einfache Faustregel: Pflanzen Sie die Zwiebeln etwa doppelt so tief, wie sie dick sind. Bei Krokussen, Winterlingen, Anemonen, Schneeglöckchen, Blaustern u.a. kleinen Zwiebeln und Knollen beträgt die Pflanztiefe ca. 5 cm. Tulpen und Narzissen kommen je nach Größe 10–20 cm tief in die Erde.
- Eine Ausnahme sind Schneeglöckchen: Prinzipiell können Sie diese auch im Herbst pflanzen. Die kleinen, zarten Zwiebeln trocknen aber sehr schnell aus. Deshalb ist es besser, sie unmittelbar nach der Blüte und noch »grün«, also mit Laub, auszupflanzen bzw. zu versetzen.

Verteilen Sie die Zwiebeln und Knollen im Beet, bevor Sie diese endgültig einpflanzen.

Zwiebelblumen wie Tulpen bringen Farbe ins Beet, wenn die meisten Stauden noch im Winterschlaf sind.

Sommer- und Herbstblüher

Montbretien *(Crocosmia)*, Gladiolen *(Gladiolus)*, Blumenrohr *(Canna)*, Dahlien *(Dahlia)*, große Zierlauch-Arten und Lilien *(Lilium)* werden im Frühling, Herbst-Krokusse und Herbstzeitlose *(Colchicum)* im Sommer gepflanzt. Auch hier gilt: Die Zwiebel muss doppelt so tief in den Boden, wie sie dick ist.

- Lilien und hohe Laucharten mit großen Zwiebeln sind während der Ruhephase von Herbst bis zum Frühling sehr empfindlich und faulen bei viel Nässe nur allzu leicht. Graben Sie deren Pflanzloch deshalb etwas tiefer, dann kommt eine Dränage aus Kies und Sand in das Loch, bevor Sie die Zwiebel leicht schräg einsetzen. Große Lauchzwiebeln legen Sie ganz auf die Seite, damit sich in der vertieften Spitze kein Wasser sammelt. Dann bedecken Sie die Zwiebel zunächst mit Kies und erst zum Schluss mit Erde.

Überwinterung

Nur Zwiebeln und Knollen, die keinen Frost vertragen, müssen im Spätherbst ausgegraben und in Kisten mit Sand oder feuchtem Humus in der Garage oder dem Keller überwintert werden. Dazu zählen vor allem Gladiolen, Dahlien und Blumenrohr. Aber auch großblumige Tulpen sind empfindlich bei zu viel Feuchtigkeit im Sommer und kommen, nachdem sich das Laub komplett zurückgezogen hat, aus der Erde, um bis zum Herbst trocken eingelagert zu werden. Das gilt nicht für die robusteren Wildtulpenarten, die ganzjährig im Boden bleiben können.

STAUDEN RICHTIG PFLEGEN – DIE BASICS

Richtig gepflanzt und kombiniert bilden Stauden im Beet schnell eine eigene Lebensgemeinschaft, die sich gegenseitig stärkt und stützt. Die Eingriffe beim Gärtnern beschränken sich meist nur auf gelegentliches Unkrautzupfen, Gießen bei Trockenheit und den Rückschnitt im Spätwinter oder Frühjahr.

Die wichtigsten Maßnahmen bei der Pflege von Stauden sind Gießen bei Trockenheit, Mulchen und Düngen zur Bodenpflege und das Entfernen abgestorbener Pflanzenteile. Durch Rückschnitt und Teilen kann die Blütezeit verlängert bzw. die Wüchsigkeit der Pflanzen verbessert werden.

STAUDEN PFLEGEN

Bevor Sie zu Hacke, Spaten, Dünger und Schere greifen, sollten Sie die Pflanzen beobachten und ihren Wachstumsrhythmus kennenlernen. Sie werden schnell ein Auge für die einzelnen Arten entwickeln und sofort sehen, ob eine Runde Gießen angesagt ist oder sich vielleicht die eine oder andere Staude zu stark ausbreitet und andere bedrängt. Dann ist die ordnende Hand der Gärtnerin oder des Gärtners gefragt.

SO HAT UNKRAUT KEINE CHANCE

Zupfen Sie Unkräuter von Hand aus, denn beim Hacken können die Wurzeln der benachbarten Stauden beschädigt werden. Außerdem kommen beim Hacken im Boden ruhende Unkrautsamen an die Oberfläche, die dann beim nächsten Regen sofort keimen. Wurzelunkräuter wie Löwenzahn werden mitsamt der Pfahlwurzel ausgestochen.

Nach der Pflanzung

Am meisten Aufmerksamkeit verlangt das Staudenbeet unmittelbar nach der Pflanzung, bis alle Setzlinge angewachsen und etabliert sind. Die Pflanzen brauchen zumeist ein oder zwei Jahre, bis sich die Lücken geschlossen haben und sie stattlich genug sind, um störende Unkräuter selbst zu unterdrücken. Auch reichen ihre Wurzeln noch nicht so tief in den Boden, weshalb im Sommer häufiger gewässert werden muss.

Mulchen, Gießen und Düngen

Eine dünne, maximal 2–5 cm dicke Mulchschicht aus Kompost oder einfach aus gehäckselten Pflanzenteilen, die beim Rückschnitt nach dem Winter angefallen sind, fördert das Bodenleben und die Humusbildung.

- Stauden brauchen nicht so viele Nährstoffe, wie oft empfohlen wird. Zu viel Dünger, und hier vor allem zu viel Stickstoff, führt zu einem starken Triebwachstum und macht die Pflanzen anfällig für Krankheiten wie Mehltau und Schädlinge wie Blattläuse. Rittersporn, Zier-Salbei, Phlox und andere Prachtstauden erhalten im Sommer nach der ersten Blüte noch eine Gabe reifen Kompost, damit sie genug Kraft für den zweiten Blütenflor im Spätsommer haben.
- Eine zusätzliche Bewässerung ist nur in den ersten beiden Standjahren nach der Anlage nötig wie auch im Hochsommer bei länger anhaltenden Hitze- und Trockenperioden. Wenn Sie gießen, dann lieber einmal und kräftig. Der Boden sollte mindestens bis in eine Tiefe von 20–30 cm durchfeuchtet sein. Eine häufigere, aber nur oberflächliche Beregnung regt die Pflanzen zur Bildung vieler Feinwurzeln in der oberen Bodenschicht an, weshalb diese dann viel schneller vertrocknen, wenn der Regen oder die Bewässerung einmal ausbleiben. Der beste Zeitpunkt zum Gießen

ist morgens oder am frühen Vormittag. Dann kann das Wasser auf Blättern und Blüten verdunsten und auch die Bodenoberfläche abtrocknen. Wenn Sie die Pflanzung dagegen erst abends wässern, haben Schnecken ein leichtes Spiel.

Stäben, Stützen, Ausputzen, Staudenschnitt

Hohe Stauden brauchen eine Stütze, damit die schweren Blütenstände nicht umkippen. Staudenstützen oder -ringe werden im Frühjahr, wenn die Pflanzen noch niedrig sind, im Beet über den Stauden installiert. Sie können auch trockene Haselnuss-, Weiden- oder Hartriegelruten zwischen die Pflanzen stecken.

> Entfernen Sie regelmäßig welke Blüten, wenn Sie keine Samenansätze möchten. Das regt die Bildung immer neuer Blütenknospen an und verlängert die Blütezeit. Schneiden Sie dabei die Stängel unterhalb der Blüten bis auf die ersten Blätter bzw. Verzweigungen zurück.

> Hoher Phlox, Zier-Salbei, Rittersporn u. a. blühen im Spätsommer ein zweites Mal, wenn Sie die ersten Blüten im Frühsommer sofort nach dem Abblühen zurückschneiden. Durch diese Technik können Sie die Blütezeit auch steuern, beispielsweise indem Sie die Triebe einer Staude nur teilweise zurückschneiden und einen Teil stehen lassen.

Abgestorbene Stängel sollten Sie erst im Frühjahr zurückschneiden; sie dienen Insekten als Winterquartier.

Verblühtes und welke Knospen sollten Sie vor allem bei Prachtstauden regelmäßig entfernen. Das regt die Bildung neuer Blüten an.

Teilen zur Verjüngung

Prachtstauden wie Rittersporn, Margeriten oder Bart-Iris verlieren im Laufe der Jahre an Wüchsigkeit und Blühwilligkeit. Zeit dafür, sie im Herbst auszugraben, zu teilen, alte Pflanzenteile zu entfernen und wieder neu einzupflanzen. Das gilt nicht für Pfingstrosen, die möglichst nicht verpflanzt werden sollen.

Winterschutz und Rückschnitt im Frühjahr

Im Herbst sollten Sie trockene Samenstände und Stängel stehen lassen, denn sie werden von vielen Insekten als Winterquartier genutzt. Der Rückschnitt wenige Zentimeter über dem Boden erfolgt erst im Spätwinter oder zeitigen Frühjahr im Februar – kurz bevor die ersten neuen Triebe und die Frühlingsblüher erscheinen. Nässe- und kälteempfindliche Stauden und Gräser bekommen einen eigenen Winterschutz: diese mit Vlies, Reisig oder Laub abdecken (→ Winterschutz, Seite 162).

EINFACH KLASSISCH: STAUDENBORDER

Klassische Staudenbeete, auch »Border« genannt, wenn man den Begriff aus der englischen Gartengestaltung verwenden möchte, sind für viele das Paradebeispiel für Staudenbeete im Garten. Moderne Staudenbeete haben mit den pflegeintensiven Rabatten früherer Tage aber nichts mehr gemeinsam.

Üppige Staudenrabatten, die sich beiderseits von breiten Wegen durch großzügige Cottagegärten und Parks ziehen, lassen nicht nur Staudenfreunde schwelgen.

PERFEKT KOMPONIERT

Englische Staudenbeete sind lange, rechteckige Anpflanzungen, oft mit einer Mauer oder einer geschnittenen Hecke als Hintergrund, die beiderseits von Rasenwegen oder vor einer Rasenfläche angelegt sind. Die Pflanzen werden wie auf einer Bühne arrangiert und weniger nach den Lebensbereichen, sondern hauptsächlich nach ihrem Aussehen, der Blütenfarbe und -form ausgewählt. Zu den Stauden gesellen sich jede Menge Rosen, blühende Ziersträucher und Sommerblumen wie Kosmeen (Schmuckkörbchen), dazu nicht winterharte Knollenpflanzen wie Dahlien und Blumenrohr. Für zusätzliche Struktur und Gliederung oder als Akzent werden zu Kugeln, Säulen und Pyramiden geschnittene Immergrüne im Beet verteilt. An hohen Obelisken und Rankgerüsten klettern Rosen und Clematis.

> Damit sich alle Protagonisten im Beet präsentieren können, sind die Pflanzen nach ihren Wuchshöhen gestaffelt angeordnet. Niedrige, polster- oder horstförmig wachsende Arten haben ihren Platz im Vordergrund am Wegrand oder der Rasenkante, während die hohen Stauden, Gräser und Sträucher im Hintergrund zur Geltung kommen. Die mittleren Bereiche werden von Pflanzenarten, die eine Höhe von maximal 1 m erreichen, eingenommen.
> Sich regelmäßig wiederholende Pflanzgruppen sorgen für Ruhe und Harmonie in der Staudenrabatte.
> Englische Border haben meist ein bestimmtes Farbthema, also beispielsweise weiß-rosa oder gelb-rot.

Mohn, Rosen, Fingerhut und Rittersporn dürfen in keinem Cottagegarten fehlen.

Anlage und Pflege

Ein englisches Staudenborder sollte eine Tiefe von mindestens 2 m haben, damit die Pflanzen in den unterschiedlichen Höhenstaffelungen ausreichend Platz haben. Da die Arten nach ästhetischen Merkmalen und nicht nach ihren Ansprüchen ausgewählt werden und insgesamt sehr viele Prachtstauden ihren Platz im Border haben, ist ein nährstoffreicher, humoser und durchlässiger Boden besonders wichtig.

> Prachtstauden sind Beet- und Rabattenstauden, die über viele Jahre züchterisch bearbeitet wurden und besonders prächtige Blüten haben. Sie sind aber auch kleine Diven, die mehr Hege und Pflege benötigen als die eher ursprünglichen oder naturbelassenen Verwandten.
> Der Standort ist idealerweise sonnig bis vollsonnig.

In der Höhe gestaffelte Staudenbeete säumen einen Rasenweg.

- Staudenborder brauchen viel Pflege, das bedeutet gießen, düngen, Unkraut jäten, stützen, schneiden, ausputzen, umpflanzen und verjüngen. Angesichts der Pracht ein Aufwand, der sich durchaus lohnt, wenn man gerne im Garten arbeitet.

Die schönsten Arten

Erlaubt ist, was gefällt, und so können Sie in einem Staudenborder alle Pflanzen miteinander kombinieren, die Ihnen besonders zusagen. Nur Hungerkünstler und Trockenstauden sind vom reichen Nährstoff- und Wasserangebot überfordert.

- **Stauden –** Hohe Phloxe *(Phlox),* Pfingstrosen *(Paeonia),* Türkischer Mohn *(Papaver orientale),* Indianernessel *(Monarda),* Rittersporn *(Delphinium),* Prachtspieren *(Astilbe),* Spornblumen *(Centranthus),* Herbst-Anemonen (*Anemone-Japonica*-Hybriden), Fingerhut *(Digitalis)*, Malven und Stockrosen *(Althaea, Alcea),* Blutweiderich *(Lythrum),* Katzenminze *(Nepeta),* Frauenmantel *(Achillea),* Astern *(Aster),* Glockenblumen *(Campanula),* Strorchschnäbel *(Geranium)* und verschiedene Zier-Salbei-Arten *(Salvia)* – die Palette der Stauden ist einfach riesig.
- **Rosen –** Beet- und Edelrosen verbreiten in kleinen Gruppen zwischen den Stauden nostalgisches Flair. Durch die Sortenvielfalt haben Sie genug Auswahl für jedes Farbklima. Kletterrosen (Climber) können an Rankgerüsten und Obelisken gezogen werden. Größere Strauchrosen und Historische Rosen machen sich im Hintergrund gut.
- **Ziersträucher –** Zwergflieder, Spireen, Sommerflieder, Schneeball und Hartriegel bleiben durch regelmäßigen Schnitt überschaubar groß. Viele Hartriegel-Arten (beispielsweise *Cornus sibirica, sanguinea* und *C. stolonifera*) können jährlich im Frühjahr auf den Stock zurückgeschnitten werden und zeigen im Winter mit ihrer Rinde Farbe im Beet. Auch Immergrüne wie Stechpalmen und Eiben vertragen Schnittmaßnahmen gut. Buchs sollten Sie nur pflanzen, wenn in Ihrer Region der Buchsbaumzünsler noch nicht aufgetaucht ist.
- **Kletterpflanzen –** Clematis (Waldreben) ergänzen Rosen in den Rankgerüsten oder können in Strauchrosen wachsen.
- **Einjährige Sommerblumen und Beetpflanzen –** Schmuckkörbchen *(Cosmos),* Spinnenblume *(Cleome)* und einjährige Sonnenhüte *(Rudbeckia)* komplettieren die Stauden.
- **Knollenpflanzen –** Dahlien *(Dahlia),* Blumenrohr *(Canna)* und Gladiolen *(Gladiolus)* sorgen ab dem Sommer für kräftige Farbtupfer im Beet. Sie müssen im Spätherbst ausgegraben und frostfrei überwintert werden.

GÄRTNERN OHNE GIESSEN – KIESGÄRTEN

Kiesgärten sind die Gärten der Zukunft. Einmal angelegt brauchen sie fast keine Pflege mehr und kommen im wahrsten Sinne des Wortes ohne zusätzliches Gießen aus. Sie sind ein perfektes Beispiel für eine naturnahe und standortgerechte, ökologische Pflanzenverwendung im Garten.

Kiesgärten sind voll im Trend! Kein Wunder: Wenn Standort und Pflanzenauswahl passen, brauchen sie so gut wie keine Pflege mehr. Darum: Genießen statt gießen!

TROCKENKÜNSTLER UNTER SICH

Grundlage für einen Kiesgarten oder ein Kiesbeet ist ein nährstoffarmer, sandiger und steiniger Boden, der durchaus auch mit Geröll und größeren Steinen durchsetzt sein darf. Der Standort sollte möglichst sonnig und trocken sein, denn dann fühlen sich die auf diesen Lebensraum spezialisierten Stauden, Gräser und Halbsträucher erst richtig wohl. Typisch für Kiesgärten ist die lockere, wie zufällig wirkende Pflanzung. Lücken zwischen den Pflanzen, freie Sand- und Kiesbereiche oder kleine Geröllhalden sind nicht nur geduldet, sondern geradezu erwünscht, denn sie betonen den natürlichen Charakter. Wege sind in einem Kiesgarten deshalb nicht erforderlich, selbst wenn er eine größere Fläche einnimmt.

Elegante und natürliche Gartenbilder entstehen im Kiesgarten, ganz ohne aufwendige Pflegemaßnahmen.

Anlage und Pflege

Kiesgärten und -beete können großflächig auf dem gesamten Grundstück oder in Teilbereichen, beispielsweise am Teich oder entlang einer Trockenmauer, angelegt werden. Wenn der Boden sehr nährstoffreich ist, lohnt sich ein Austausch der obersten, humusreichen Mutterbodenschicht bis auf 20–30 cm. Oft reicht es aber auch, die vorhandene Grasnarbe mitsamt den Pflanzenwurzeln zu entfernen und eine 10–20 cm starke Schicht aus grobem Kies und Sand mit einer Körnung von 0–32 mm auszubringen. Als oberer Abschluss kann dann noch eine gröbere Lage aus Splitt oder Kies ausgebracht werden. Sie sollte jedoch nicht zu hell sein, andernfalls kann sie im Sommer blenden, da sie das Sonnenlicht stark reflektiert.

- Kiesgartenstauden sind Trocken- und Hungerkünstler und wachsen in normalem Gartenboden viel zu üppig. Im nährstoffarmen Sand behaupten sie sich jedoch perfekt und bilden schnell attraktive Lebensgemeinschaften.
- Viele Stauden und Gräser im Kiesgarten vermehren sich durch Selbstaussaat. Das ist durchaus erwünscht, denn so entstehen mit der Zeit dynamische Gartenbilder, und das Beet sieht jedes Jahr ein bisschen anders aus.
- Nach der Pflanzung müssen die Stauden und Gräser nur im ersten Jahr gegossen werden, bis die Wurzeln durch die Sand- und Schotterschicht in tiefere Bodenschichten vorgedrungen und dort angewachsen sind.
- Ein weiterer, nicht zu unterschätzender Vorteil: Unkräuter lassen sich im lockeren Sand und Kies leicht auszupfen.

Auch auf kleiner Fläche können Sie ein Kiesbeet mit den dazupassenden Pflanzen anlegen.

Obwohl mit dem niedrigen Purpur-Stachelnüsschen und der Rutenhirse nur wenige Arten in diesem Beet wachsen, wirkt es überhaupt nicht langweilig.

> Eingewachsene Beete sollten Sie im Spätwinter oder Frühling, kurz bevor die Pflanzen neu austreiben, zurückschneiden. Das Schnittgut bitte unbedingt entfernen. Bleibt es auf der Fläche, bildet sich mit der Zeit eine Humusschicht, die in diesem Fall nicht erwünscht ist – schließlich soll der Boden ja karg und durchlässig bleiben.
> Eine Düngung ist in der Regel auch nicht nötig. Sie kann sogar zu Wurzelschäden führen, sofern nicht genug Feuchtigkeit im Boden vorhanden ist.

Die schönsten Arten

Im locker-durchlässigen Boden in der prallen Sonne fühlen sich viele Prärie- und Steppenstauden, Gräser, Steingartenpflanzen und Zwiebelblumen wohl.

> **Stauden –** Wolfsmilch *(Euphorbia myrsinites, E. segueriana)*, Schafgarbe *(Achillea)*, Fackellilien *(Kniphofia)*, Steppenkerze *(Eremurus)*, Königskerze *(Verbascum)*, Palmlilie *(Yucca)*, Fetthenne (*Sedum spectabile* u.a.), Lein *(Linum)*, Salbei (*Salvia officinalis* und *S. nemorosa)*, Woll-Ziest *(Stachys byzanthina)*, Edeldistel *(Eryngium)*, Bart-Iris *(Iris barbata)*, Karthäusernelke *(Dianthus carthusianorum)*, Astern *(Aster × frikartii, A. amellus)*, Katzenminze *(Nepeta)* und Stachelnüsschen *(Acaena)* sind nur eine kleine Auswahl geeigneter Arten und Gattungen.
> **Gräser –** Verschiedene Schwingel *(Festuca)*, Reitgras *(Calamagrostis)*, Blaustrahlhafer *(Helictotrichon sempervirens)*, Rutenhirse *(Panicum virgatum)*, Riesen-Federgras *(Stipa gigantea)* und Goldbartgras *(Sorghastrum nutans)* wachsen in der vollen Sonne auf kargem Boden am besten.
> **Zwiebelblumen –** Krokus *(Crocus)*, verschiedene Lauch-Arten (Kugel-Lauch, *Allium spaerocephalum;* Rosen-Lauch, *A. roseum;* Riesen-Lauch, *A.* 'Globemaster', und Sternkugel-Lauch, *A. christophii*), botanische Tulpen (*Tulipa*-Wildarten), Junkerlilie *(Asphodeline)*, Milchstern *(Ornithogalum)* und Graslilie *(Anthericum)* blühen in allen Farben von Weiß über Rosa bis Purpurviolett, und das vom Frühling bis in den Spätsommer.
> **Einjährige und kurzlebige Stauden –** Lücken schließen Kalifornischer Goldmohn *(Eschscholzia californica)*, Jungfer im Grünen *(Nigella damascena)*, Patagonisches Eisenkraut *(Verbena bonarienis)* und Prachtkerzen *(Gaura lindheimeri)*.
> **Kräuter und Halbsträucher –** Blauraute *(Perovskia)*, Schmetterlingsflieder *(Buddleja)*, Ginster *(Genista)* und Lavendel fühlen sich im Kiesgarten gleichfalls überaus wohl.

WOCHENEND-

DAS BRAUCHEN SIE:

- Flusssand (Körnung 0–12 mm), pro Quadratmeter 0,2 m^3
- Steine und Findlinge zur Dekoration
- Spaten, Schaufel
- Hacke
- Schubkarre
- Kiesgartenstauden und Gräser
- Gießkanne, Schlauch oder Rasensprenger

KIESGARTEN ANLEGEN

Ein perfektes, wenn auch schweißtreibendes Wochenendprojekt. Der Aufwand lohnt sich jedoch allemal, denn Kiesgartenstauden sind denkbar anspruchslos, brauchen kaum Pflege und noch nicht einmal regelmäßig Wasser. Wichtig ist die Vorbereitung: Der nährstoffreiche Oberboden wird durch eine durchlässige Sand- und Kiesschicht ersetzt, in der die Pflanzen wachsen. Die Fläche kann zusätzlich mit farblich passenden Steinen und Findlingen dekoriert werden.

1

Der erste Teil ist der anstrengendste: Graben Sie die oberste Erdschicht etwa 10–20 cm tief ab, oder entfernen Sie zumindest die Grasnarbe zur Gänze. Für größere Flächen können Sie sich dafür auch einen Minibagger aus dem Baumarkt ausleihen.

PROJEKT

2

Alle Wurzeln und Pflanzenreste werden penibel mit der Hacke entfernt. Das ist eine etwas mühsame Arbeit, die sich jedoch lohnt, denn so wachsen im Kiesbeet später nur die Arten, die Sie gepflanzt oder gesät haben. Wenn Sie Wurzelstücke oder Rhizome von Wurzelunkräutern oder Gräsern auf der Fläche belassen, wachsen diese später von unten wieder in das Beet.

3

Wenn die Fläche von der nährstoffreichen oberen Erdschicht und den Pflanzen- und Wurzelresten befreit ist, können Sie den Sand bzw. Kies ausbringen. Eine 10–20 cm dicke Schicht kiesiger Flusssand bildet die Wachstumsgrundlage für die Trocken- und Hungerkünstler, die später das Beet zieren sollen. Anschließend den Sand mit einem Rechen gleichmäßig verteilen und die Oberfläche mehr oder weniger glatt harken.

4

Verteilen Sie die Pflanzen vor dem Einsetzen auf der Beetfläche. Wenn alles passt, können Sie die Stauden und Gräser aus den Töpfen nehmen und in den Sand pflanzen. Zuvor den Wurzelballen an den Seiten noch etwas aufrauen und gegebenenfalls die Wurzeln, die im Topf im Kreis gewachsen sind, lockern. So etablieren sich die Pflanzen schneller, da die neu gebildeten Wurzeln gleich in den umgebenden Sand wachsen.

5

Ganz wichtig: Ordentlich angießen. In den ersten Wochen regelmäßig wässern, wenn es nicht regnet. Sobald die Pflanzen angewachsen sind, brauchen Sie dann nicht mehr zusätzlich gießen.

VON WEGEN TRIST – SCHATTENBEETE

Schattige Gartenbereiche müssen nicht unbedingt langweilig sein. Im Gegenteil, die Auswahl an geeigneten Stauden und Gehölzen ist riesig. Egal, ob feuchter oder trockener Schatten, für jeden Standort gibt es passende Pflanzen, die weniger sonnige Gartenbereiche mit Leben füllen.

Viele Gartenbesitzer sind über schattige Bereiche unglücklich, da ihnen der Ruf anhängt, wenig Gestaltungsspielraum zu bieten und schwierig zu bepflanzen zu sein. Das Gegenteil ist jedoch der Fall, denn halbschattige und schattige Bereiche im Garten, sei es unter Bäumen, vor Mauern oder an der Nordseite von Gebäuden, bieten einer beachtlichen Anzahl an Gartenpflanzen eine Heimat. Selbst für problematische Bereiche wie den trockenen Schatten unter Nadelgehölzen oder einer Dachtraufe gibt es noch ansprechende Lösungen.

SCHATTEN IST NICHT GLEICH SCHATTEN

Schattenplätze strahlen eine ganz eigene Atmosphäre aus. Das Licht ist gedämpfter und die Luft kühler und feuchter. Der perfekte Ort für einen Sitzplatz im Sommer. In jedem Garten gibt es solche Ecken, die nicht den ganzen Tag der Sonne ausgesetzt sind. Anstatt nun aus vermeintlicher Not auf eine Bepflanzung mit Efeu, Immergrün und Cotoneaster zurückzugreifen, lohnt es sich, die Chance beim Schopfe zu ergreifen und das Potenzial der Schattenstauden auszuschöpfen. Die Auswahl ist groß: Da gibt es filigrane Farne, manche sogar immergrün, üppige Blattschmuckstauden mit riesigen Blättern und jede Menge Blütenschönheiten. Sie warten vielleicht nicht mit ganz so knalligen Blütenfarben auf wie manche Prachtstauden, dafür sind sie bei näherer Betrachtung umso filigraner und mindestens genauso reizvoll. Zusätzliche Abwechslung entsteht, wenn Sie unterschiedliche Blatt- und Wuchsformen geschickt miteinander kombinieren.

Mit dem beginnenden Frühjahr entrollt der Straußfarn seine filigranen Blattwedel.

> Bei der Auswahl der passenden Pflanzen spielen die Lebensbereiche (⇢ Seite 115) eine wichtige Rolle, denn je nach Ausrichtung und Art des Schattens herrschen völlig andere Ausgangsbedingungen. So ist der Standort an einem Waldrand, der nach Süden ausgerichtet ist, eher halbschattig und trocken, nur wenige Meter weiter auf der Nordseite ist es kühl und feucht mit ganz anderen Pflanzengesellschaften.

> Unter Laubbäumen ist der Boden im Herbst, Winter und Frühjahr feuchter, und es gelangt mehr Licht auf die Erdoberfläche. Solche Ecken im Garten sind prädestiniert, um mit frühlingsblühenden Zwiebel- und Knollenpflanzen wie Schneeglöckchen, Winterlingen und Frühlings-Alpenveilchen besetzt zu werden (⇢ Zwiebelblumen, Seite 134).

> Im lichten Schatten unter Ziersträuchern oder am Rand von Hecken gedeiht eine Vielzahl an Schattenstauden wie Funkien, Farne, Storchschnäbel u. a. Auch die oben erwähnten Frühlingsblüher fühlen sich hier überaus wohl. Voraussetzung ist, dass der Boden locker-humos und feucht ist.

> Unter Nadelgehölzen und im Regenschatten auf der Nordseite von Häusern ist es dunkel und trocken. Das ist die einzige wirkliche Problemzone im Schatten. Aber auch hier gibt es attraktive Stauden, die dies meistern (⇢ Tiefer Schatten).

Halbschatten

Halbschattige Standorte erhalten in der Regel weniger als 5–6 Stunden Sonne am Tag, meist am Vor- oder Nachmittag. Dies können Plätze unter Sträuchern und kleinen Bäumen sein, vor höheren Stauden oder einem Zaun bzw. einer Hecke.

Lichter Schatten

Lichter Schatten entsteht, wenn die Sonne durch ein lockeres Blätterdach scheint oder sich der Lichteinfall auf dem Boden durch die Bewegung der darüberwachsenden Zweige und Äste laufend ändert. Diese Standorte sind das Reich der vielen Halbschattenblüher wie Astilben, Eisenhüten, Anemonen und Akeleien, aber auch Funkien und viele Farne fühlen sich hier wohl, solange der Boden feucht ist.

Weiß blühende und grün-weiß panaschierte Pflanzen bringen Licht in schattigere Gartenbereiche.

So üppige Schattenbeete unter größeren Gehölzen entstehen durch gute Bodenvorbereitung und eine ausgeklügelte Pflanzenauswahl.

Tiefer Schatten

Pflanzen, die hier wachsen, kommen aus dunklen Wäldern oder wachsen in Schluchten, in die kaum direktes Sonnenlicht fällt. Ein perfekter Standort für viele Farne, wenn der Boden feucht und humos ist. Wenn dichte Nadelbäume oder Mauern und Dachvorsprünge verhindern, dass der Regen den Boden erreicht, können Pflanzen nur durch Gießen oder eine künstliche Bewässerung, beispielsweise mit Tropf- oder Perlschläuchen, überleben. Alternativ können Sie robuste Bodendecker wie Efeu, Elfenblumen und Immergrün am Rand dieser Zonen pflanzen, wo die Wurzeln noch feuchte Erde zur Verfügung haben. Mit der Zeit wachsen sie mit Ausläufern und Ranken (beim Efeu) auf in die trockeneren Zonen ein.

Anlage und Pflege

Die meisten Schattenpflanzen bevorzugen oder brauchen sogar einen feuchten, humosen Boden und natürlich auch etwas Licht, denn sonst ist keine Fotosynthese möglich.

> Sollen Bereiche unter Sträuchern und Bäumen bepflanzt werden, kann die erste Maßnahme das sogenannte Aufasten sein. Darunter versteht man das Entfernen der unteren Äste von den Stämmen bei Gehölzen. So gelangt mehr Licht auf den Boden und bei Nadelbäumen auch etwas mehr Feuchtigkeit bzw. Regen auf die Erde, zumindest von den Seiten.

Bergenien, hier die Sorte 'Britten', gehören zu den dankbarsten Schattenpflanzen überhaupt.

- > Zur Vorbereitung des Untergrunds lockern Sie den Boden und entfernen Wurzelunkräuter wie Giersch u. a. (zumindest so gut es geht). Unter Sträuchern und Bäumen ist der Boden durch das Wurzelwerk der Gehölze oft schwer zugänglich. Sie sollten ihn daher nur leicht bearbeiten, denn Spaten und Grabegabel würden mehr Schaden als Nutzen haben.
- > Der Boden kann nun mit Grüngutkompost und Laubhumus (kompostiertes Herbstlaub) gemulcht werden. Seien Sie ruhig großzügig, eine 10–15 cm starke Schicht ist der Anfang einer natürlichen Humusschicht. Auch torffreie Pflanzerde eignet sich. Torf selbst ist weniger gut geeignet, denn er ist zu sauer, zersetzt sich schnell und bildet keinen Dauerhumus. Außerdem sollte er aus Umweltschutzgründen nicht im Garten eingesetzt werden. Das organische Material müssen Sie nicht einarbeiten, denn das erledigen Regenwürmer, Asseln und allerlei anderes Bodengetier für Sie.
- > Die Deckschicht muss regelmäßig feucht gehalten werden.
- > Bis sich die gesetzten Pflanzen etabliert haben, kann es einige Jahre dauern, in denen Sie durch regelmäßiges Unkrautjäten und Gießen sowie herbstliche Laubhumusgaben die Pflanzen unterstützen können.
- > Viele Schattenstauden wachsen relativ dicht, daher sind Unkräuter in etablierten Pflanzungen selten ein Problem.
- > Lassen Sie sich von Misserfolgen nicht demotivieren. Vielleicht war der Standort noch nicht optimal gewählt, vielleicht passte die gewünschte Staude oder das Gras nicht ganz so gut. Dank der großen Auswahl findet sich für jeden Schattenplatz das richtige Pflänzchen.

PFLANZEN FÜR DEN SCHATTEN

Farne, Blattschmuckstauden, Bodendecker oder doch lieber ein paar Blüten? Die Auswahl an geeigneten Arten in vielen verschiedenen Variationen ist groß. Achten Sie bei der Zusammenstellung auf vielfältige Blattformen und -farben. Gerade Farne haben mit ihren feinen Wedeln eine verbindende und ausgleichende Wirkung in Pflanzungen mit großblättrigen Stauden wie Funkien oder Schaublättern.

- > **Farne –** Diese urtümlichen Gewächse sind keine Blütenpflanzen und vermehren sich nicht durch Samen, sondern durch Sporen. Es gibt immer- bzw. wintergrüne Arten wie Hirschzungenfarn *(Phyllitis scolopendrium)*, Filigranfarn *(Polystichum setiferum)*, Tüpfelfarn *(Polypodium vulgare)*, Goldschuppenfarn *(Dryopteris affinis)* und den Sichelfarn *(Cyrtomium fortunei)*. Frischgrün und schnell auch größere Flächen bedeckend ist der Straußen- oder Trichterfarn (*Matteuccia struthiopteris)*. Weitere schöne Arten sind Wurmfarn *(Dryopteris filixmas)*, die zarten Pfauenradfarne (*Adiantum pedatum)* und der Rippenfarn *(Blechnum spicant)*. Die in den letzten Jahren angebotenen Baumfarne *(Dicksonia)* sind, entgegen vieler anderer Aussagen, nicht zuverlässig winterhart und überstehen ohne Schutz keine Temperaturen unter –5 °C.
- > **Blattschmuckstauden –** Die Gruppe der Blattschmuckstauden umfasst viele Hundert Arten und etliche Tausend Sorten und Gartenformen. In keinem Schattengarten dürfen Funkien *(Hosta)* fehlen. Sie überzeugen durch attraktive Blätter in allen Grüntönen, von Gelbgrün bis Dunkelgrün und Blaugrau,

Im lichten Schatten unter Gehölzen blühen Schneeglöckchen und Frühlings-Alpenveilchen.

Frühlingsblüher unter sich: Buschwindröschen, Lerchensporn und Blaustern stehen unter einer Scheinhasel in voller Blüte. Wenn der Strauch im Frühsommer Blätter trägt, haben sich die Frühlingsblüher schon längst wieder unter die Erde zurückgezogen.

und viele Arten und Sorten auch durch anmutige Blüten. Zahlreiche Funkien haben panaschierte, also gelb-weiß oder grün-weiß gestreifte Blätter, die dauerhaft für helle Punkte in dunklen Gartenecken sorgen, selbst wenn die Blütezeit vorbei ist. Weiterhin dürfen Elfenblumen *(Epimedium)*, Purpurglöckchen *(Heuchera)* und Schaumblüte *(Tiarella)* nicht fehlen sowie Aronstab *(Arum)*, Salomonssiegel *(Polygonatum)*, Taubnesseln *(Lamium maclatum)* und natürlich die ganze Palette der Seggen und Schattengräser (⇢ Gräser, Seite 160).

> **Blattgiganten –** Einige Blattschmuckstauden können es durchaus mit kleinen Sträuchern aufnehmen, was die Wuchshöhe angeht. Die Schaublätter *(Rodgersia)* gehören dazu, deren kastanienartiges Laub auf jeden Fall ein Hingucker ist. Auch die Blaublatt-Funkien (*Hosta* 'Blue Angel' und 'Bressingham Blue') haben mächtige Blätter, ebenso das Tafelblatt *(Astilboides tabularis)*.

> **Blütenstauden für den Schatten –** Die Auswahl an Stauden, die attraktive Blüten und Blütenstände haben und sich an halbschattigen und schattigen Standorten wohlfühlen, ist groß. Immer- bzw. wintergrün sind Lenz- und Christrosen *(Helleborus)* sowie die Balkan-Wolfsmilch *(Euphorbia amygdaloides* ssp. *robbiae)*. Attraktive Blüten haben auch die vielen Akeleien *(Aquilegia)*, Fingerhut *(Digitalis)*, Astilben *(Astilbe)*, Geißbart *(Aruncus)*, Anemonen *(Anemone)*, Tränendes Herz, Leberblümchen *(Hepatica nobilis)*, Mondviole *(Lunaria rediviva)* und viele Dreiblattarten *(Trillium)*. Die Blüten der Krötenlilie *(Tricyrtis)* erinnern an exotische Tropenblumen, und wer es ganz zart und natürlich mag, lässt die heimische Große Sternmiere *(Stellaria holostea)* an Hecken und Zäunen im Halbschatten verwildern.

> **Frühlingsblüher –** Außer verschiedenen Zwiebelblumen wie Krokussen *(Crocus)*, Schneeglöckchen *(Galanthus)*, Alpenveilchen (*Cyclamen coum* blüht im Frühling, *C. hederifolium* im Herbst), Schneeglanz *(Chionodoxa)*, Blaustern *(Scilla)* und natürlich Tulpen und Narzissen gibt es noch jede Menge kleiner Stauden wie Schlüsselblumen *(Primula veris* und *P. elatior)*, Kissen-Primeln *(Primula elatior)* und viele mehr, die unter Gehölzen blühen, bevor sich deren Blätter öffnen. Auch die vielseitigen Bergenien *(Bergenien)* kommen mit schattigeren und auch trockeneren Standorten gut zurecht und öffnen im Frühling ihre weißen, rosa oder pinkfarbenen Blüten.

MODERNE STAUDENBEETE – GEKONNT KOMBINIERT

Moderne, pflegeleichte Staudenbeete können Sie in jeder Größe und Form anlegen. Bei der Auswahl der Pflanzen entscheiden Ihr persönlicher Geschmack und die Standortbedingungen im Garten – schließlich sollen die Pflanzen ja mehr oder weniger von alleine wachsen.

Der Begriff »New German Style« beschreibt einen Gestaltungsstil, bei dem die standortgerechte Pflanzenverwendung im Vordergrund steht. Nach diesem Konzept angelegte Beete bieten zu jeder Jahreszeit attraktive und interessante Aspekte. Der Begriff »New German Garden Style« wurde Anfang der 1990er-Jahre von dem englischen Gartenbuchautor Stephen Lacy geprägt, um die zugrunde liegende Theorie der Pflanzenverwendung nach Lebensbereichen und die nach diesem Konzept entstandenen Pflanzungen zu schildern. Er beschrieb die ersten Staudenpflanzungen im Münchner Westpark und in verschiedenen Sichtungsgärten als Alternative zu den pflegeintensiven klassischen Staudenbordern, bei denen nur die Farbigkeit und Üppigkeit der Beetkomposition und die Perfektion der einzelnen Blüten im Vordergrund standen.

Mittelmeer-Wolfsmilch ist eine optische Alternative zu pflegeintensiven Hortensien.

- Der deutlich geringere Pflege- und damit auch Kostenaufwand ließ immer mehr Kommunen aufhorchen, was dazu führte, dass viele Verkehrsinseln und Grünflächen entlang von Straßen heute mit Präriestauden oder Gräsern bepflanzt oder als Kiesgarten gestaltet werden.
- Auch im Privatgarten setzt sich dieses Konzept durch – und das zu Recht, denn die Beete sind üppig und schön und brauchen trotzdem nicht allzu viel Pflege.
- Im Gegensatz zu den naturalistischen Pflanzkonzepten im Naturgarten werden beim New German Style nicht nur einheimische Arten, also »echte« Wildstauden, verwendet, sondern auch Arten aus anderen Ländern und Kontinenten, solange diese eben zum Standort passen. Im Garten sind Üppigkeit und schöne Blüten genauso wichtig wie der ökologische Wert einer Pflanze.
- Suchen Sie die Stauden nach Farben oder bunt gemischt aus, kombiniert mit Gräsern und anderen Gartenpflanzen, aber immer standortgerecht.

STAUDENMISCHPFLANZUNGEN

Mischpflanzungen sind eine ausgesprochen einfache Möglichkeit, vielgestaltige und dynamische Staudenbeete anzulegen. Der Vorteil besteht darin, dass die Pflanzenmischungen erprobt sind und genau festgelegt ist, wie viele Pflanzen pro Quadratmeter Beetfläche benötigt werden. Sie sind so zusammengestellt, dass vom Frühjahr bis zum Herbst immer wieder neue Aspekte auftreten. Dabei sind alle Gestaltungsprinzipien wie Blütezeiten und deren Abfolge, Farbkombinationen, Ausbreitungs- und Konkurrenzverhalten sowie die Blatt- und Blütentexturen (Formen und Oberflächeneindrücke) berücksichtigt. Die Mischungen bestehen etwa aus:

Von der orangeroten Sonnenbraut gibt es viele Sorten, die von Juli an bis in den Herbst hinein blühen.

> 5–15 % höheren Leitstauden
> 30–40 % halbhohen Begleitstauden
> mindestens 50% niedrigen Bodendeckstauden
> Füllpflanzen, Blumenzwiebeln und Knollenpflanzen

Derartige Staudenmischungen sind bei vielen Staudengärtnereien erhältlich und können für jede Beetgröße und jeden Standort individuell zusammengestellt werden. Es gibt sie für sonnige, halbschattige und schattige Beete, in unterschiedlichen Farbthemen und Gestaltungsstilen. Detaillierte Informationen finden Sie auf der Homepage des Bundes deutscher Staudengärtner (www.bund-deutscher-staudengaertner.de).

MIT FARBEN GESTALTEN

Erst die Kombination aus unterschiedlichen Blüten- und Blattfarben wie auch Wuchs- und Blattformen machen aus einem Staudenbeet ein kleines Gestaltungskunstwerk.

Farben beeinflussen unsere Stimmung und die Atmosphäre des Gartens. Sie können fröhlich, anregend, beruhigend oder sogar melancholisch wirken. Bei der Auswahl der Stauden nach Farben spielt aber auch der persönliche Geschmack eine Rolle, denn was schön und ansprechend oder unschön und disharmonisch empfunden wird, liegt im Auge des Betrachters. Als Orientierung und zum besseren Verständnis von Farbbeziehungen dient der Farbkreis mit seinen Primärfarben Rot, Gelb und Blau sowie den Sekundärfarben Orange (aus Gelb und Rot), Grün (Gelb und Blau) und Violett (aus Blau und Rot).

Warme Farben

Gelb, Orange und Rot sind warme Farben. Beete, die mit Blüten in diesen Signalfarben gestaltet sind, wirken dynamisch, heiter bis fröhlich und temperamentvoll, dunkles Rot kann aber auch einen beinahe bedrohlichen Effekt erzielen. Dadurch, dass sie die Aufmerksamkeit des Betrachters auf sich lenken und ihn in ihren Bann ziehen, kann der Garten kleiner wirken, da die Beete »näher« scheinen, als sie tatsächlich liegen. Ein Effekt, der hilfreich ist, um einen langen, schmalen Garten optisch zu verkürzen, beispielsweise durch ein Beet mit Sonnenhüten, Sonnenbraut und Mädchenauge an dessen anderem Ende. Große Beete oder sogar flächige Staudenpflanzungen mit einem hohen Anteil gelber, orangefarbener und rot blühender Stauden sind also vor allem für größere Gärten geeignet.

> Blüten in leuchtendem Gelb und Orange sollten Sie in gemischten Beeten eher sparsam und als raffinierten Akzent einsetzen, da sie andere Farben wie Grün und Blau allzu leicht dominieren. Aber versuchen Sie doch einmal, leuchtend gelbe Narzissen zwischen Blausternchen zu setzen; Sie werden begeistert sein, wie diese aus der eher unscheinbaren blauen Fläche als echte Hingucker herausragen.

Flache Korbblüten und schlanke Blütenstände von Sonnenauge 'Spitzentänzerin' und Duftnessel 'Black Adder'.

- Vorsicht ist bei harten, reinen Rottönen geboten, die weniger gut zu wärmeren Rot- und Orangetönen passen.
- Harmonisch und edel wirken dunklere Rottöne hingegen, wenn sie mit bronzefarbenen oder dunkelgrünen Blattschmuckstauden kombiniert werden.
- Zur Ergänzung von monochromen Beeten eignen sich Einjährige wie der Kalifornische Goldmohn, Zinnien, Dahlien und dunkellaubige Blattschmuckgewächse wie das Blumenrohr.
- Rot verliert bei Lichtmangel seine Leuchtkraft und »verschwindet« in schattigen Bereichen oder in Beeten, die eher in der Dämmerung ihre Wirkung zeigen sollen.
- **Gelbe Blüten** haben beispielsweise die verschiedenen Schafgarben *(Achillea)*, Sonnenhut *(Rudbeckia)*, Sonnenauge *(Heliopsis)*, Sonnenbraut *(Helenium)*, Sonnenblumen *(Helianthus)*, Mädchenauge *(Coreopsis)*, Steinkraut *(Alyssum)*, Goldhaar-Aster *(Aster linosyris)*, Taglilien *(Hemerocallis)*, verschiedene Iris-Arten (*Iris* spp.), Staudenlupinen (*Lupinus-Polyphyllus-Russel*-Hybride 'Kronleuchter'), Fackellilien *(Kniphofia)*, Goldfelberich *(Lysimachia punctata)*, Nachtkerzen *(Oenothera)*, Schlüsselblumen *(Primula veris, P. elatior)* und Königskerzen *(Verbascum)*. Gelb blühende Zwiebel- und Knollenpflanzen finden sich zudem bei Narzissen *(Narcissus)*, Tulpen *(Tulipa)*, Winterlingen *(Eranthis)* und Krokussen *(Crocus)*.
- **Orangefarbene Blüten** haben manche Schafgarben (*Achillea* 'Terracotta'), Herbst-Chrysantheme (*Chrysanthemum-Zawad-skii*-Hybride), Montbretie *(Crocosmia paniculata)*, Sonnenhut (*Echinacea* 'Flame Thrower', 'Hot Papaya' und 'Tangerine Dream'), Elfenblume (*Epimedium × warleyense* 'Orangekönigin'), Steppenkerze (*Eremurus-Ruiter*-Hybride 'Cleopatra'), Schöterich *(Erysimum)*, Himalaya-Wolfsmilch (*Euphorbia griffithii* 'Dixter'), Kokardenblume *(Gaillardia)*, Nelkenwurz (*Geum* 'Prinses Juliana'), Sonnenröschen (*Helianthemum*), viele Taglilien *(Hemerocallis)* und etliche Hohe Bart-Iris *(Iris)*, Fackellilien *(Kniphofia)*, Hohe Gold-Platterbse (*Lathyrus aureus*), Wald-Scheinmohn (*Meconopsis cambrica* 'Aurantiaca') und Fingerkraut *(Potentilla)*. Bei den Zwiebelblumen stehen Narzissen, Tulpen und Krokusse sowie Kaiserkrone (*Fritillaria imperialis* 'Garland Star') und der Riesen-Türkenbund *(Lilium henryi)*,eine Lilienart, zur Auswahl.
- **Reinrote Blüten** haben wiederum Schafgarben wie die *Achillea-Filipendulina*-Hybride 'Feuerland', Stockrosen (*Alcea-Rosea*-Hybride 'Mars Magic'), Schokoladenblume (*Cosmos atrosanguineus*), Montbretie (*Crocosmia masoniorum* 'Lucifer'), Dunkle Bartnelke (*Dianthus barbatus* 'Nigrescens'), Roter Sonnenhut (*Echinacea* 'Tomato Soup'), Kokardenblume (*Gaillardia* 'Kobold'), Nelkenwurz (*Geum* 'Red Wings'), einige Taglilien wie Hemerocallis 'Chicago Apache', Brennende Liebe *(Lychnis chalcedonica)*, Indianernessel (*Monarda didyma* 'Jacob Cline' und 'Squaw'), Türkischer Mohn (*Papaver orientale* 'Beauty of Livermere'), Roter Bartfaden (*Penstemon barbatus* 'Coccineus'), Fingerkraut (*Potentilla* 'Flamenco'), Rote Küchenschelle (*Pulsatilla vulgaris* 'Rote Glocke') und der Ananas-Salbei (*Salvia rutilans* 'Pineapple Scarlet').

Bei den Zwiebelblumen warten viele verschiedene Tulpenarten und die Kaiserkrone *(Fritillaria imperialis)* sowie einige Lilien *(Lilium)* mit reinroten Blüten auf. Bei roten oder rosafarbenen Beeten müssen Sie darauf achten, die Staudenarten und -sorten sorgfältig aufeinander abzustimmen und zu kombinieren. Vor allem Rosa und Rot beißen sich schnell, und da viele rote Blüten beim Aufblühen oder Verblühen leicht ins Bläuliche changieren, kann es bei unbedacht nebeneinandergepflanzten Stauden zu »fürchterlichen« Kombinationen kommen. Ein kaltes, bläuliches Rot passt beispielsweise nicht zu warmen, gelblichen Orange- und Gelbtönen. Bei der Kombination spielt auch die Intensität der Wirkung eine Rolle: So ist es problemlos möglich, leuchtend gelbe Blütensonnen wie die des Sonnenhuts *(Rudbeckia fulgida)* mit bronzefarbenen Gräserhalmen, beispielsweise von Chinaschilf (*Miscanthus sinensis*), zu kombinieren. Bei dem flächigen dunkelrotbraunen Laub des Purpurglöckchens *(Heuchera)* würde eine solche Kombination zu »platt« wirken.

Blattschmuckstauden und Gräser mit hellen, gelbgrünen Blättern bringen Licht in den Schatten.

Sonnenhut und Chinaschilf 'Ferner Osten' bilden ein harmonisches Paar.

Blattfarben sind genauso wichtig

Blattschmuckstauden und Gräser mit gelber oder gelbgrüner Belaubung können eine wertvolle Bereicherung bei der Gestaltung sein. Gerade für schattigere oder halbschattige Gartenecken gibt es nicht viele gelb oder orange blühende Stauden. Hier können Sie die vorherrschenden dunklen Farben mit freundlichen hellen Grüntönen aufpeppen.

> Prädestiniert als Blattschmuckstaude für den Schatten sind Funkien. Die folgenden Sorten haben alle gelbgrüne oder hellgrüne Blätter: 'August Moon', 'Cracker Crumbs', 'Eye Declare', 'Fire Island', 'Fortunei Aurea', 'Frisian Pride', 'Goldene Woge', 'Maui Buttercups', 'Sum and Substance'.

> Auch bei den Gräsern gibt es viele Arten, die Sorten mit gelben oder gelb-grün gestreiften (panaschierten) Blättern haben. Hierzu zählen z. B. die Steife Gold-Segge (*Carex elata* 'Bowles Golden'), Goldrand-Japan-Segge (*C. morrowii* 'Aureovariegata'), Gelbbunte Palmwedel (*C. muskingumensis* 'Oehme'), Japan-Gold-Segge (*C. oshimensis* 'Evergold'), Japan-Goldbandgras (*Hakonechloa macra* 'All Gold' und 'Aureola'), Gelbrand-Waldmarbel (*Luzula sylvatica* 'Marginata') und das Gold-Flattergras (*Milium effusum* 'Aureum').

Farbdreiklänge

Harmonische und doch spannende Kombinationen können Sie aus mehreren Farben zusammenstellen. Farbdreiklänge sind hierfür besonders geeignet, denn sie sind nicht zu bunt und nicht zu langweilig. Besonders gut passen Farben zusammen, die im Farbkreis (⇢ Seite 149) durch ein gleichschenkliges Dreieck miteinander verbunden werden können.

> **Gelb, Rot und Blau** bilden einen intensiven Farbdreiklang, der heiter und fröhlich, aber selten schrill wirkt. Deshalb ist diese Kombination auch im Frühling so gerne gesehen, z. B. mit gelben Winterlingen *(Eranthis)* und Krokussen *(Crocus vernus)* sowie blauen Strahlen-Anemonen *(Anemone blanda)* und rotvioletten Frühlings-Alpenveilchen *(Cyclamen coum)*. Das Farbschema setzt sich im Spätfrühling mit Schlüsselblumen *(Primula veris)*, Traubenhyazinthen (Muscari) und roten Tulpen *(Tulipa clusiana* und *T. praestans)* und im Frühsommer mit Prachtstauden wie gelben Taglilien *(Hemerocallis)*, blauen Ritterspornen *(Delphinium)* und roten Pfingstrosen *(Paeoniea)* fort. In einer naturalistischen Pflanzung an einem trockeneren Standort wären gelbe Schafgarbe (*Achillea* 'Moonshine' oder 'Coronation Gold'), Blauraute *(Perovskia atriplicifolia)* und rote Montbretien (*Crocosmia* 'Red King' oder 'Lucifer') denkbar. Die Kombinationsmöglichkeiten sind also vielfältig und beinahe unbegrenzt.

> **Violett, Grün und Orange** wirken dagegen edel und vornehm, beispielsweise eine Kombination aus violetten Pfingstrosen, orange blühenden Rosen und grünem Laub.

Staudenbeet in Grün-Weiß-Purpur-Hellblau mit Zier-Lauch 'Mont Blanc', Lupine 'Masterpiece' und Storchschnabel.

Kombiniert man Farben miteinander, die im Farbkreis nebeneinanderliegen, entstehen harmonische, ruhige Dreiklänge.

> **Rot, Orange und Gelb** wirken warm, feurig und intensiv.

> **Blau, Rosa und Weiß** haben einen eher dezenten, zurückhaltenden Effekt, sie beruhigen das Auge.

> **Blau, Rosa und Violett** sind dagegen pompös und opulent.

Kontraste hervorheben und beruhigen

Ton-in-Ton-Dreiklänge wirken von alleine harmonisch und ruhig, während Kombinationen aus kalten und warmen Farben eine ganz eigene Dramatik entfalten. Violett, Rosa und Orange oder Blau, Grün und Gelb sind schöne Beispiele. Während die kühleren Farben Violett und Rosa bzw. Blau und Grün ruhig und harmonisch wirken, setzen Orange und Gelb spannende Akzente. Im Beet bilden beispielsweise dunkelvioletter Sommer-Phlox (*Phlox paniculata* 'Furioso'), Schafgarbe (*Achillea-Filipendulina*-Hybride 'Terracotta') und hellrosa Steppen-Salbei (*Salvia nemorosa* 'Rosakönigin') eine solche Kombination.

> Zur Abmilderung von harten Kontrasten oder Übergängen im Beet funktionieren natürlich immer die »Weichzeichner« Grün, Weiß und Creme, aber auch die Komplementärfarbe einer der beiden Farben aus der Kombination. Gelb und Rot lassen sich mit Grün (Komplementärfarbe zu Rot) oder Violett (Komplementärfarbe zu Gelb) verbinden und wirken gleich nicht mehr so grell. Das starke, kontrastreiche Duo Orange und Blau passt noch besser, wenn ihm ein bisschen

Rosen, Woll-Ziest, Rittersporn, Dahlien, Hoher Phlox und Witwenblumen bilden einen perfekten Farbdreiklang aus Blau, Rosa und Violett in unterschiedlichen Schattierungen.

Purpur (Komplementärfarbe zu Orange) zur Seite gestellt wird. Wenn Sie nun noch unterschiedliche Wuchs- oder Blütenformen wählen und quasi einen Doppelkontrast erzeugen, ist das Pflanzenarrangement perfekt.

Kühle Farben

Blau und Rosa sind eher kühle Farben, die beruhigend und elegant wirken. Mit blau blühenden Pflanzen erzeugen Sie eine räumliche Weite, die den Garten optisch größer wirken lässt. Rosa strahlt eine sanfte romantische Heiterkeit aus, während Weiß der perfekte Vermittler ist und Lichtpunkte setzt.

- **Rosa** in allen Schattierungen von Weißrosa über Creme, Altrosa, Flieder, Lavendel, Violett und Pink ist eine der häufigsten Blütenfarben im Pflanzenreich. Seine Wirkung ist auch von der Lichtintensität und Sonneneinstrahlung abhängig. So verblassen zarte Rosatöne in der vollen Sonne, im Schatten oder Halbschatten entfalten sie dagegen eine ganz eigene, romantische Wirkung. Bei bedecktem Himmel, der die Beete in ein leicht gräuliches Licht taucht, wird dies besonders deutlich. In der Sonne kommen kräftige Pink- und helle Violetttöne viel besser zur Wirkung. Zartes Rosa ist durch und durch romantisch und darf vor allem in einem Cottagegarten keinesfalls fehlen. Damit seine Wirkung nicht geschmälert, sondern eher noch unterstrichen wird, sind helle, zarte Farben als Partner besonders gut geeignet.
- Bei den Frühlingsblühern finden sich viele rosablütige wie Frühlings-Alpenveilchen *(Cyclamen coum)*, Elfen-Krokus *(Crocus tommasinianus)*, Rosa Schneeglanz (*Chionodoxa forbesii* 'Pink Giant'), Rosa Frühlings-Anemone (*Anemone blanda* 'Charmer') und Lerchensporn *(Corydalis solida)*.
- Im Sommer übernehmen Tulpen, Pfingstrosen (*Paeonia-officinalis*- und *P.-lactiflora*-Hybriden), Rosen und Lavendel das Feld. Probieren Sie auch einmal ungewöhnlichere oder gewagte Kombinationen aus, beispielsweise rosa Prachtspieren (*Astilbe Arendsii*-Hybriden) mit hellgelben Stauden-Sonnenblumen (*Helianthus* 'Lemon Queen') oder rosa Phlox mit Goldfelberich *(Lysimachia punctata)*.
- Nie verkehrt liegen Sie mit Wiesen-Salbei (*Salvia pratensis* 'Rose Rhapsody') und violett blühenden Steppen-Salbei-Sorten wie *Salvia nemorosa* 'Caradonna' oder 'Ostfriesland' und den vielen hohen Phloxen *(Phlox amplifolia, P. divaricata, P.-Arendsii-Hybriden)* sowie Stockrosen (*Alcea*-Hybriden) und Herbst-Anemonen *(Anemone tomentosa)*.

Hoher Rittersporn in vielen Blauschattierungen.
Hier u.a. 'Morgentau', 'Finsteraarhorn' und 'Ballkleid'.

- **Reines Blau,** die Farbe des Himmels, wirkt beruhigend, weit und strahlt eine sanfte Harmonie aus. Im Pflanzenreich ist es als Blütenfarbe gar nicht so häufig, im Gegenteil. So kommt Blau bei manchen Pflanzengattungen und Arten überhaupt nicht vor. Die sprichwörtliche Suche nach der »blauen Orchidee« oder der Wunsch, eine blaue Rose zu züchten, zeugen davon. Doch während blaue Orchideen tatsächlich im Sortiment zu finden sind (es gibt eine Handvoll Arten aus Südafrika und Australien mit reinblauen Blüten), ist es Pflanzenzüchtern noch nicht gelungen, eine wirklich blaue Rose oder auch blaue Nelken zu kreieren. Ein verwaschenes Blauviolett oder ein gräuliches Rosa sind derzeit die Farbtöne, die noch am ehesten als »Blau« bezeichnet werden können.
- Viele Blautöne haben einen gewissen Rotanteil und wirken leicht rosa oder purpurn. Lavendel oder Salbei fallen in diese Kategorie. Nicht zuletzt haben auch viele Astern (*Aster*) und Storchschnäbel (*Geranium*) beim genaueren Hinsehen leicht rötlich oder rosa getönte Blüten.
- Der große Vorteil blauer Blüten ist ihre Vielseitigkeit. Sie passen zu jeder anderen Farbe. Helle Blautöne bekommen gerade in der Dämmerung am Morgen und am Abend, in der »Blauen Stunde«, eine ganz besondere Intensität.
- Wirklich rein blau blühend sind die folgenden Arten und Sorten, die deshalb einer besonderen Erwähnung wert sind: Sibirischer Enzianlauch *(Allium caeruleum),* Blausternbusch *(Amsonia tabernaemontana),* Kissen-Aster (*Aster dumosus* 'Silberteppich'), Stauden-Borretsch *(Borago pygmaea),* Kaukasusvergissmeinnicht (*Brunnera macrophylla),* Bartblume (*Caryopteris* × *clandonensis* 'Blauer Spatz'), Chinesischer Bleiwurz *(Ceratostigma plumbaginoides),* Blauer Lerchensporn (*Corydalis elata* 'Blue Summit'), viele Rittersporne wie die *Delphinium-Belladonna*-Hybriden 'Ballkleid', 'Capri' und 'Piccolo', der Halbhohe Rittersporn (*Delphinium-Elatum*-Hybride 'Azurzwerg'), die Hohen Rittersporne wie die *Delphinium-Elatum*-Hybriden 'Berghimmel', 'Merlin' und 'Waldenburg' sowie der Zwerg-Rittersporn (*D. grandiflorum* 'Blauer Zwerg'). Auch die Kugeldistel (*Echinops ritro* 'Veitch's Blue'), Alpen-Mannstreu (*Eryngium alpinum* 'Blue Star'), Kleiner Mannstreu (*E. planum* 'Blauer Zwerg'), Frühlings-Enzian *(Gentiana acaulis),* Schwalbenwurz-Enzian (*G. asclepiadea),* Blauer Storchschnabel (*Geranium Pratense*-Hybride 'Johnson's Blue'), Mittelhohe Bart-Iris (*Iris barbata-media* 'Morgendämmerung'), Zwerg-Bart-Iris (*I. barbata-nana* 'Oberschwaben'), Blauer Stauden-Lein (*Linum perenne* 'Nanum Saphir'), Purpurblauer Steinsame *(Lithospermum purpurocaeruleum),* Traubenhyazinthe *(Muscari),* Sumpf-Vergissmeinnicht *(Myosotis palustris),* Frühlings-Gedenkemein *(Omphalodes verna),* Wald-Phlox (*Phlox divaricata* 'Clouds of Perfume'), Lungenkraut *(Pulmonaria),* Rosmarin (*Rosmarinus officinalis* 'Blaulippe'), Prärie-Salbei (*Salvia azurea* 'Grandiflora'), Steppen-Salbei (*S. nemorosa* 'Blauhügel'), Pfeffer-Salbei *(S. uliginosa),* Blauer Beinwell (*Symphytum grandiflorum* 'Blaue Glocken'), Hoher Beinwell (*S. peregrinum* 'Pagels Blau'), Polster-Ehrenpreis *(Veronica armena),* Bach-Ehrenpreis *(V. beccabunga)* sowie die für Prärie- und Kiesgärten geeigneten Ehrenpreise Echter Ehrenpreis *(V. officinalis),* Flacher Ehrenpreis *(V. prostrata)* und Büschel-Ehrenpreis (*V. teucrium* 'Knallblau').

Die Sommer-Aster 'Mönch' hat besonders große Blüten und blüht auch im Halbschatten.

Der Wiesen-Storchschnabel 'Mrs Kendall Clark' ist eine wertvolle Sorte für englische Staudenborder und blüht nach einem Rückschnitt im Spätsommer noch ein zweites Mal.

Grün

Grün in allen seinen Nuancen und Schattierungen ist allgegenwärtig und darf bei der Gestaltung nicht vergessen werden. Grüne Blattpolster bilden Ruhepole und lassen das Auge des Betrachters verweilen. Überraschende Akzente können Sie mit Stauden setzen, die grüne oder grünliche Blüten haben.

> Empfehlenswert sind alle Frauenmantel-Arten *(Alchemilla)* sowie Grüner Sonnenhut (*Echinacea purpurea* 'Green Envy' und 'Green Jewel'), Mittelmeer-Wolfsmilch *(Euphorbia characias* ssp. *wulfenii),* aber auch die dickblättrige Walzen-Wolfsmilch *(E. myrsinites)* für trockene und die Sumpf-Wolfsmilch *(E. palustris)* für feuchte Böden. Die Steppen-Wolfsmilch *(E. seguieriana* ssp. *niciciana)* ist perfekt für Präriebeete. Im Schatten und Halbschatten gedeihen Stinkende Nieswurz *(Helleborus foetidus)* und Lenzrosen wie die *Helleborus-Orientalis*-Hybride 'Yellow Lady' sowie die Gelbe Wiesenraute *(Thalictrum flavum* ssp. *glaucum),* in der Sonne Taglilien wie *Hemerocallis* 'Green Flutter', Hohe Bart-Iris (*Iris barbata-elatior* 'Thornbird') und Fackellilien wie *Kniphofia* 'Green Jade' sowie der Westliche Sonnenhut (*Rudbeckia occidentalis* 'Green Wizard'). Bei den Zwiebelblumen haben Weinbergslauch (*Allium vineale* 'Hair'), Bulgarischer Lauch *(Nectaroscordum siculum* ssp. *bulgaricum)* und die Lilienblütige Tulpe (*Tulipa* 'Greenstar') grüne oder grünliche Blüten.

Schwarz und Weiß – die »Nichtfarben«

> **Weiß** hat wie Grün eine Vermittlerrolle, kann aber auch nur für sich eingesetzt werden. Ähnlich wie bei Rosa gibt es von unzähligen Staudenarten weiß blühende Formen bzw. Sorten. Hinzu kommen züchterische Auslesen von reinweiß über creme bis grünlich- oder rosaweiß.

> **Schwarz** als echte Blütenfarbe ist dagegen nicht zu finden, doch haben etliche Stauden tiefviolette Blüten, die samtig schwarz schimmern. Zu den dunkelsten gehören Sorten wie die Schwarze Stockrose (*Alcea rosea* 'Nigra'), Berg-Flockenblume (*Centaurea montana* 'Black Sprite'), Dunkle Bartnelke (*Dianthus barbatus* 'Nigrescens'), Hohe Bart-Iris (*Iris barbata-elatior* 'Superstition'), Mittelhohe Bart-Iris (*Iris barbata-media* 'Helen Proctor'), Bartlose Schwertlilie (*Iris chrysographes* 'Black Form'), Tulpen wie *Tulipa* 'Black Hero' und 'Queen of Night', Schwarzer Germer *(Veratrum nigrum)* und schließlich noch einige Horn-Veilchen (*Viola cornuta* 'Bowles Black' und 'Molly Sanderson').

WILD WILD WEST – PRÄRIEBEETE

Großflächige Blütenteppiche und wogende Gräsermeere – das sind Eigenschaften von Präriegärten. Sie bieten das ganze Jahr attraktive Farben und immer wieder neue Formen. Und es kommt noch besser: Sie brauchen kaum Pflege und sind Lebensraum für unzählige Insekten und andere Tiere.

Prärie- und Steppenpflanzen bringen alles mit, was von modernen Gartenpflanzen erwartet wird. Sie sind robust und standfest (brauchen also keine Stütze) und trotzen Sturm und Regen genauso wie Hitze und Trockenheit im Sommer und klirrender Kälte im Winter. Diese Eigenschaften, gepaart mit üppigen Blüten, leise im Wind raschelnden Gräsern, einem lebendigen Summen und Surren zahlloser Bienen und Hummeln sowie viele farbenfrohe Schmetterlinge machen Prärie- und Steppenbeete perfekt für pflegeleichte Gärten.

PRÄRIEBEETE

Die Vielfalt und der Artenreichtum der Stauden- und Gräserlandschaften im Mittleren Westen der USA mit all ihrer Üppigkeit sind Vorbild für Präriebeete im Garten. Allerdings dürfen sie dort ruhig etwas farbenprächtiger und bunter ausfallen. Dank gärtnerischer Auslese und Züchtung gibt es von vielen eher unscheinbaren Wildformen heute prächtige Gartensorten, die in ihrer Robustheit den ursprünglichen Arten in nichts nachstehen. Da die Hauptblüte vieler Präriestauden und -gräser eher in den Spätsommer- und Herbstmonaten liegt, sollten Präriebeete mit früh blühenden Zwiebelblumen wie Zier-Lauch und Wildtulpen sowie sommerblühenden Stauden mit Wildpflanzencharakter wie Katzenminze und Steppen-Salbei ergänzt werden. Auch Halbsträucher und Sträucher wie Blauraute, Ginster oder Sommerflieder passen gut.

Auch auf kleineren Flächen lassen sich attraktive Präriepflanzungen realisieren.

Anlage und Pflege

Stauden- und Gräserpflanzungen im Präriestil entfalten ihre Wirkung am besten, wenn sie auf einer größeren Fläche angelegt werden. Aber auch ein kleiner Streifen an der Hauswand oder entlang der Gartengrenze kann durchaus mit den robusten Stauden und Gräsern verschönert werden.

- Ganz wichtig sind ein sonniger Standort und ein durchlässiger, nicht zu trockener Boden.
- Im Gegensatz zu Kiesgartenpflanzen (→ Seite 140) bevorzugen Präriestauden einen etwas nährstoffreicheren und feuchten Boden. Perfekt für alle, denen der Erdaustausch für einen Kiesgarten zu anstrengend ist und die trotzdem ein pflegeleichtes Staudenbeet im Garten haben möchten.
- Bei der Pflanzenauswahl ist man natürlich nicht streng auf nordamerikanische Präriestauden beschränkt. Wer nicht ganz so puristisch gärtnern will, findet jede Menge attraktiver und spannender Arten (und Kulturformen) aus Europa und Asien, die dieselben Standortansprüche haben und sich perfekt in ein Präriebeet einfügen.

Indianernessel, Hoher Sonnenhut und Gräser sorgen im spätsommerlichen Garten für ein Feuerwerk an Farben und Formen.

- Der Pflegeaufwand hält sich bei gut geplanten und angelegten Beeten in Grenzen. Nach 2–3 Jahren reichen die Wurzeln von Präriestauden und -gräsern so tief ins Erdreich, dass eine zusätzliche Bewässerung nur noch in extremen Hitzeperioden nötig ist. Gedüngt werden sollte gar nicht, denn das macht die Pflanzen nur weich und lässt sie umkippen.
- In der Natur besorgen Steppenbrände und weidende Bisonherden den »Rückschnitt« – beide Methoden sind im Garten nicht wirklich praktikabel. Hier reicht es, die alten Stängel, Blätter und Blütentriebe im Frühjahr kurz vor dem Neuaustrieb bodennah abzuschneiden. Im Winter bleiben die Pflanzen als attraktive Silhouetten stehen und bieten Nahrung und Lebensraum für allerhand Getier: In den hohlen Stängeln überwintern kleine Insekten, und die Samen werden nur allzu gerne von Vögeln gefressen.
- Da Präriestauden robust und von sich aus recht konkurrenzkräftig sind, müssen Unkräuter nur in den ersten zwei, drei Jahren ausgezupft werden. Dann sind Stauden und Gräser zu einem mehr oder weniger dichten Teppich verwachsen, in dem Unkraut kaum hochkommt. Da einige Präriestauden und -gräser durch Selbstaussaat einen gewissen Ausbreitungsdrang an den Tag legen, können Sie bei Bedarf regulierend eingreifen. Kräftige Jungpflanzen, die nicht gleich ausgezupft werden, können Sie übrigens als perfektes Mitbringsel in der Nachbarschaft oder bei Freunden verschenken.

Die schönsten Arten

Bei der Zusammenstellung der Arten und Sorten sind der Fantasie keine Grenzen gesetzt, wichtig ist nur, dass alle aus demselbem Lebensbereich stammen. Präriepflanzen sind nicht zimperlich, und so verschwinden Arten, die nicht optimal an die Standortverhältnisse angepasst sind, nach kurzer Zeit wieder aus dem Beet. Andererseits ist es ja durchaus diese Dynamik, die Präriepflanzungen so spannend macht, denn der Anblick und Gesamteindruck eines Beetes verändert sich von Jahr zu Jahr um ein kleines bisschen.

- In Präriebeeten werden Stauden, Gräser und Zwiebelblumen miteinander kombiniert, evtl. noch ergänzt durch Halbsträucher und kleine Gehölze.
- Das Verhältnis der Stauden und Gräser hängt vom persönlichen Geschmack ab: Wer im Herbst ein Blütenmeer im Garten haben möchte, pflanzt mehr Stauden, wem ein wogendes Gräsermeer besser gefällt, erhöht dementsprechend den Anteil an Ziergräsern.

Kerzen-Knöterich, Astern, Wolfsmilch und Patagonisches Eisenkraut im Präriegarten.

> Gräser und Stauden mit aufrechten Blütenständen, die wie Kerzen in die Höhe ragen, also zum Beispiel Steppen-Salbei und Prachtscharte, setzen vertikale Akzente, solche mit flachen Blütenschirmen wie Sonnenhut, Fetthenne und Schafgarbe bringen waagerechte Strukturen ins Beet.
> **Typische Präriestauden –** Anisysop, Duftnessel *(Agastache)*, Blausternbusch *(Amsonia tabernaemontana)*, Teppich-Myrten-Aster *(Aster ericoides)*, Glatte Aster *(A. laevis)*, Indigolupine *(Baptisia)*, Sternwolken-Aster *(Boltonia asteroides)*, Goldkörbchen *(Chrysogonum virginianum)*, Gold-Aster *(Chrysopsis speciosa)*, Mädchenauge *(Coreopsis)*, Prärie-Igelkopf *(Echinacea pallida)*, Gelber Sonnenhut *(E. paradoxa)*, Purpur-Sonnenhut *(E.- purpurea)*, Tennessee-Sonnenhut *(Echinacea tennesseensis)*, Feinstrahl-Aster (*Erigeron-Speciosus*-Hybriden), Mannstreu (*Eryngium)*, Kokardenblume *(Gaillardia)*, Prachtkerze *(Gaura lindheimeri)*, Sonnenbraut *(Helenium)*, Sonnenauge *(Heliopsis)*, Prachtscharte *(Liatris spicata)*, Indianernessel *(Monarda)*, Nachtkerze *(Oenothera)*, Bartfaden *(Penstemon)*, Knöteriche *(Persicaria)*, Großblatt-Phlox *(Phlox amplifolia)*, Idaho-Phlox *(P. idahonis)*, Wiesen-Phlox *(P. maculata)*, Sonnenhut *(Rudbeckia fulgida)*, Riesen-Sonnenhut *(R. maxima)*, Prärie-Salbei *(Salvia azurea)*, Steppen-Salbei *(S. nemorosa)*, Präriemalve *(Sidalcea)*, Patagonisches Eisenkraut *(Verbena bonariensis)*, Scheinsonnenhut *(Verbesina alternifolia)*, Vernonie *(Vernonia crinita)* und Kandelaber-Ehrenpreis *(Veronicastrum virginicum)*
> **Gräser –** Bartgras *(Andropogon)*, Moskitogras *(Bouteloua gracilis)*, Plattährengras *(Chasmanthium latifolium)*, Sand- oder Bogen-Liebesgras *(Eragrostis trichodes)*, Rutenhirse *(Panicum virgatum)*, Lampenputzergras *(Pennisetum)*, Kleines Präriegras *(Schizachyrium)*, Goldbartgras *(Sorghastrum nutans)*, Tautropfengras *(Sporobolus heterolepis)*
> **Zwiebelblumen –** Rosen-Lauch *(Allium roseum)*, Kugel-Lauch *(A. sphaerocephalon)*, Riesen-Lauch (*A.* 'Globemaster'), Sternkugel-Lauch *(A. christophii)*, Wildtulpen (*Tulipa* spp.) und Prärielilie *(Camassia leichtlinii)*
> **Halbsträucher und Sträucher –** Blauraute *(Perovskia)*, Ginster *(Genista)* und Sommerflieder (*Buddleja)*

STEPPENPFLANZUNGEN

Steppen sind das asiatische Pendant zu den nordamerikanischen Prärien. Allerdings ist das Klima in den Trockengebieten vom Mittelmeer über die Türkei bis nach China noch rauer, und die Temperaturunterschiede zwischen knochentrockenen, heißen Sommern und bitterkalten Wintern sind extrem. Die Pflanzen bevorzugen, ähnlich dem Kiesgarten, nährstoffarme, trockene Böden. Der Charakter der Pflanzung ist jedoch nicht so üppig, sondern eher flach mit einzelnen Akzenten durch hohe Solitäre wie Steppenkerzen, Palmlilien und natürlich jede Menge Zwiebelblumen im Frühjahr und Sommer. Typisch sind auch viele niedrig wachsende Halbsträucher und Stauden mit silbrigen oder grauen Blättern und Trieben wie Currykraut, Thymian und Wermut-Arten – eine Anpassung an die intensive Sonneneinstrahlung am Naturstandort. Auch Pflanzen mit sukkulenten Blättern und Trieben, die Wasser und Nährstoffe speichern, dürfen in keinem Steppenbeet fehlen. Hierzu zählen beispielsweise Fetthennen und Wolfsmilch-Arten.

Anlage und Pflege

Steppenbeete brauchen Fläche, um die richtige Wirkung zu erzielen. Im Kleinen wirken sie oft lückig und eher mickrig.

- Der Standort muss vollsonnig sein und der Boden möglichst durchlässig und trocken. Staunässe wird von keinem Steppenbewohner vertragen, und auch ein Zuviel an winterlicher Feuchtigkeit wird von so manchem Zwiebelgewächs mit Fäulnis quittiert. Bei Bedarf müssen Sie also den Boden, wie bei der Anlage eines Kiesbeetes, mit Sand und Schotter »abmagern«, damit er nicht zu nährstoffreich und feucht ist.
- Die Anlage erfolgt im Herbst, da die meisten Zwiebelblumen nur im September bzw. Oktober gepflanzt werden können.
- **Typische Steppenstauden –** Perlkörbchen *(Anaphalis triplinervis)*, Wermut *(Artemisia pontica)*, Berg- oder Sommer-Aster *(Aster amellus)*, Goldhaar-Aster *(A. linosyris)*, Pyrenäen-Aster *(A. pyrenaeus)*, Indigolupine *(Baptisia)*, Bartblume *(Caryopteris)*, Steppenkerze *(Eremurus)*, Mannstreu *(Eryngium)*, Himalaja-Wolfsmilch (*Euphorbia griffithii* 'Fireglow'), Walzen-Wolfsmilch *(E. myrsinites)*, Gold-Wolfsmilch *(E. polychroma)*, Steppen-Wolfsmilch *(E. seguieriana* ssp. *niciciana)*, Currykraut *(Helichrysum italicum)*, Zwerg-Alant *(Inula ensifolia)*, Gras-Schwertlilie *(Iris graminea)*, Steppen-Iris (*Iris-Spuria*-Hybriden), Purpur-Witwenblume *(Knautia macedonica)*, Gold-Flachs *(Linum flavum)*, Blauer Stauden-Lein *(L. perenne)*, Lichtnelke *(Lychnis coronaria)*, Steppendistel *(Morina longifolia)*, Katzenminze *(Nepeta)*, Brandkraut *(Phlomis russeliana)*, Prärie-Salbei *(Salvia azurea)*, Steppen-Salbei *(S. nemorosa)*, Muskateller-Salbei *(S. sclarea)*, Gelbe Skabiose *(Scabiosa ochroleuca)*, Hohe Fetthenne *(Sedum-Telephium*-Hybriden und *S. spectabile)*, Königskerzen *(Verbascum)*, Ähriger Ehrenpreis *(Veronica spicata)*, Büschel-Ehrenpreis *(V. teucrium)*, Palmlilie *(Yucca)*
- **Gräser –** Himalaja-Reitgras *(Calamagrostis emodensis)*, Schwingel *(Festuca)*, Blaustrahlhafer *(Helictotrichon sempervirens)*, Blaues Schillergras *(Koeleria glauca)*, Wimper-Perlgras *(Melica ciliata)* und alle Federgräser *(Stipa)*
- **Zwiebelblumen –** Sternkugel-Lauch *(Allium christophii)*, Blauzungen-Lauch *(A. karataviense)*, Kugel-Lauch *(A. sphaerocephalon)*, Junkerlilie *(Asphodeline)*, Krokusse *(Crocus)*, Wildtulpen *(Tulipa)* und Bart-Iris (*Iris-Barbata*-Hybriden)

Die Arten- und Sortenvielfalt der Purpursonnenhüte oder Echinaceen ist riesig.

Rostfarbiger Fingerhut und Steppen-Salbei setzen vertikale Akzente in trockenen Beeten.

ELEGANTE GARTENGRÄSER

Gräser sind mit ihrem eleganten Wuchs aus keinem Garten wegzudenken. Sie können untereinander oder mit Stauden und anderen Gartenpflanzen kombiniert werden. Für jeden Standort, ob sonnig-heiß oder schattig-kühl, gibt es passende Arten und Sorten.

Gräser erfreuen sich seit einigen Jahren zunehmender Beliebtheit und finden immer häufiger bei der Gestaltung von Beeten und Staudenflächen Verwendung. Sie können mit Stauden, Rosen und anderen Gartenpflanzen kombiniert oder in mehr oder weniger großen Gruppen der gleichen Art oder Sorte gepflanzt werden. In jedem Fall ist der Effekt umwerfend.

GRÄSER FÜR JEDEN GARTEN

Gräser sind beinahe so vielseitig wie Stauden. Die Bandbreite geht von Giganten wie dem Pfahlrohr *(Arundo donax)*, das eine Höhe von bis zu 4 m erreicht, und dem Riesen-Chinaschilf *(Miscanthus × gigantea)*, das mit 3,50 m nur unwesentlich niedriger bleibt, bis hin zu den wenige Zentimeter hohen Zwergpolstern wie dem Zwerg-Blau-Schwingel (*Festuca cineraea* 'Zwergenkönig'), der kaum 10–15 cm hoch wird. Auch beim Standort bleiben keine Wünsche offen: Ob trockene, sonnig-heiße Kiesfläche oder feucht-kühler Schattenplatz unter Bäumen – für jede Ecke im Garten gibt es das passende Gras.

Straff aufrechtes Reitgras setzt vertikale Akzente in diesem herbstlichen Staudenbeet.

Gräser als Gestaltungselemente

Die Vielseitigkeit, ihre filigrane Transparenz und die Leichtigkeit, die Gräser ausstrahlen, machen den Wert bei der Gartengestaltung aus. Oft erschließt sich ihre Schönheit und ihr Reiz erst auf den zweiten Blick, durch die feinen Strukturen und den Kontrast, den sie zusammen mit großblättrigen Stauden und anderen Pflanzen bilden. Auch ihre Rolle als Strukturelemente im Herbst und Winter, wenn viele Pflanzen ihre Blätter abgeworfen oder sich unter die Erde zurückgezogen haben, darf nicht unterschätzt werden. Die langen Halme, Stängel und Samenstände bleiben bis zum Frühjahr erhalten und erzeugen, vor allem wenn sie mit Schnee und Raureif bedeckt sind, zauberhafte Gartenbilder in der kalten Jahreszeit.

Versuchen Sie immer, die Pflanzen in einen Gesamtkontext zu stellen und in die Gestaltung zu integrieren. Ein Pampasgras *(Cortaderia selloana)* als Solitär im Rasen wirkt deplatziert und lässt Erinnerungen an Reihenhausgärten der 1970er-Jahre aufkommen. Kombiniert mit Chinaschilf *(Miscanthus)* und großen Stauden wie Federmohn *(Macleaya)*, Wasserdost *(Eupatorium)* oder Weidenblättriger Sonnenblume *(Helianthus salicifolius)*, ergibt sich ein völlig anderes Bild.

> Große Gräser machen als Solitär im Staudenbeet oder als leise im Wind rauschender Sichtschutz eine gute Figur.

> Mit einzelnen Exemplaren oder kleinen Gruppen mittelgroßer Gräser können Sie schöne Akzente setzen, zum Beispiel im Kies- (→ Seite 140) oder in Präriegarten (→ Seite 156).

Filigrane Gräser und kräftige Stauden zusammen in einem Beet – die perfekte Ergänzung.

Die grauvioletten Blüten des Lampenputzergrases bilden den optimalen Hintergrund für die kleinen lila-rosa Blütendolden des Patagonischen Eisenkrauts.

> Transparente Gräser schaffen Übergänge und verbinden Stauden und Sommerblumen in einer Pflanzung. Das können die elegant überhängenden Halme des Plattährengrases *(Chasmantium latifolium)* sein, die straff aufrechten Stängel des Garten-Reitgrases *(Calamagrostis × acutiflora)* oder die feinen Ähren des Lampenputzergrases *(Pennisetum)*, die an kleine Flaschenbürsten erinnern. Andere wachsen wiederum in kleinen Horsten und schicken ihre Blüten- und Samenstände mit langen Grannen fontänengleich über das Beet; so zum Beispiel das Riesen-Federgras *(Stipa gigantea)* oder die Wald-Schmiele *(Deschampsia cespitosa)*.

Gräser für jeden Standort

> **Sonnige und trockene Standorte –** Magellan-Blaugras *(Agropyron magellanicum)*, Moskitogras *(Bouteloua gracilis)*, Reitgras *(Calamagrostis × acutiflora)*, Blau-Schwingel *(Festuca cineraea)*, Blaustrahlhafer *(Helicotrichon sempervirens)*, Strandroggen *(Leymus arenarius)*, Wimper-Perlgras *(Melica ciliata)*, Frauenhaargras *(Nasella tenuissima)*, Rutenhirse *(Panicum virgatum)*, Lampenputzergras *(Pennisetum)*, Haar-Federgras *(Stipa capillata)*, Riesen-Federgras *(Stipa gigantea)*, Herbst-Kopfgras *(Sesleria autumnalis)*

> **Sonnige, frische bis feuchte Standorte –** Pfahlrohr *(Arundo donax)*, Neuseeland-Segge *(Carex comans)*, Pampasgras *(Cortaderia selloana)*, Japanisches Blutgras (*Imperata cylindrica* 'Red Baron'), Flatterbinse *(Juncus effusus)*, Chinaschilf *(Miscanthus sinensis)*, Rohr-Glanzgras *(Phalaris arundinacea)*, Teichsimse *(Schoenoplectus lacustris)*

> **Halbschattige, frisch bis feuchte Standorte –** Morgenstern-Segge *(Carex grayii)*, Japan-Segge *(C. morrowii)*, Palmwedel-Segge (*C. muskingumensis)*, Hänge-Segge *(C. pendula)*, Plattährengras *(Chasmanthium latifolium)*, Wald-Schmiele *(Deschampsia cespitosa)*, Japan-Waldgras *(Hakonechloa macra)*, Riesen-Pfeifengras *(Molinia caerulea)*

> **Schattige, feuchte Standorte –** Breitblatt-Segge *(Carex plantaginea)*, Schnee-Marbel *(Luzula nivea)*, Wald-Marbel (*Luzula sylvatica)*, Vogelfuß-Segge *(Carex ornithopoda)*

> **Einjährige Gräser für trockene Standorte –** Mähnen-Gerste *(Hordeum jubatum)*, Hasenschwanzgras *(Lagurus ovatus)*, Purpur-Federborstengras *(Pennisetum setaceum)*, Wolliges Federborstengras *(P. villosum)*

> **Einjährige Gräser für frisch-feuchte Standorte –** Zyperngras *(Cyperus glaber)*, Echte Hirse *(Panicum miliaceum)*

WINTERSCHUTZ

Auch wenn viele Pflanzen kein Problem mit niedrigen Temperaturen haben, reagieren sie empfindlich auf Nässe, kalten Wind und Sonne. Gerade Immergrüne verdunsten bei Sonneneinstrahlung Wasser über die Blätter, können aber aus dem gefrorenen Boden keinen Nachschub aufnehmen. Der Winterschutz hat also zur Aufgabe, die Pflanzen vor zu viel Nässe zu bewahren, Wind abzubremsen und austrocknende Wintersonne abzuschirmen. Eine dicke Schneedecke ist eigentlich der beste Partner gegen Kälte, doch kann man sich angesichts des Klimawandels nicht mehr zuverlässig auf diesen natürlichen Winterschutz verlassen. Ersatzweise können Sie die Pflanzen mit Vlies und Laub, Reisig oder Schilfmatten einpacken. Senkrecht aufgestellte Schilf- oder Heidekrautmatten leiten Regen und Schmelzwasser von den Pflanzen weg, und eine dicke Mulchschicht um die Wurzeln schützt diese zudem vor Kälte. Bei kleinen Stauden reicht auch ein umgedrehter Blumentopf, der über die Pflanze gestülpt wird.

Dick eingepackt können die Pflanzen den Winter gut überstehen und treiben nicht vorzeitig aus, wenn es zwischendurch ein paar Tage milder ist. Die isolierende Verpackung wirkt also in beide Richtungen – sie verhindert schnelles Auskühlen bei Wind und ein verfrühtes Auftauen, wenn das Thermometer über null steigt.

Völlig ungeeignet sind alle undurchlässigen Kunststoff- oder Noppenfolien, da sich darunter Feuchtigkeit staut, welche an der Folie kondensiert und so unweigerlich zu Schimmel und Fäulnis führt.

DAS BRAUCHEN SIE:

- ↗ Vlies
- ↗ Filz
- ↗ Gartenschnur (Hanf, Kokos)
- ↗ Weidenzweige, Reisig
- ↗ Laub
- ↗ Stroh
- ↗ Schilf- oder Heidekrautmatten
- ↗ Kompost
- ↗ Rindenmulch

Frostempfindliche Sträucher und Rosen sowie höhere Stauden können mit Heidekraut- oder Schilfmatten umhüllt werden. Sie verhindern, dass die Pflanzen durch Schneelast brechen und ein Zuviel an Schmelzwasser zu Wurzelfäulnis oder Staunässe führt.
Bei solcherart geschützten Gehölzen können weder Wintersonne noch kalte, austrocknende Winde zu Rindenschäden führen. Gleichzeitig ist der Schutz aber auch luftig genug, sodass es nicht zu Schimmel oder Fäulnis kommt.

Hohe Gräser wie dieses Chinaschilf, aber auch Pampasgras reagieren im Winter empfindlich auf Nässe. Die Kälte macht ihnen weniger aus, wenn die Wurzeln trockener stehen. Binden Sie darum die Pflanzen mit Stricken zu Bündeln zusammen. So gelangt weniger Regenwasser ins Innere. Weiterer Vorteil: Der Schnee hat keine Chance, die Halme auseinanderzudrücken.
Im Frühjahr, kurz vor dem Neuaustrieb, schneiden Sie dann die trockenen und abgestorbenen Halme knapp über dem Erdboden ab. Sie können kompostiert oder fein gehäckselt als Mulch im Garten verteilt werden.

KINDER, KINDER

GARTENPARADIESE FÜR KINDER

Jeder Garten hat das Potenzial, für Kinder und Erwachsene attraktiv zu sein. Damit die Bedürfnisse beider befriedigt werden können, ist es am besten, den Garten in unterschiedliche Bereiche einzuteilen: in einen Spielbereich für Kinder, einen Entspannungsbereich für Erwachsene und einen Bereich für alle.

Ein Garten für Kinder bzw. ein Garten, in dem sich Kinder wohlfühlen, spielen und austoben können, ist eine gestalterische Herausforderung, denn er soll ja auch für Erwachsene interessant und attraktiv bleiben. Mit ein bisschen Kreativität lässt sich der Garten aber so anlegen, dass er Anregung und Beschäftigung bietet und dennoch nicht wie ein mit knallbunten Plastikspielzeugen überfülltes Kinderzimmer aussieht.

SICHERHEIT GEHT VOR

Ein kindgerechter Garten muss frei von Gefahrenquellen sein und trotzdem spannend und interessant. Meist reichen ein paar kleine Veränderungen aus, um aus einem »normalen« Garten ein Paradies für Kinder zu schaffen. Die folgenden Sicherheitsaspekte sollten Sie aber immer berücksichtigen, zum Wohle Ihrer eigenen Kinder und von deren Freunden.

> Zäune und Gartentore müssen kindersicher schließen.

> Teiche sind vor allem für kleinere Kinder eine Gefahr. Ein engmaschiges, stabiles Gitter ein paar Zentimeter unter der Wasseroberfläche verhindert Unfälle. Ein Zaun um den Teich ist dagegen keine Lösung, denn er stellt nicht wirklich ein Hindernis für entschlossene Entdecker dar. Am besten legen Sie statt eines Teichs eine Sandgrube an, die später, wenn die Kinder aus dem Kleinkindalter herausgewachsen sind, in einen Teich umgestaltet werden kann.

> Maschinen, Gartengeräte und Dünger sowie Pflanzenschutzmittel müssen sicher verschlossen aufbewahrt werden.

> Bringen Sie Ihren Kindern bei, niemals, wirklich niemals etwas aus dem Garten zu essen, wenn Sie nicht dabei sind.

> An der Frage, ob giftige Pflanzen aus einem Garten verbannt werden sollten, der von Kindern genutzt wird, scheiden sich die Geister. Ein häufiges Argument: Wo keine Giftpflanzen erreichbar sind, kann es auch nicht zu Unfällen kommen. Dem steht die Erkenntnis gegenüber, dass es sinnvoller ist, Kindern anhand giftiger Pflanzen beizubringen, dass nicht jede lecker aussehende Beere gegessen werden darf, und sie daher nichts in den Mund nehmen, was sie nicht kennen.

> Ein Kindergarten-Werkzeugset für jedes Kind verhindert Streitereien und erzieht gleichzeitig zum sorgfältigen Umgang.

> Spielgeräte wie Schaukeln, Klettergerüste und Rutschen brauchen ausreichend Platz und sollten besser nicht in der Nähe von harten Oberflächen oder stacheligen bzw. dornigen Pflanzen aufgestellt werden.

> Achten Sie auf einen ausreichenden Sonnenschutz (Sonnenhüte und Sonnencreme), wenn die Kinder im Garten spielen.

Zwei Projekte in einem: Das Bohnentipi wird im Sommer zum Zelt, und die Kids können selbst ernten.

Wie der Vater, so der Sohn … Früh übt sich, wer einmal ein Gärtner und Naturfreund werden möchte.

SO WIRD DER GARTEN ZUM FAMILIENPARADIES

Kinder haben eine unglaubliche Vorstellungskraft und sind außerordentlich kreativ, wenn man sie nur lässt. Das sollten Sie sich zunutze machen, indem Sie Ihren Kindern eigene Bereiche im Garten überlassen, in denen sie sich ganz nach Lust und Laune beschäftigen können. Sand, Eimer, ein paar Klettergeräte und vor allem Platz – mehr ist nicht nötig, um die Kids stundenlang im Garten zu beschäftigen. Damit der Garten aber für alle Familienmitglieder wohltuend und interessant bleibt, gibt es ein paar Gestaltungstricks, die das Gärtnern und das Leben im Garten mit Kindern entspannter machen.

- **Spiel- und Ruhezonen –** Der Bereich, in dem sich Erwachsene entspannen möchten, sollte nicht unbedingt in der Nähe der Terrasse mit Essplatz und Spielzone liegen.
- **Entspannt im Garten –** Akzeptieren Sie, dass Kinder mit Risiken und Gefahren aufwachsen und lernen müssen, damit umzugehen. Wie soll ein Kind begreifen, dass eine Brennnessel sticht, wenn es sie nicht anfassen darf?
- **Spielplatz und Spielgeräte –** Diese müssen so sicher sein, dass die Kinder auch einmal unbeaufsichtigt spielen können. Das fördert ihre Selbstständigkeit und entspannt die Eltern. Ein völlig sicherer Garten ist langweilig.
- **Gut versteckt –** Verdecken Sie Spielgeräte zumindest teilweise mit Sichtschutzpflanzungen, zum Beispiel aus Bambus, damit sie nicht zu sehr im Mittelpunkt des Gartens stehen. Außerdem haben dann nicht nur Sie, sondern auch Ihre Kinder ein bisschen mehr Privatsphäre.
- **Denken Sie multifunktional –** Ein Rasen ist Spielplatz, Liegewiese und Platz für Gartenpartys in einem. Liegt der Garten am Hang, können Sie Terrassierungen und Geländeunterschiede für Klettergerüste oder Rutschen nutzen. Übrigens: Ein Sandkasten ist durchaus auch als überraschendes Gestaltungselement zu verwenden!
- **Feste Wege –** Sie sind perfekte Rennstrecken für Dreiräder, Fahrräder und die ersten Gehversuche auf Rollerskates. Um Zusammenstöße mit Gartenstühlen und Co. zu vermeiden, sollten sie nicht direkt durch Sitzplätze verlaufen.
- **Pflanzen –** In einem kinderfreundlichen Garten sollte die Bepflanzung robust und strapazierfähig sein. Verzichten Sie auf empfindliche Sommerblumenbeete, damit Sie nicht bei jedem Ballspiel um Blüten und Stängel bangen müssen.
- **Kinder werden älter –** und ihre Interessen ändern sich. Berücksichtigen Sie dies bei der Gartenplanung und der Anschaffung von Spielgeräten. Viele Elemente können sich im Laufe der Jahre weiterentwickeln oder in neue Attraktionen verwandeln: Wenn die Kinder aus dem Sandkastenalter herausgewachsen sind, kann darüber beispielsweise ein Trampolin aufgebaut werden. Später können Sie die Sandgrube in ein Kiesbeet (⇢ Kiesgarten, Seite 140) umfunktionieren, oder Sie nutzen die ohnehin vorhandene Vertiefung zur Anlage eines kleinen Gartenteiches? Und das unattraktiv gewordene Klettergerüst kann immer noch als Grundrahmen für ein Baumhaus oder eine Pergola dienen …
- **Grenzen setzen –** Der Garten ist für alle da. Erklären Sie das Ihren Kindern und machen Sie klar, was er-

laubt ist und was nicht. Wenn Ihre Kinder einen eigenen Bereich, ein separates Gartenstück zum Spielen und Toben haben, dann werden sie viel leichter verstehen, dass es auch Areale gibt, in denen man sich vorsichtiger bewegen muss.

Flächen zum Spielen und Toben

Wenn Sie genug Platz haben, ist eine große Rasenfläche, am besten mit einem strapazierfähigen Spiel- und Sportrasen eingesät, ideal für Ballspiele, zum Toben oder für ein gemeinsames Picknick. Auch das Planschbecken findet hier noch Platz.

> In kleinen Gärten kann der Rasen durch das häufige Bespielen und die Benutzung jedoch schnell unansehnlich werden und sich in eine braune Schlammsuhle verwandeln, vor allem nach einem kräftigen Regenschauer. Ist die Fläche unter 50 m² groß oder eher lang und schmal, dann bleibt die Möglichkeit, auf alternative Oberflächengestaltungen auszuweichen. Eine feste Oberfläche oder eine Terrasse kann mit weichen Kunststoffmatten bespielbar und gleichzeitig für Gartenfeste oder als Sitzplatz genutzt werden.

Sandkasten und Sandgrube

Ein Sandkasten gehört in jeden Garten, solange die Kinder klein sind. Sie können ihn anfangs allein aufstellen oder mit Klettergerüsten, einem Spielhaus und/oder einer Rutsche kombinieren. Sandkästen gibt es in vielen Größen als Fertigbausatz, sie lassen sich aber auch ganz einfach aus Bauplanken und Brettern selbst zusammenbauen. Im letzten Fall sind eine individuelle Anpassung an die Gegebenheiten vor Ort möglich, dazu auch ungewöhnlichere Ausführungen wie Mehrecke oder asymmetrische Formen. Die Bretter und Planken müssen absolut glatt gehobelt sein, und es dürfen keine Spreißel oder Holzfasern hochstehen, an denen man sich verletzen könnte.

> Der Platz für den Sandkasten sollte windgeschützt und trocken liegen und auch etwas in der Sonne.

> Der Sandkasten muss von allen Seiten gut erreichbar sein und sollte daher nicht zu dicht an Büschen und Hecken, an Staudenbeeten und Blumenrabatten liegen.

> Ein Sandkasten mitten im Rasen ist perfekt zum Spielen, herausgefallener Sand kann jedoch die Rasenfläche unmittelbar um den Kasten beeinträchtigen.

> Zum Bau wird die Fläche des Sandkastens abgesteckt und mit Spaten und Schaufel ca. 10–20 cm tief ausgegraben.

EIN TRAMPOLIN FÜR DIE FAMILIE

Trampoline sind voll im Trend und in vielen Größen und Formen erhältlich. Sie sind Spiel- und Sportgerät in einem.
Frei stehende Trampoline brauchen eine Schutznetzkonstruktion, damit man nicht über den Rand stürzt. In die Rasenfläche eingelassene Trampoline sind praktischer und sehen auch deutlich schöner aus.

> Legen Sie die Grube mit einem stabilen Wurzelschutzvlies aus, damit keine Wurzeln von unten in den Sand wachsen.

> Bei Fertigbausätzen setzen Sie dann den Rahmen mit den Eckpfosten und den Seitenwänden ein. Beim Selbstbau verfahren Sie im Prinzip genauso. Der Sandkasten sollte etwa 20–30 cm über die Oberfläche der Umgebung ragen, damit man auf den Rändern einigermaßen bequem sitzen kann.

> Schrauben Sie auf die Bretter nun noch die Sitzfläche.

> Vergessen Sie nicht, für eine passende Abdeckung aus Holz oder Kunststoff zu sorgen. Diese verhindert, dass der Sandkasten in spielfreien Zeiträumen von Hunden, Katzen oder Mardern als Toilette genutzt wird.

> Verwenden Sie zum Füllen nur Sandkasten- oder Spielsand. Dieser ist gewaschen und frei von Fremdstoffen. Es ist ratsam, das Material jährlich auszuwechseln. Den ausgedienten Spielsand können Sie einfach zur Bodenverbesserung auf der Rasenfläche oder in den Beeten verteilen.

Mögliche Alternative zu einem Sandkasten ist eine große Sandgrube. Dazu einfach eine Senke oder tiefere Stelle im Garten ausheben, mit einem Unkrautschutzvlies auslegen und mit Sand auffüllen. Wenn jetzt noch ein Wasseranschluss oder ein Brunnen in der Nähe ist, dann ist der Abenteuerspielplatz fast perfekt. Ein paar große Steine, Äste und Spielfiguren – und schon können Ihre Kinder einen Zoo, einen Bauernhof, eine Wildwest-Landschaft, eine Ritterburg mit Dorf oder einen eigenen Jurassic Park entstehen lassen.

Das eigene Baumhaus – ein Traum nicht nur für Kinder. Und zugleich das perfekte Familienprojekt.

Wasser

Im und mit Wasser zu spielen ist immer aufregend. Auch wenn ein Teich für Kleinkinder natürlich tabu ist – schon ein Wasserbecken, eine alte Zinkwanne oder eine große Waschschüssel reicht aus, um die Kids im Sommer lange zu beschäftigen.

Klettergerüste, Schaukeln und Spielhäuser

Schaukeln und Klettergerüste können fast überall im Garten aufgestellt werden. Der Platzbedarf ist nicht einmal so groß, ein paar Quadratmeter reichen schon.

> Mehr Platz brauchen Sie für eine Wippe oder eine Schaukel. Hier müssen Sie mit einer Fläche von mindestens 2 m Breite und 4 m Tiefe rechnen, wenn das jeweilige Spielgerät Spaß machen und die Schaukel nicht an Gebäude oder höhere Gehölze herankommen soll.

> Damit bei einem Sturz von Klettergerüsten, der Schaukel oder der Wippe nichts passiert, muss der Untergrund der Umgebung weich und gepolstert sein. Ideal ist Sand oder eine mindestens 30–40 cm dicke Schicht aus Rindenmulch. Auch eine Rasenfläche dämpft gelegentliche »Ausrutscher«.

> Schaukeln und Wippen müssen immer mit einem ausreichenden Abstand zu Wegen oder Durchgängen aufgestellt sein. Andernfalls kann es schnell zu unbeabsichtigten, aber schmerzhaften Zusammenstößen kommen.

> Spielgeräte und Klettergerüste aus natürlichen Materialien wie Holz und Hanfseilen fügen sich viel besser in den Garten ein als bunte Plastikgeräte. Ihre Lebensdauer ist bei richtiger Konstruktion und Pflege zudem wesentlich länger als bei Kunststoffgerüsten und -rutschen. Diese werden durch die UV-Strahlung und den Einfluss von Wind und Wetter sowie schwankenden Temperaturen schnell spröde, halten oft nur 1–2 Jahre und müssen dann entsorgt werden.

> Es versteht sich von selbst, dass alle Klettergerüste und Spielgeräte absolut standsicher sein müssen. Verankern Sie darum alle stützenden und tragenden Konstruktionselemente wie Ständer und senkrechte Pfosten über spezielle Pfostenschuhe in kleinen Punktfundamenten aus Beton. Dadurch wird auch gleich der direkte Kontakt zwischen Holz und Erdreich verhindert, was den natürlichen Alterungs- und Zersetzungsprozess verlangsamt. Die Fundamente sollten etwas tiefer als das Erdniveau sitzen, damit sich niemand an den scharfen Betonkanten verletzen kann. Achten Sie darauf, dass keine Schrauben und Nägel aus dem Holz ragen. Sind sie erst einmal aufgestellt, sollten Sie die Stand- und Spielsicherheit der Geräte regelmäßig kontrollieren, vor allem im Frühjahr, wenn Frost und Feuchtigkeit die Konstruktion geschädigt haben könnten. Eine Holzschutzlasur bzw. ein Schutzanstrich im Spätsommer verhindert, dass Holzbalken und Bretter von Insekten und Pilzen befallen werden.

> Wenn Sie Schaukeln und Strickleitern an dicken Ästen aufhängen möchten, müssen diese ausreichend tragfähig sein. Baumarten mit eher bruchgefährdetem Holz wie Robinien und Birken oder grundsätzlich ältere Bäume, die vielleicht von innen schon morsch sind, sollten Sie vorher von einem Baumsachverständigen untersuchen lassen.

> Kletterseile und Schwingtaue aus Hanf oder anderen Naturfasern halten deutlich länger, wenn sie im Winter trocken im Haus oder der Garage gelagert werden.

Besondere, spannende Pflanzen

Viele Pflanzen haben weiche, samtig behaarte Blätter, die unwiderstehlich zum Streicheln verführen. Der Woll-Ziest *(Stachys bycanthina)* ist so ein Gewächs. Der Name verrät es schon, auch die englische Bezeichnung »Lamb's Ear« lässt keine Zweifel aufkommen: Die länglichen Blätter erinnern an die Ohren von Lämmchen und fühlen sich auch so an. Pflanzen Sie mit Ihren Kindern ein kleines Beet mit haptischen Pflanzen. Das können außer dem erwähnten Woll-Ziest noch Fette Henne (*Sempervivum,* beispielsweise die Sorten 'Herbstfreude' oder 'Matrona') mit ihren dickfleischigen Blättern, Mannstreu *(Eryngium)* mit spitzstacheligem Laub oder die Silberblatt-Margerite *(Tanacetum haradjanii)* sein. Erweitert wird der Garten der besonderen Pflanzen durch aromatisch duftende Gewächse wie Lavendel, Rosmarin oder Currykraut *(Helichrysum italicum),* deren Blätter und Triebe intensive Gerüche verströmen, wenn man sie zwischen den Fingern zerreibt.

Ein eigenes Kinderreich mit Gartenhaus, selbst angelegten Beeten und sogar einer eigenen Bank.

Kinder brauchen keine aufwendigen Spielgeräte. Eine einfache Hängeschaukel oder eine Strickleiter, die an einem stabilen Ast hängt, sorgen schon für stundenlange Beschäftigung.

Eigene Beete

Überlassen Sie Ihren Kindern eigene Bereiche im Gemüse- oder Blumengarten, wo sie nach Lust und Laune schalten und walten können. Dazu gehört selbstverständlich eine eigene Gartenausstattung mit kindgerechten Handschaufeln, Gießkannen, Gummistiefeln und einer Gartenschürze. Auch Rechen und Harken gibt es in Kleinausgaben. Kinder-Gartengeräte sind stabiler als Sandkastenspielzeug. Aus alten Weinkisten lässt sich für jeden kleinen Gärtner eine eigene Aufbewahrungskiste basteln, die mit einem Namensschild versehen werden kann.

Biotope für kleine Naturforscher

Locken Sie wilde Tiere in den Garten, indem Sie zusammen mit Ihren Kindern Insektenhotels, Nistkästen für Vögel und eine Igelburg (→ Seite 174) bauen. So lernen Ihre Kinder gleichzeitig Respekt vor der Natur und ihren Mitbewohnern, die manchmal ihre Ruhe brauchen oder stechen bzw. beißen können und trotzdem eine Daseinsberechtigung haben. Legen Sie gemeinsam einen Teich an, in dem im Frühjahr Molche, Frösche und Kröten laichen, oder eine Trockenmauer, in der Eidechsen leben. Wasser, Schlamm, Kaulquappen, Libellen und Schmetterlinge sind viel spannender als manches Videospiel.

WOCHENEND-

DAS BRAUCHEN SIE (JE NACH PROJEKT):

- Sandkasten
- Wasser (aus einem Brunnen oder aus dem Schlauch)
- Lagerfeuer oder Feuerstelle
- große Bäume für ein Baumhaus
- freie Ecke im Gemüsegarten
- Trampolin
- Moospolster, kleine Pflanzen, Spielfiguren

KINDER-PROJEKTE

Kinder brauchen und wollen im Garten keine aufwendigen Spielzeuge. Die Natur, der Garten und die Pflanzen, das alles ist aufregend genug. Kreativität und Naturverbundenheit werden durch den unmittelbaren Kontakt mit den Elementen gefördert, die Kinder haben Spaß und lernen bei manchen Projekten obendrein, Verantwortung zu übernehmen.

1

Ein Lagerfeuer ist der Höhepunkt eines jeden Kindergeburtstags. Nichts schmeckt besser, als selbst gegrillte Bratwurst, Pilze oder Marshmallows. Und den Umgang mit dem zugegebenermaßen nicht ganz ungefährlichen Feuer lernen die Kinder gleich mit dazu.

PROJEKTE

Ein Baumhaus ist nicht nur etwas für Kinder. Wichtig dabei: Der Baum und seine Äste müssen stabil und ausreichend tragfähig sein. Bei der Konstruktion können Sie Ihrer Fantasie freien Lauf lassen, solange alles solide miteinander verschraubt und nicht einsturzgefährdet ist. Wenn der Baum selbst nicht stark genug ist, können Sie auch eine kleine Holzhütte auf Stelzen neben ihm aufstellen.

2

3

Trennen Sie im Garten einen kleinen Bereich für Ihre Kinder ab, beispielsweise eine Ecke vom Gemüsegarten. Hier können die Nachwuchsgärtner nach Lust und Laune säen und pflanzen. Mit Arten wie Sonnenblumen oder Bohnen, die unkompliziert und schnell wachsen, geht das am einfachsten. Nebenher lernen die Kinder gleich, wie wichtig es ist, Verantwortung zu übernehmen, denn nur wenn sie sich regelmäßig um ihre »Schützlinge« kümmern, wachsen und gedeihen sie ja auch.

4

Einfach, aber genial: Ein Gartentrampolin kann ebenerdig über einer Grube – beispielsweise über einem ausgedienten Sandkasten – aufgebaut werden. In der unmittelbaren Umgebung sollten jedoch keine empfindlichen Stauden oder stacheligen Rosen wachsen, falls mal ein Sprung daneben geht. Frei stehende Trampoline haben aus diesem Grund ein Schutznetz. Sie wirken durch ihre Größe jedoch eher wie ein Fremdkörper im Garten.

5

Ein lauschiger Winkel im Garten oder eine große Schale kann mit kleinen Pflanzen und Moospolstern, Kieseln und Holzstücken in eine Fantasielandschaft für Spielfiguren aller Art verwandelt werden.

NATURGARTEN-PROJEKTE

DER GARTEN ALS LEBENSRAUM FÜR TIERE

Ein naturnaher Garten ist konsequenterweise auch ein Garten für Tiere. Angesichts der immer ausgeräumteren Landschaften und der zunehmenden Biotopverarmung sind Gärten zum Rückzugsort für viele – auch bedrohte – Tiere und auch Pflanzen geworden.

Gärten beherbergen heutzutage mehr gefährdete Tierarten als viele Naturschutzgebiete. Mehr als 2500 Tierarten konnten in Gärten nachgewiesen werden, darunter 650 Schmetterlings- und an die 100 Vogelarten. Es gibt sogar Schätzungen, die von ca. 10 000 Arten ausgehen, das ist ein knappes Viertel aller in Deutschland heimischer Tierarten. Das Erfolgsrezept ist die Mischung unterschiedlichster Biotope auf verhältnismäßig kleinem Raum. Ein Garten, der ein Refugium für viele Tiere bietet, ist auch ein Garten, der uns Menschen als Lebensraum und Rückzugsort vom Alltagsstress dient.

Naturnahe Gärten

Ein Naturgarten ist alles andere als ein verwildertes Grundstück, im Gegenteil. Er zeichnet sich jedoch durch eine konsequent standortgerechte Pflanzenauswahl aus, wodurch natürliche und naturnahe, stabile und ausdauernde Lebensgemeinschaften entstehen. Was naturnahe Gärten ausmacht:

> Ökologisch wenig wertvolle Monokulturen wie ein Englischer Rasen, der ohnehin nur durch permanente »Pflege« mit Düngern, Bewässerung und Pflanzenschutzmitteln erhalten werden kann, machen Platz für artenreiche Blumenrasen, bunte Wiesen oder vielgestaltige Staudenbeete.

> Abwechslungsreiche Blütenhecken stellen Nahrung und Unterschlupf für viele Vögel und Insekten bereit. Hecken aus Scheinzypressen und Lebensbäumen tun dies nicht.

> Immergrüne Koniferenhecken bieten weder Abwechslung noch Nahrung. Als dauerhaft grüner Sichtschutz eignen sich auch Lorbeerkirschen und Liguster, deren Blüten und Früchte Insekten, Vögeln und anderen Tieren als Futterquelle dienen.

> Weniger begangene Wege werden mit einem Sand- oder Kiesbelag versehen, der Regenwasser versickern lässt.

> Die naturnahe Alternative zu einem gepflasterten Terrassenbelag mit versiegelten Fugen sind großformatige Natursteinplatten, bei denen die Zwischenräume offen bleiben.

> Nie verkehrt: ein kleiner (oder großer) Teich und eine Trockenmauer. Eine Kräuterspirale mit Wasserbecken oder ein Steinhaufen erfüllen denselben Zweck.

> Pflanzen Sie Stauden und Rosen mit einfachen, ungefüllten Blüten. Im Gegensatz zu den gefüllten Arten enthalten diese mehr Pollen und Nektar als Nahrung für Insekten.

> Denken Sie nicht nur an Schmetterlinge, sondern auch an deren Raupen. Tagpfauenaugen brauchen beispielsweise Brennnesseln als Raupenfutterpflanze. Warum nicht! Lassen Sie einfach ein paar hinter dem Kompost wachsen, da stören sie nicht und können dennoch ihren Zweck erfüllen.

Der direkte Kontakt zur Natur und ihren Bewohnern ist spannend und wertvoll.

TIERE IN DEN GARTEN LOCKEN

Es ist ganz einfach, Tiere aller Art in den Garten zu locken. Mit wenig Aufwand können Sie ihnen Unterschlupf, Nistmöglichkeiten und Nahrung bieten. Und das nicht einmal uneigennützig, denn die Vögel verzehren zur Brutzeit Tausende von Raupen und Blattläusen, Igel fressen Schnecken und das Heer der Wildbienen, Schmetterlinge, Hummeln und Schwebfliegen leistet einen unschätzbaren Beitrag zur Bestäubung zahlloser Blüten – nicht nur im Staudenbeet, sondern auch im Obst- und Gemüsegarten.

Die hier vorgestellten Projekte können einfach und an einem Wochenende mit der ganzen Familie gebaut werden.

DAS BRAUCHEN SIE (JE NACH PROJEKT):

- ↗ hohle Baumstämme und/oder Bretter für Nistkästen
- ↗ Schilf, Tonziegel, Äste und Blumentöpfe für ein Insektenhotel
- ↗ Igelhaus
- ↗ Wasserschalen oder Teichfolie für ein Vogelbad
- ↗ Blumentöpfe und Holzwolle oder Stroh bzw. Heu für Ohrenkneifer und Käfer
- ↗ abwechslungsreiche Blumen- und Staudenbeete
- ↗ Vogelschutzgehölze

1

Viele Vögel brüten in mehr oder weniger geschlossenen Höhlen. Mit Nistkästen können Sie die gefiederten Gartenbesucher unterstützen, denn das Angebot an natürlichen Höhlen ist gering. Je nach Größe des Einfluglochs können Sie unterschiedliche Singvögel wie Rotkehlchen, Meisen und Rotschwänzchen anlocken (⇢ Tabelle, Seite 177). Es spielt keine Rolle, ob die Nistkästen aus alten Stämmen oder Brettern gefertigt werden. Hauptsache, die Auswahl ist groß.

2

Ein Igelhaus dient als Unterschlupf für die stacheligen Insekten- und Schneckenvertilger. Es muss ausreichend isoliert sein und von unten darf keine Nässe in das Haus gelangen. Ein kleiner Tunnel am Eingang verhindert, dass Katzen eindringen können.

3

Jede Wasserschale und jedes noch so kleine Becken wird schon nach kurzer Zeit von Meisen, Spatzen, Amseln und Co. zum Baden angenommen.

4

Wildbienen legen ihre Eier nicht auf Blättern ab wie Schmetterlinge, sie brauchen enge Hohlräume. Ein Insektenhotel an einem warmen, geschützten Platz bietet vielen Arten Platz: Sie nisten in Bündeln aus Schilf, Stroh und Bambus, Holzstücken mit 2–10 mm großen Löchern (auf glatte Bohrränder achten), mit Lehm und Stroh bzw. Sägemehl gefüllten Tontöpfen, in Holzscheiten und Holunderzweigen.

5

Mit Holzwolle, Stroh oder Heu gefüllte, umgedrehte Blumentöpfe bieten Ohrwürmern und Käfern Unterschlupf.

Feldsperlinge brüten in Nistkästen und vertilgen während der Jungenaufzucht Abertausende von Raupen.

VÖGEL IM GARTEN

Wenn Sie sich im Garten am munteren Gesang und Gezwitscher einer großen Vogelschar erfreuen möchten, ist es ein Leichtes, den Garten in einen für die Gefiederten attraktiven Lebensraum zu verwandeln. Damit sich Singvögel, Spechte und andere rund ums Haus wohlfühlen und niederlassen, müssen nur die folgenden Voraussetzungen erfüllt sein:

> **Beerensträucher und abwechslungsreiche Staudenbeete** sorgen für Nahrung und locken Insekten an.

> **Ein Teich oder ein Vogelbad** bietet eine willkommene Gelegenheit zum Trinken und Baden. Wenn in der Nähe noch Platz für ein Sand- oder Staubbad ist, umso besser.

> **In Nistkästen, hohlen Bäumen und Mauernischen, dichten Sträuchern und Hecken** finden sich ausreichend Nistmöglichkeiten für viele verschiedene Vogelarten.

> **Dornige Hecken und dichte Büsche** bieten Schutz vor Wind und Kälte, aber auch vor Katzen und Mardern.

> **Erhöhte Zaunpfosten oder Baumwipfel** laden zum fröhlichen Zwitschern und zum Reviergesang ein.

Ein vogelfreundlicher Garten ist vielseitig und abwechslungsreich gestaltet, arten- und formenreich bepflanzt und ein Refugium für Mensch und Tier. In einem vogelreichen Garten müssen sie sich keine Gedanken über Raupen am Kohl oder Blattläusen an den Rosen machen. So vertilgen beispielsweise ein Meisenpaar und seine Nachkommen in einem Jahr über 100 Millionen Blattläuse und Insekteneier oder 150 000 Raupen. Das sind gut und gerne 75 kg Insekten! Es lohnt sich also schon allein zur Schädlingsbekämpfung, sie nicht nur in den Garten zu locken, sondern auch zum Verweilen aufzufordern.

Nahrungspflanzen und Futterhäuschen

Vögel ernähren sich von Insekten, Sämereien, Nüssen, Beeren und Früchten. Dabei nutzen sie nicht nur einheimische Sträucher und Bäume wie Feldahorn, Hainbuche, Mehlbeere, Salweide und Eberesche, Schwarzen und Roten Holunder. Auch die Hagebutten von Ramblerrosen und Wildrosen, Ligusterbeeren, die Früchte von Kardi (einer Distelart) und zahlreichen Stauden sowie die Samen vieler Ziergräser sind eine wertvolle Vogelnahrung. Dass sie sich gelegentlich auch an Obst und Beeren vergreifen, sei ihnen nachgesehen.

Spätestens ab September, oder besser noch das ganze Jahr über, sollten Gartenvögel gefüttert werden. Sie sind auf Unterstützung angewiesen, denn in einer einzigen Frostnacht können sie bis zu 20 % ihres Körpergewichtes verlieren. Die Futterstelle sollte so angelegt sein, dass sich in der Nähe keine Verstecke für Katzen befinden. Je mehr unterschiedliche Futtermittel Sie anbieten, umso größer wird die Artenvielfalt an gefiederten Gartenbesuchern sein.

> Als Grundfutter dient ein Körnermischfutter mit größeren Sämereien wie Sonnenblumenkernen und Erdnüssen sowie feineren Samen wie Hirse, Hanf und Raps.

> Dazu kommen ein Fettfutter, das aus mit Fett angereicherten Getreideflocken und Körnern besteht, und Meisenknödel (Fettkugeln aus Rindertalg).

> Apfelstücke, Beeren und Rosinen bereichern den Speiseplan zusätzlich. Nicht verfüttert werden dürfen Speisereste, da sie zu viel Salz enthalten und eher Ratten anlocken, und Brot, das gerade bei feuchter Witterung schnell schimmelt.

Jede flache Wasserstelle wird zum Baden und Trinken genutzt – und das nicht nur im Sommer!

Vogelbad und Vogeltränke

Ob flaches Teichufer, Wasserschale oder Vogelbad – Kleingewässer sind ein beliebter Treffpunkt für Vögel, an dem sie trinken und zur Gefiederpflege baden können. Da viele Vögel ihre Federn auch mit Sand reinigen, können Sie zusätzlich an einem sonnigen Platz eine Mulde mit feinem Sand anbieten. Um die Ausbreitung von Krankheiten zu vermeiden, sollte der Sand regelmäßig ausgetauscht werden, auch Vogelbäder gehören täglich frisch befüllt und wöchentlich gereinigt.

Natürliche und künstliche Nistplätze

Meisen, Sperlinge, Stare und Rotschwänzchen nisten in Höhlen oder Halbhöhlen, Zaunkönig und Rotkehlchen gerne in Mauernischen oder dichten Asthaufen bzw. Holzstapeln. Dichte Hecken sind bei Amseln und Drosseln, aber auch bei Grünfinken, Grasmücken und Buchfinken als Brutplatz beliebt.

Auch Kletterpflanzen an der Hausfassade bieten Unterschlupf und Nistplatz – oftmals sogar für mehrere Vogelfamilien.

Nistkästen werden ab spätestens Ende März aufgehängt. Mit einem Katzenabwehrgürtel, der am Stamm befestigt wird, können Sie verhindern, dass Katzen, Marder und Waschbären von unten in den Nistbaum klettern. Es gibt zwei Größen für unterschiedlich dicke Stammdurchmesser. Im September werden die Nistkästen abgehängt, zur Reinigung mit heißem Wasser ausgewaschen, an der Luft getrocknet und dann sofort wieder aufgehängt. Denn in der kalten Jahreszeit nutzen Meisen und Zaunkönige diese als Nachtquartier und Siebenschläfer und Haselmaus als Winterschlafplatz.

NISTKÄSTEN

Der Durchmesser des Einfluglochs bestimmt, welche Vögel im Garten brüten. Ideale Größe für alle Singvogelnistkästen: ca. 13–14 cm Innendurchmesser bei 25 cm Höhe. Wichtig: Dichte Fugen, denn Zugluft mögen Vögel nicht.

VOGELART	Ø EINFLUGLOCH
Blaumeise, Tannenmeise, Haubenmeise, Sumpf- und Weidenmeise	26–28 mm
Kohlmeise, Kleiber	32 mm
Feld- und Haussperling, Trauerschnäpper	35 mm
Gartenrotschwanz	48 × 35 mm (hochoval)

Verstecke und Singwarten

Schichten Sie Gehölz- und Heckenschnitt sowie Laub im Herbst zu lockeren Haufen zusammen. Hier finden die Vögel ein reiches Angebot an Kleintieren und Insekten und Schutz vor Frost und kalten Winden. Viele Vogelarten nutzen einen erhöhten Sitzplatz wie einen Dachfirst, Baumkronen oder Zaunpfosten zum Singen. Gleichzeitig dient der erhöhte Sitzplatz als Ansitz für die Insektenjagd. Im Gemüsegarten erfüllen ein paar Bohnenstangen denselben Zweck.

WAS TUN, WENN?

TROUBLESHOOTING – SCHNELLE HILFE BEI PROBLEMEN

Unkraut wie Giersch und Ackerwinde, tierische Schädlinge wie Blattläuse, Schnecken und Wühlmäuse und Pilzkrankheiten wie Mehltau können einem manchmal die Lust am Gärtnern verderben. Doch bevor Sie aus Frust oder Mitleid Radikalmethoden ergreifen, gibt es noch einige andere Lösungen.

Gefräßige Schnecken, wuchernder Giersch und saugende Blattläuse – der Garten und seine Pflanzen sind nicht nur die Lieblinge des Gärtners, sondern stehen auch als ganz besonderer Leckerbissen auf der Speisekarte vieler anderer Mitbewohner. Je vielfältiger ein Garten angelegt und je abwechslungsreicher er bepflanzt ist, umso weniger Chancen haben einzelne Arten, sich so auszubreiten oder zu vermehren, dass sie die Ästhetik des Gartens stören oder – wie im Nutzgarten – tatsächlich die Ernte beeinträchtigen können.

UNKRAUT

Als Unkraut werden alle Pflanzen bezeichnet, die sich dort ansiedeln oder ausbreiten, wo man sie nicht haben möchte, oder die durch ihre Wuchskraft und Konkurrenzstärke einen Vorteil gegenüber den Gartenpflanzen haben. Kurz: Sie sind unerwünscht. Grundsätzlich unterscheidet man zwischen Samen- und Wurzelunkräutern.

> **Samenunkräuter** sind meist ein- oder zweijährige Pflanzen, die sich auf offenem Boden in kurzer Zeit massenhaft vermehren können. Im Gemüsegarten finden sie als Pionierpflanzen auf neu angelegten Beeten mit offenem Boden optimale Bedingungen vor. Typische Vertreter sind Persischer Ehrenpreis, Kletten-Labkraut, Greiskraut, Acker-Kratzdistel, Löwenzahn, Portulak, Vogelmiere, Hühner- und Fingerhirse sowie Gänsefuß. Je nach Art produziert jede Einzelpflanze bis zu 500 000 Samen, das Ausbreitungspotenzial ist also enorm. **Abhilfe:** Samenunkräuter lassen sich durch regelmäßiges Hacken (vor der Blüte und Samenbildung) eindämmen. Hacken Sie am besten nach einem Regenschauer, dann können Sie die Pflanzen leichter aus dem weichen Boden entfernen. Die Pflanzen dürfen nicht auf dem Beet liegen bleiben, schon gar nicht, wenn sie Samenstände haben. Auch durch eine Bedeckung des offenen Bodens mit einer Mulchschicht (5 cm Kompost, Stroh oder Mulchfolie) können Sie Samenunkräuter in Schach halten.

> **Wurzelunkräuter** breiten sich durch lange, unterirdische Rhizome und Wurzeltriebe aus. Bekannt und gefürchtet sind Giersch, Ackerwinde und Quecke. Da die Wurzeln durchaus mehrere Meter (!) tief in den Boden wachsen, können sie nicht einfach gejätet werden. **Abhilfe:** Gegen Wurzelunkräuter hilft nur Aushungern. Abgesehen davon, dass man beim Jäten gar nicht tief genug ins Erdreich vordringen kann, treiben Wurzelstücke, die im Boden verbleiben, schnell wieder aus. Das Jäten dient dann eher der Pflanzenvermehrung als der Bekämpfung. Die Pflanzen müssen also so stark geschwächt werden, dass irgendwann alle Reservestoffe in den Wurzeln aufge-

Wurzelunkräuter wie Giersch sind hartnäckig, aber auch sie kann man (meistens) loswerden.

braucht sind und kein neuer Austrieb mehr erfolgen kann. Das ist durch eine Abdeckung mit lichtundurchlässiger Mulchfolie möglich. Bei Ackerwinde und Giersch muss diese mindestens 9–12 Monate auf dem Beet bleiben! Alternativ können Sie Bio-Herbizide mit dem Wirkstoff Pelargonsäure auf die Blätter sprühen. Diese sterben rasch ab und vertrocknen. Allerdings muss dies auch so lange erfolgen, bis keine neuen Triebe mehr erscheinen.

Ungeeignete Bekämpfungsmethoden

> **Abflammen –** Abflammgeräte versprechen ein sicheres Abtöten von Unkräutern aller Art. Allerdings können durch die Hitze im Boden ruhende Samen zum Keimen angeregt werden – so hat man kurze Zeit nach der Unkrautentfernungsaktion mehr unerwünschtes Grün im Garten als vorher.

> **Chemische Unkrautvernichter –** Unkrautvernichtungsmittel, sogenannte Herbizide, schädigen das Bodenleben nachhaltig. Viele Mittel werden nicht völlig abgebaut, sodass die Rückstände mit dem Regen ins Grundwasser gelangen und dieses auf Jahre oder Jahrzehnte belasten. Reste, die im Boden verbleiben, behindern das Wachstum von neu gesetzten Pflanzen und führen zu Wachstumsstockungen. So verlockend die Versprechungen auf der Verpackung auch sein mögen: Konventionelles Hacken, Jäten und Mulchen ist noch immer die umweltschonendste und langfristig erfolgreichste Methode, Unkräuter in Schach zu halten.

Moos

Moos im Rasen ist ein Anzeichen dafür, dass der Rasen zu wenig Licht bekommt oder der Boden verdichtet ist. Statt mit Moosvernichtern einen Kampf gegen Windmühlen zu beginnen, gibt es zwei wesentlich entspannendere Möglichkeiten:

> Moos ist mindestens ebenso grün wie Rasen und sogar noch weicher. Warum also nicht aus der »Not« eine Tugend machen? Mit etwas Abstand sind Moos und Rasen optisch ohnehin nicht zu unterscheiden.

> Da Moos bei Trockenheit gelblich werden kann, können Sie vermooste Rasenflächen in der Sonne vertikutieren und eine Rasenmischung mit Mikroklee einsäen. Der Mikroklee ist robuster als viele Rasengräser, genauso grün, braucht weniger Wasser und holt sich als Schmetterlingsblütler seinen Stickstoffdünger sogar noch selbst aus der Luft.

KRANKHEITEN

Krankheiten treten insbesondere dann auf, wenn die Pflanzen nicht am richtigen Standort wachsen oder zu viel Dünger bekommen haben. Doch auch bei bester Pflege kann es bei anhaltend feucht-warmem oder nasskalten Wetter zu einem Befall von Wurzeln, Blättern, Trieben und Blüten mit Pilzen oder anderen Krankheitserregern kommen.

Pilzkrankheiten

Pilze befallen alle Pflanzenteile, also Blätter, Triebe, Blüten und Wurzeln. Sie schädigen die Pflanze, indem sie ihr Nährstoffe entziehen, zu Wuchsveränderungen führen oder Blätter, Triebe oder die ganze Pflanze zum Absterben bringen. Die meisten Pilzkrankheiten an Gartenpflanzen sind eher eine optische Beeinträchtigung, es gibt aber auch solche, die die Pflanzen nachhaltig schädigen oder zu Ernteeinbußen führen.

Sternrußtau tritt vor allem an Rosen auf. Typisch sind die dunklen Flecken mit gelblichem Rand.

- **Sternrußtau –** Runde, schwarzbraune Blattflecken mit strahligem Rand sind die Kennzeichen dieser gefürchteten Rosenkrankheit. Befallene Blätter vergilben zunächst und fallen dann ganz ab. **Abhilfe:** Nur moderne, robuste Sorten pflanzen (→ Rosen, Seite 121), mittels Schnitt und ausreichendem Pflanzabstand für gute Durchlüftung sorgen, befallene Blätter, auch am Boden, entfernen und ausgewogen düngen.
- **Echter Mehltau –** Der mehlige, weiße Belag an Trieben und Knospen sowie auf der Blattoberseite lässt sich leicht abwischen und tritt bei warmem, trockenem Wetter auf. Befallene Pflanzenteile wachsen deformiert weiter. **Abhilfe:** Für gute Durchlüftung (Schnitt, Pflanzabstand) sorgen, damit das Laub schnell abtrocknen kann. Befallene Blätter sofort entfernen. Empfindliche Sorten vorbeugend spritzen.
- **Falscher Mehltau –** Im Gegensatz zum Echten Mehltau zeigt sich der Falsche Mehltau mit grauen Pilzbelägen auf der Blattunterseite und braun-violetten Flecken an den entsprechenden Stellen auf der Oberseite. Der Belag lässt sich nicht abwischen. Zudem tritt er vor allem bei feucht-kühler Witterung auf. **Abhilfe:** Ein luftiger Standort und eine kaliumbetonte Düngung reichen zur Vorsorge meist aus. Vorbeugend Schachtelhalmbrühe spritzen (→ Vorbeugung, weiter unten).
- **Rußtaupilze –** Sie siedeln sich auf den klebrigen Ausscheidungen (Honigtau) von Blattläusen und anderen saugenden Insekten an und überziehen die Blätter mit einem schwarzen, rußähnlichen Belag. Eher störend als schädigend. **Abhilfe:** Vögel in den Garten locken, die Blattläuse fressen.
- **Rostpilze –** Kleine, orangerote, schwielige Flecken, die im Frühling an Trieben und auf den Blättern von Rosen, Minze und anderen Pflanzen erscheinen, sind Vorboten von Rostpilzen, die im Sommer die ganze Blattoberseite mit gelb-orangefarbenen Flecken überziehen. An der Unterseite zeigen sich erst orangerote, später schwarze Pusteln. **Abhilfe:** Befallene Triebe zurückschneiden.
- **Grauschimmel –** Gräuliche Pilzrasen an Blättern, Knospen und jungen Trieben, vor allem bei Gemüse und Erdbeeren. **Abhilfe:** Überdüngung, vor allem mit Stickstoff, vermeiden und befallene Pflanzenteile konsequent entfernen. Schachtelhalmbrühe zur Vorbeugung sprühen.
- **Kraut- und Braunfäule** an Tomaten und Kartoffeln verursacht ein Pilz, dessen Sporen im Boden und in der Luft durch Wind und Regen verbreitet werden. Diese befallen Wurzeln wie auch Blätter und Triebe. An Letzteren bilden sich braune Flecken, die eintrocknen. **Abhilfe:** Befallene Pflanzenteile konsequent entfernen. Tomaten mit Regenschutz oder in Hochbeeten und Kübeln pflanzen. Jährlich in neue Beete einsetzen und resistente Sorten wählen.

DÜNGUNG

Der Einfluss der Düngung auf die Pflanzengesundheit wird oft unterschätzt. Normale Gartenböden sind ausreichend mit Nährstoffen versorgt. Lediglich dort, wo Pflanzen(teile) entnommen werden, wie bei der Ernte im Gemüsegarten, bei Rosen oder beim Rasenmähen ist eine Nachdüngung sinnvoll. Düngen Sie nie zu viel, denn vor allem eine zu starke Stickstoffdüngung fördert den Befall mit Mehltau und anderen Pilzkrankheiten.

Vorbeugung

Achten Sie bei der Pflanzung auf ausreichende Pflanzabstände, damit Triebe und Blätter nicht zu dicht stehen.

- **Mischkultur** im Gemüsegarten und vielfältige Beete verhindern, dass sich Pilzkrankheiten schnell ausbreiten.
- **Gießen** Sie nur morgens und nicht über die Blätter, damit diese nicht nass werden. Die meisten Pilzsporen brauchen Feuchtigkeit, um keimen zu können.
- **Gartenhygiene –** Abgeblühtes, Schnittgut und abgefallene Blätter immer sofort absammeln. Viele Pilzsporen überdauern lange – teilweise 10 Jahre und mehr – im Boden und können immer wieder zu Neuinfektionen führen.
- **Vorbeugung –** Schachtelhalmbrühe stärkt u. a. Rosen und Gemüse. Angesetzt wird die Brühe aus 150 g getrocknetem oder 1 kg frischem Schachtelhalm auf 10 l Wasser. Das Ganze 24 Stunden ziehen und dann noch einmal 30 Minuten auf dem Herd köcheln lassen. Nach dem Abkühlen abseihen und, im Verhältnis 1:5 mit Wasser verdünnt, spritzen.

SCHÄDLINGE

Schnecken, Blattläuse, Wühlmäuse – die Liste der »Gartenplagen« ist lang. Mit vorbeugenden Maßnahmen und hilfreichen Tricks ist ihnen aber fast immer Herr zu werden.

Schnecken

Schnecken – meist sind es Nacktschnecken – können über Nacht ganze Reihen an zarten Jungpflanzen im Gemüsegarten oder im Blumenbeet abfressen. **Abhilfe:** Gegen einen akuten Befall hilft nur Schneckenkorn und nächtliches Absammeln. Salz schädigt Pflanzen und Boden, und »Maßnahmen«, wie Eierschalen, Kaffeesatz usw. rings um die Pflanzen zu streuen, bringen nichts. **Vorbeugen:** Ein Schneckenzaun, um das Beet gesteckt, verhindert, dass die Plagegeister von außen ins Beet gelangen können. Legen Sie Bretter oder flache Steine aus, unter denen sich die Schnecken morgens verkriechen und so problemlos von Ihnen abgesammelt werden können. Der Kompost sollte sich nicht in unmittelbarer Nähe der Gemüsebeete befinden, denn in ihm verkriechen sich die schleimigen Mollusken ebenfalls gerne. Legen Sie abwechslungsreiche Staudenbeete und gemischte Hecken an, die Nützlingen wie Laufkäfern, Eidechsen, Igeln und Vögeln als Unterschlupf dienen. Übrigens sind nicht alle Schnecken unerwünscht: Der Tigerschnegel, eine große, gestreifte und gefleckte Nacktschnecke, ernährt sich von Schneckeneiern und anderen Schnecken.

Insekten

Die Mehrzahl der Schädlinge im Garten gehört zu den Insekten. Meist sind sie eher lästig als wirklich schädigend, und fast immer reichen vorbeugende Maßnahmen, ein bisschen Geduld und Nachsicht aus, um mit ihnen klarzukommen.

> **Blattläuse** saugen an zarten Knospen und Trieben. Dadurch kann es zu Wachstumsstörungen und verkrüppelten Trieben kommen. Außerdem siedeln sich auf ihren klebrigen Ausscheidungen Rußtaupilze (⟶ Pilzkrankheiten, Seite 181) an. **Abhilfe:** An Rosen- und Blütenknospen reicht ein kräftiger Wasserstrahl aus dem Schlauch oder das Abstreifen mit den Fingern. **Vorbeugen:** Locken Sie Nützlinge in den Garten.

> **Raupen** sind die Larven von Schmetterlingen. Sie fressen im Gemüsegarten am Kohl und Salat, im Ziergarten an so mancher Staude. **Abhilfe:** Kontrollieren Sie die Pflanzen regelmäßig und zerquetschen Sie Eigelege mit den Fingern. Raupen absammeln. **Vorbeugen:** Kulturschutznetze verhindern im Gemüsegarten, dass die Falter ihre Eier ablegen können. Nützlinge, vor allem Vögel, in den Garten locken. Gegen die Raupen des Buchsbaumzünslers hilft nur eine 14-tägige Spritzung mit *Bacillus-thuringhiensis*-Präparaten von April bis Oktober oder die Pflanzung anderer Arten.

> **Dickmaulrüssler** sind kleine Käfer, die die Blätter von vielen Pflanzen fressen. Die Larven ernähren sich von den Wurzeln. **Abhilfe:** Nematoden ausbringen.

> **Gemüsefliegen** befallen Möhren, Zwiebeln und Kohlgewächse. **Abhilfe:** Eine Abdeckung mit Kulturschutznetzen hindert die Fliegen, ihre Eier an den Jungpflanzen abzulegen.

> **Apfel- und Pflaumenwickler** sind Schmetterlinge, deren Larven in den Früchten leben. **Abhilfe:** Ein Leimring, der im Spätsommer und Herbst um die Stämme gelegt wird, fängt die Larven ab, bevor sie sich im Boden verpuppen können. Zusätzlich SF-Nematoden ab Ende August bis Ende Oktober um die Obstgehölze herum ausbringen.

> **Spinnmilben** sind keine Insekten, sondern gehören zu den Spinnentieren. Sie sind mit bloßem Auge fast nicht zu erkennen und treten besonders bei heißem, trockenem Wetter auf. Ein Befall zeigt sich aber bald durch die feinen Gespinste an der Blattunterseite und zwischen den Blättern, meist an Tomaten, Gurken oder Rosen. Die Blätter zeigen dann eine feine, grau-weiße Sprenkelung. **Abhilfe:** Befallene Triebe komplett entfernen und mit dem Hausmüll entsorgen. Eine Erhöhung der Luftfeuchtigkeit ist nur im Gewächshaus möglich. Die Pflanzen selbst nass zu spritzen ist kontraproduktiv: Dies kann einen Befall mit Pilzkrankheiten fördern.

Wühlmäuse und Maulwürfe

Bei einem Maulwurfshügel ist das Loch in der Mitte des Haufens, während er bei einem Wühlmaushügel eher seitlich liegt. Die Gänge von Wühlmäusen sind mindestens 8 cm breit und hochoval, die von Maulwürfen etwas kleiner im Durchmesser und breiter als hoch. In den Hügeln von Wühlmäusen finden sich Pflanzenteile und Wurzeln, während Maulwurfshügel fast immer nur aus feiner Erde bestehen. Da Wühlmäuse ihre Gänge gerne dicht unter der Erdoberfläche anlegen, wölbt sich die Grasnarbe oder Erde im Gemüsebeet über den Gängen.

> **Wühlmäuse** fressen Pflanzenwurzeln und können im Gemüsegarten, in Staudenbeeten und an neu ge-

Marienkäfer und ihre Larven ernähren sich von Blattläusen.

pflanzten Obstbäumen große Schäden verursachen. Zuverlässigen Schutz bieten in gefährdeten Gärten nur Drahtkörbe, in die die Pflanzen gesetzt werden (dauerhafter Edelstahl bei Zwiebelblumen und Stauden, unverzinkter Eisendraht als Schutz in den ersten Jahren bei Obstpflanzen). Bei der Bekämpfung mit Fallen sollten Sie nur schnelltötende Schlagfallen einsetzen. In Lebendfallen gefangene Wühlmäuse sterben meist qualvoll an Stress oder verdursten in kurzer Zeit.

> **Maulwürfe** sind geschützt und dürfen nicht in Fallen gefangen und getötet werden. Die Bekämpfung beschränkt sich daher auf die Vertreibung. Maulwürfe suchen schnell das Weite, wenn in ihre Gänge saure Milch, Jauchen aus Wermut oder Brennnesseln oder in Wasser zerquetschte Knoblauchzehen geschüttet werden. Auch Hundehaare, Lebensbaumzweige *(Thuja)* oder handelsübliche Geruchsvertreibungsmittel helfen. Wiederholen Sie die Maßnahme mindestens einmal pro Woche für einen Monat, damit die Tiere nicht nach kurzer Zeit in ihr ehemaliges Revier zurückkommen.

Vorbeugung

Abwechslungreiche Blumenbeete, Kletterpflanzen, Nistkästen für Vögel, Insektenhotels und Igelhäuschen, heimische Gehölze, ein kleiner Teich, eine Trockenmauer und ein Komposthaufen bieten vielen verschiedenen Tieren Unterschlupf. Dieses Heer an Nützlingen ist der beste Helfer, um unerwünschte Gartenbewohner in Schach zu halten.

NÜTZLINGE

Nützlinge können gezielt in den Garten gelockt oder im Gartenfachhandel erworben werden.

NÜTZLING	HILFT GEGEN
Marienkäfer	Blatt- und Wollläuse
Florfliege	Blatt- und Wollläuse, Spinnmilben und Thripse
Schwebfliege	Blatt- und Blutläuse, Spinnmilben
Vögel	Blattläuse, Raupen und andere Insekten aller Art
Igel, Spitzmäuse	Schnecken, Insekten, Raupen
Laufkäfer	Schnecken, Insekten, Raupen
Tigerschnegel	Nacktschnecken und deren Eier
Schlupfwespen	je nach Art Weiße Fliege, Blattläuse
Raubmilben	Spinnmilben, Thripse
Raubwanzen	Weiße Fliege, Spinnmilben, Thripse, Blattläuse, Minierfliegen
Nematoden	Dickmaulrüsslerlarven, Apfel- und Pflaumenwickler, Trauermückenlarven, Ameisen, Schnecken, Wiesenschnaken, Erdraupen

NÜTZLICHE ADRESSEN UND LINKS

GARTENBEDARF

www.baldur-garten.de
www.dehner.de
www.dutch-bulbs.com/de/
www.gartenbedarf-versand.de
www.gartenzauber.com
www.keimzeit-saatgut.de
www.neudorff.de
www.woodsteel.de

Bewässerungssysteme

www.aquatechnik.com
www.beckmann-kg.de
www.beregnungsparadies.de
www.cs-wss.com
www.gardena.com/de
www.regenmeister.de

Torffreie Pflanzerde

Erhältlich im Gartenfachhandel, im Gartencenter oder im Baumarkt. Empfehlenswert sind folgende Produkte:

> Compo, Bio Hochbeet- und Gewächshauserde, torffrei
> Floragard, Torffreie und vegane Bio-Gemüseerde
> Neudorff, NeudoHum Tomaten- und Gemüseerde
> Ökohum Bio-Universalerde ohne Torf
> Hochbeeterde FloraSelf Nature
> Gardol, Pure Nature Bio Hochbeeterde

Historische Baustoffe

www.altebaustoffe.at
www.historische-bauelemente.com
www.historische-baustoffe-kreislauf.de
www.historische-baustoffe-ostalb.de
www.historische-baustoffe-selent.de
www.historische-baustoffe.de
www.resandes.de
www.schaubhut.com
www.weinzierl.com

PFLANZEN

Stauden

Bund deutscher Staudengärtner
www.bund-deutscher-staudengaertner.de
www.anja-maubach.de
www.bluetenblatt.de
www.die-staudengaertnerei.de
www.dresdner-stauden.de
www.foerster-stauden.de
www.ewaldhuegin.com
www.extragruen-freising.de
www.frikarti.ch
www.gaissmayer.de
www.garten-picker.de
www.giessler-paeonien.de
www.graefin-von-zeppelin.de
www.naturgarten-oase.de
www.paeonies.com
www.perenna.de
www.pfingstrosengaertnerei.de
www.poeppel-stauden.de
www.sarastro-stauden.com
www.schachtschneider-stauden.de
www.stauden-becker.de
www.stauden-eskuche.de
www.stauden-kirschenlohr
www.stauden-muehring.de
www.stauden-stade.de
www.stauden-wichmann.de
www.staudengaertnerei-eidmann.de
www.staudengaertnerei-enssner.de

Zwiebelblumen

www.der-blumenzwiebelversand.de
www.kuepper-bulbs.de
www.treppens.de

Baumschulen

Bund deutscher Baumschulen
www.baumschule-lappen.de
www.bruns.de
www.gruen-ist-leben.de
www.huben.de
www.lorberg.com
www.lve-baumschule.de
www.spaethsche-baumschulen.de

Obstbäume und Beerensträucher

www.alte-obstsorten-online.de
www.garten-allmendinger.de
www.garten-schlueter.de
www.haeberli-beeren.ch
www.lubera.com
www.obstbaeume.de
www.pflanzenhof-online.de

Rosen

ADR-Rosen: www.adr-rose.de
www.garten-schlueter.de
www.georgesdelbard.com
www.historische-rosen-schuett.de
www.landhaus-ettenbuehl.de

www.menger-pflanzen.de
www.noack-rosen.de
www.rosen.de
www.roseanum.de
www.rosen-hammer.de
www.rosen-kalbus.de
www.rosen-stange.de
www.rosen-tantau.com
www.rosen-union.de
www.rosenbaumschule.com
www.rosengalerie.net
www.rosenhof-odendahl.de
www.rosenhof-roenigk.de
www.rosenpark-draeger.de
www.rosenpark-reinhausen.de
www.rosenhof-schultheis.de
www.rosenposten.dk
www.rosenschule.de
www.schmid-gartenpflanzen.de
www.vierlaender-rosenhof.de
www.weinsberger-rosen.de

Kräuter

www.bio-kraeuter.de
www.druwido.de
www.gaertnerei-strickler.de
www.helenion.de
www.herb-s.de
www.kraeuter-gerda.de
www.kraeuter-simon.com
www.kraeuter-und-duftpflanzen.de
www.kraeutergarten-gottschling.de
www.lichtenborner-kraeuter.de
www.syringa-pflanzen.de
www.valeriana-kraeuter.de

Saatgut

www.as-garten.de
www.bingenheimersaatgut.de
www.bio-saatgut.de
www.dreschflegel-saatgut.de
www.garten-schlueter.de
www.hof-berggarten.de
www.jelitto.com
www.natura-samen.de
www.naturgarten.org
www.pictorialmeadows.co.uk
www.rieger-hofmann.de
www.saat-24.de
www.saatgut-manufaktur.de
www.saatgut-vielfalt.de
www.saatkontor.de
www.samen-gernand.de
www.samenhaus.de
www.wildblumenmatte.de

GARTENHÄUSER

www.fmh-metall.de
www.gaidt.de
www.gartenhauptdarsteller.de
www.gartenhaus-gmbh.de
www.karibu.de
www.polo-gartenhaeuser.de

HOCHBEETE

www.fmh-metall.de
www.gartenfrosch.com
www.gartenmetall.de
www.gartensilber.de
www.geflechthochdrei.de
www.gerwing.de
www.gfp-international.com
www.hochbeet-huchler.de
www.hochbeet-vivere.com
www.hochbeet.co.at
www.hochbeet.com
www.hortico.de
www.manufaktur-scheibinger.de
www.sauna-bauer.at/garten
www.stima-hochbeet.de
www.top-gewaechshaus.de
www.ums-metall.de

STROHBALLEN

www.kleinanzeigen.de
www.dhd24.com
www.landtreff.de
www.landwirt.com
www.markt.de
www.quoka.de

GARTENMÖBEL & ACCESSOIRES

www.atelieralinea.ch
www.bauholzdesign.com
www.bebitalia.it
www.blomus.com
www.campobel.de
www.classic-garden-elements.de
www.conmoto.com
www.domani.be
www.extremis.com
www.fermob.com
www.fischer-moebel.de
www.garpa.de
www.gloster.com
www.heidacker.com
www.hunn.ch
www.jankurtz.de
www.kettler.de
www.kommallein-design.de
www.lederleitner.at
www.mbm-moebel.de
www.moroso.it
www.mwh-dasoriginal.com
www.nertes.de
www.peterhintzen.de
www.rausch-classics.com
www.royalbotania.com
www.sieger.eu
www.stern-moebel.de
www.sunsquare.com
www.tribu.com
www.vincentsheppard.com
www.viteo.com
www.woodsteel.de

SONNENSEGEL & SCHIRME

www.peddy-shield.de
www.soliday.eu

www.sonnenpartner.de
www.sonnensegel-nach-mass.de
www.sonnensegel.de
www.warema.com

BERATUNG

www.gartenbauvereine.de
www.kleingarten-bund.de
www.gartenakademien.de

PFLANZENSCHUTZ

alps.julius-kuehn.de
www.berlin.de/sen/uvk
www.hamburg.de/pflanzenschutz
www.lallf.de
www.lfl.bayern.de/ips
www.lksh.de/pflanzenschutzdienst
www.llg.sachsen-anhalt.de
www.lmtvet.bremen.de
www.lwk-niedersachsen.de
www.lwk-saarland.de
www.mil.brandenburg.de
www.pflanzenschutzdienst.rp-giessen.de
www.smekul.sachsen.de
www.umwelt.thueringen.de

Nützlinge

www.amw-nuetzlinge.de
www.e-nema.de
www.katzbiotech.de
www.neudorff.de
www.nuetzlinge-shop.de
www.re-natur.de

OFFENE GÄRTEN

www.gaerten-im-ruhrbogen.de
www.gaerten-kleverland.de
www.gartenbesuch.de
www.offene-gaerten-berlin-umland.de
www.offene-gaerten-in-mv.de
www.offene-gaerten-in-rheinhessen.de
www.offene-gaerten-thueringen.de
www.offene-gartenpforte-hessen.de
www.offene-gartenpforte-rheinland.de
www.offenegaerten-esslingen.de
www.offenergarten.de

PFLANZENLIEBHABER-GESELLSCHAFTEN

www.ddg-web.de
www.dgg1822.de
www.gartengesellschaft.de
www.gds-staudenfreunde.de
www.rosengesellschaft.de

DANKSAGUNG

Ein Gartenratgeber ist immer das Ergebnis einer kreativen Zusammenarbeit eines ganzen Teams. Daher möchte ich mich bei den Mitarbeiterinnen von GU, vor allem Elke Sieferer, Nadja Harzdorf und Natascha Klebl bedanken, für die Offenheit und das Vertrauen, sowie bei meinen Lektorinnen Barbara Kiesewetter und Stefanie Gronau für die kritischen und konstruktiven Anmerkungen. Die persönliche und freundschaftliche Zusammenarbeit war immer bereichernd und hat viel Freude bereitet. Esther Herr gilt mein Dank für die Hilfe bei der Suche nach den besten Bildern, denn ohne Bilder kommt kein Buch über Gärten oder das Gärtnern aus. Heidi und Joakim Kral haben dazu ein geniales Layout entwickelt, das nicht nur mich begeistert. Bei meinen Eltern Ina und Hajo Kullmann sowie meinen Schwiegereltern Roza und Anto Matic möchte ich mich bedanken, dass wir in ihren Gärten Projekte ausprobieren und Bilder machen konnten. Und last, but not least gilt mein Dank meinem Partner Kristijan Matic, der mir nicht nur beim Gärtnern den Rücken freihält, sondern auch mit seinen Bildern einen Beitrag zu diesem Buch geleistet hat.

BILDNACHWEIS

AdobeStock: 6-7, 164, 172, 178; **Dorothea Baumjohann:** 4, 102, 103-1, 103-2, 103-3, 103-4, 103-5, 165; **Baumschule Horstmann:** 54; **Elke Borkowski:** 13-1, 17-1, 18, 29, 35-1, 37, 39-1, 77-1, 78-2, 79-1, 91-1, 91-2, 109, 120, 121, 137-2, 145-1, 147-1, 148, 155-2, 163-1; **Christa Brand:** 22, 48, 100, 127-2, 150; **Fellbacher Metall- und Holzbau GmbH:** 74; **Flora Press/Barbara Ellger:** 46; **Flora Press/Bildagentur Beck:** 145-2; **Flora Press/BIOSPHOTO:** 77-2, 175-5; **Flora Press/Christine Ann Föll:** 99; **Flora Press/Daniela Kunze:** 79-2; **Flora Press/Evi Pelzer:** 144; **Flora Press/Fauna Press/Thomas Lohrer:** 175-1; **Flora Press/FLPA:** 39-2; **Flora Press/MAP:** 36, 138, 183; **Flora Press/gartenfoto.at:** 19, 30, 32, 33-1, 33-2, 47, 53, 58-1, 58-2, 59-1, 59-2, 59-3, 59-4, 62-1, 62-2, 63-1, 63-2, 63-3, 63-4, 66, 67-1, 67-2, 67-3, 67-4, 67-5, 71, 73-5, 81-1; **Flora Press/GWI:** 98; **Flora Press/Helga Noack:** 82-1, 82-2, 83-1, 83-2, 83-3, 83-4; **Flora Press/Katharina Pasternak:** 81-2; **Flora Press/Nova Photo Graphik:** 163-2; **Flora Press/Otmar Diez:** 73-1, 73-2, 73-3, 179; **Flora Press/Purta:** 11-1; **Flora Press/Redeleit & Junker/U. Niehoff:** 96-1, 96-2, 97-1, 97-2, 97-3, 97-4, 176; **Flora Press/Stefan Koerber:** 15; **Flora Press/Thomas Lohrer:** 180; **Flora Press/Ute Klaphake:** 27, 34, 72, 73-4; **Flora Press/Visions:** 10, 105-2, 127-1, 168; **GAP Photos:** 79-4, 106, 162, 175-4; **GAP Photos/Abigail Rex:** 68 (Design: Marcus Barnett); **GAP Photos/Annie Green-Armytage:** 12; **GAP Photos/Bjorn Hansson:** 147-2; **GAP Photos/David Dixon:** 79-3; **GAP Photos Gary Smith:** 137-1; **GAP Photos Hanneke Reijbroek:** 21-2; **GAP Photos/Heather Edwards:** 119-1; **GAP Photos/Howard Rice:** 8, 9-2, 23-1 (Elaine Pamphilon & Christopher Marvell), 23-2 (Rachael Hearn Cambridge); **GAP Photos/Jason Ingram:** 152; **GAP Photos/Jerry Pavia:** 51-2, 57-2; **GAP Photos/Joe Wainwright**/Design: John and Lesley Jenkins Garden: 153; **GAP Photos/Julie Dansereau:** 146; **GAP Photos/Marcus Harpur:** 52 (White House Farm Suffolk), 169-1; **GAP Photos/Mark Bolton:** 175-2 (Design: Tracy Foster); **GAP Photos/Modeste Herwig:** 51-1 (www.puurgroen.nl); **GAP Photos/Nicola Stocken:** 139; **GAP Photos/Paul Debois:** 49-1; **GAP Photos/Perry Mastrovito:** 69-2; **GAP Photos/Rachel Warne:** 50 (Karen Grosch garden); **GAP Photos/Rob Whitworth:** 155-1; **GAP Photos/Robert Mabic:** 65-1, 86, 151-1; **GAP Photos/Thomas Alamy:** 88; **GAP Photos/Tim Gainey:** 175-3; **Manuela Goehner:** 119-2; **Gartenfoto.eu/Martin Staffler**/Produktion: Folko Kullmann: 129-4, 129-5, 133-1, 133-2, 133-3, 133-4, 133-5; **Esther Herr:** 161-2; **Modeste Herwig:** 35-2, 75, 122, 161-1**; ibulb:** 134; **iStock/cjp:** 85; **iStock/Eirasophie:** 16, 26; **iStock/Michal Krakowiak:** 2, 105-1; **iStock/MvH:** 84; **Marianne Majerus:** 13-2 (Design: Selina Botham), 14 (Design: Sara Jane Rothwell), 21-1 (Design: Emma Griffin), 25, 57-1 (Design: Catherine MacDonald), 65-2 (Design: Tony Woods), 76 (Design: Alison Wear), 89-1 (Stockton Bury Gardens), 126 (Design: Tom Stuart-Smith), 141-1 (Design: Fiona Harri son), 141-2 (Dove Cottage, Design: StephenRogers), 149, 169-2; **Kristijan Matic:** 186; **Kristijan Matic/**Produktion: Folko Kullmann: 55-1, 55-2, 55-3, 55-4, 55-5, 92, 93-1, 93-2, 93-3, 93-4, 110-1, 110-2, 111-1, 111-2, 111-3, 111-4, 111-5, 112, 130-1, 130-2, 131-1, 131-2, 131-3, 131-4, 131-5, 132-1, 132-2, 142-1, 142-2, 143-1, 143-2, 143-3, 143-4; **Volker Michael:** 9-1; **Marion Nickig:** 95-1; **mauritius images/Cultura/Russ Rohde:** 41; **mauritius images/Cultura/Zero Creatives:** 166; **mauritius images/Dave Bevan Alamy:** 177; **mauritius images/Wavebreakmedia:** 42; **Shutterstock/Daxiao Productions:** 11-2; **Shutterstock/Olena Z:** 70; **Shutterstock/Tatiana Mihaliova:** 118; **Shutterstock/Yuliya Evstratenko:** 173; **Shutterstock/Wlad74:** 3, 174; **Friedrich Strauss:** 17-1, 20, 40, 56, 60, 69-1, 94, 104, 123-1, 123-2, 129, 156; **Friedrich Strauss/GBA/Martin Staffler:** 49-2, 95-2; **Friedrich Strauss/GBA/Nichols:** 24; **Friedrich Strauss/GBA/Steinberger:** 61; **Annette Timmermann:** 64, 80, 89-2, 101, 115, 116, 117-1, 117-2, 124, 125-1, 125-2, 128, 135-1, 135-2, 140, 151-2, 154, 157, 158, 159-1, 159-2, 160; **Unsplash/Tim Cooper:** 28; **Unsplash/Erda Estremera:** 114; **Unsplash/Priscilla du Preez:** 44-45; **Vertiplant:** 78-1

REGISTER

GARTENLUST PUR.

ISBN 978-3-8338-8793-2

ISBN 978-3-8338-8963-9

ISBN 978-3-8338-8030-8

ISBN 978-3-8338-8966-0

ISBN 978-3-8338-9425-1

ISBN 978-3-8338-8057-5

Alle hier vorgestellten Bücher sind auch als eBook erhältlich.

GU

Mehr von GU auf **gu.de** | **gu.verlag** | **gu.verlag**

LIEBE LESERINNEN UND LESER,

wir wollen Ihnen mit diesem Buch Informationen und Anregungen geben, um Ihnen das Leben zu erleichtern oder Sie zu inspirieren, Neues auszuprobieren. Wir achten bei der Erstellung unserer Bücher auf Aktualität und stellen höchste Ansprüche an Inhalt und Gestaltung. Alle Anleitungen und Rezepte werden von unseren Autoren, jeweils Experten auf ihren Gebieten, gewissenhaft erstellt und von unseren Redakteur*innen mit größter Sorgfalt ausgewählt und geprüft.

Haben wir Ihre Erwartungen erfüllt? Sind Sie mit diesem Buch und seinen Inhalten zufrieden? Wir freuen uns auf Ihre Rückmeldung. Und wir freuen uns, wenn Sie diesen Titel weiterempfehlen, in Ihrem Freundeskreis oder bei Ihrem Online-Kauf.

Sollten wir Ihre Erwartungen so gar nicht erfüllt haben, tauschen wir Ihnen Ihr Buch jederzeit gegen ein gleichwertiges zum gleichen oder ähnlichen Thema um.

KONTAKT ZUM LESERSERVICE

GRÄFE UND UNZER VERLAG
Grillparzerstraße 12
81675 München
www.gu.de

GU ist eine eingetragene Marke der GRÄFE UND UNZER VERLAG GmbH, www.gu.de

ISBN 978-3-8338-9416-9

1. Auflage 2024

Alle Rechte vorbehalten. Nachdruck, auch auszugsweise, sowie Verbreitung durch Film, Funk, Fernsehen und Internet, durch fotomechanische Wiedergabe, Tonträger und Datenverarbeitungssysteme jeder Art nur mit schriftlicher Genehmigung des Verlags.

Projektleitung: Elke Sieferer, Julia Herko
Lektorat: Barbara Kiesewetter, Dr. Stefanie Gronau
Bildredaktion: Esther Herr, Dr. Folko Kullmann
Innengestaltung: kral & kral design, Diessen am Ammersee
Umschlaggestaltung: ki36 Editorial Design, Birgit Kohlhaas
Satz: Anton Walter, Gundelfingen
Reproduktion: Longo AG, Bozen
Druck und Bindung:
Druck: aprinta GmbH, Wemding
Bindung: Conzella Pfarrkirchen
Syndication: www.seasons.agency

Umwelthinweis:
Nachhaltigkeit ist uns sehr wichtig. Der Rohstoff Papier ist in der Buchproduktion hierfür von entscheidender Bedeutung. Daher ist dieses Buch auf PEFC-zertifiziertem Papier gedruckt.

DER AUTOR

Folko Kullmann ist Gartenbau-Ingenieur und hat in Freising-Weihenstephan Gartenbauwissenschaften mit Schwerpunkt Pflanzenbau studiert und an der Technischen Universität München promoviert. Nach Stationen in Europas größter Baumschule und im Botanischen Garten Kew, London, sowie einem Volontariat bei einem Stuttgarter Ratgeberverlag lebt er seit 2004 seine grüne Passion nicht nur im Garten und auf dem eigenen Balkon aus, sondern auch als Buchautor und Gartenjournalist. Seine Bücher »Square Foot Gardening« (BLV Verlag) und »Gärtnern mit dem Hochbeet« (GU) erhielten den Deutschen Gartenbuchpreis in der Kategorie »Bester Ratgeber«.

HINWEIS

- Wenn eine Pflanze eingeht, ist das nicht schlimm, sondern schafft Platz für Neues.
- Tragen Sie beim Arbeiten im Garten Handschuhe, besonders beim Schneiden und Sägen.
- Führen Sie Kabel von Elektrogeräten immer hinter Ihrem Rücken
- Leitern müssen immer stabil stehen. Am besten hält sie eine zweite Person fest.
- Suchen Sie bei Verletzungen immer einen Arzt auf. Eventuell ist eine Impfung gegen Tetanus nötig.
- Lassen Sie Kinder nicht mit Scheren, Messern und Sägen spielen.
- Bewahren Sie Dünger und Pflanzenschutzmittel immer verschlossen und unzugänglich für Kinder auf.

GRÄFE UND UNZER

Ein Unternehmen der
GANSKE VERLAGSGRUPPE